MW01608929

Un historien dans la cité

Chad Gaffield, *Aux origines de l'identité franco-ontarienne : éducation, culture, économie*, 1993.

Peter W. Halford, *Le français des Canadiens à la veille de la Conquête : témoignage du père Pierre Philippe Potier, s. j.*, 1994.

Diane Farmer, *Artisans de la modernité : les centres culturels en Ontario français*, 1996.

Robert Toupin, *Les écrits de Pierre Potier*, 1996.

Marcel Martel, *Le deuil d'un pays imaginé : rêves, luttes et déroute du Canada français : les rapports entre le Québec et la francophonie canadienne (1867-1975)*, 1997.

Suzelle Blais, *Néologie canadienne, ou Dictionnaire des mots créés en Canada et maintenant en vogue de Jacques Viger*, 1998.

Estelle Huneault, *Au fil des ans : l'Union catholique des fermières de la province d'Ontario, de 1936 à 1945*, 2000.

Donald Dennie, *À l'ombre de l'Inco : étude de la transition d'une communauté canadienne-française de la région de Sudbury (1890-1972)*, 2001.

Jean-Pierre Wallot (dir.), *Le débat qui n'a pas eu lieu : la Commission Pepin Robarts, quelque vingt ans après*, 2002.

Jean-Claude Dubé, *The Chevalier de Montmagny (1601-1657) : First Governor of New France*, traduit par Elizabeth Rapley, 2005.

Jean-Pierre Wallot (dir.), *La gouvernance linguistique : le Canada en perspective*, 2005.

Michel Bock (dir.), *La jeunesse au Canada français : formation, mouvements et identité*, 2007.

Marcel Bénéteau et Peter W. Halford, *Mots choisis : trois cents ans de francophonie du Détroit du lac Érié*, 2008.

Anne Gilbert, Michel Bock et Joseph Yvon Thériault (dir.), *Entre lieux et mémoire : l'inscription de la francophonie canadienne dans la durée*, 2009.

Pierrick Labbé, *« L'Union fait la force !» L'Union Saint-Joseph d'Ottawa/du Canada 1863-1920*, 2012.

Joel Belliveau, *Le « moment 68 » et la réinvention de l'Acadie*, 2014.

E.-Martin Meunier (dir.), *Le Québec et ses mutations culturelles : six enjeux pour le devenir d'une société*, 2016.

COLLECTION « AMÉRIQUE FRANÇAISE »

Publication du Centre de recherche en civilisation
canadienne-française de l'Université d'Ottawa

Un historien dans la cité
Gaétan Gervais et l'Ontario français

François-Olivier DORAIS

Les Presses de l'Université d'Ottawa

Les Presses de l'Université d'Ottawa (PUO) sont fières d'être la plus ancienne maison d'édition universitaire francophone au Canada et le seul éditeur universitaire bilingue en Amérique du Nord. Fidèles à leur mandat original, qui vise à «enrichir la vie intellectuelle et culturelle», les PUO s'efforcent de produire des livres de qualité pour le lecteur érudit. Les PUO publient des ouvrages en français et en anglais dans le domaine des arts et lettres et des sciences sociales.

Les PUO reconnaissent avec gratitude l'appui accordé à leur programme d'édition par le ministère du Patrimoine canadien, par l'intermédiaire du Fonds du livre du Canada, et par le Conseil des Arts du Canada. Elles tiennent également à reconnaître le soutien de la Fédération canadienne des sciences humaines à l'aide des Prix d'auteurs pour l'édition savante, ainsi que du Conseil de recherches en sciences humaines du Canada et de l'Université d'Ottawa.

Révision linguistique : Josée Therrien et Colette Michaud/CRCCF
Correction d'épreuves : Colette Michaud
Mise en page : Édiscript enr.
Maquette de la couverture : Édiscript enr.
Illustration de la couverture : Alan Caswell Collier, *Sudbury*, huile sur panneau, 1951.
Reproduite avec la permission du Musée McCord.

Catalogage avant publication de Bibliothèque et Archives Canada

Dorais, François-Olivier, 1987-, auteur
Un historien dans la cité : Gaétan Gervais et l'Ontario français /François-Olivier Dorais.

(Amérique française, 1480-4735)
Comprend des références bibliographiques et un index.
Publié en formats imprimé(s) et électronique(s).
ISBN 978-2-7603-2400-8 (couverture souple).
ISBN 978-2-7603-2401-5 (PDF).
ISBN 978-2-7603-2402-2 (EPUB)
ISBN 978-2-7603-2403-9 (MOBI)
1. Gervais, Gaétan, 1944-. 2. Historiens – Ontario--Biographies – Histoire et critique.
3. Ontario – Historiographie. 4. Canadiens français – Ontario – Historiographie. I. Titre.

FC151.G47D67 2016   971.30072'02   C2016-906278-3
                                              C2016-906279-1

Dépôt légal : 2016
Bibliothèque et Archives Canada
Bibliothèque et Archives nationales du Québec
© Les Presses de l'Université d'Ottawa, 2016

À Muguette et Lili

Gaétan Gervais, vers 1981 (photographe inconnu). Cette photo a paru dans la *Gazette de l'Université Laurentienne* (31 août et 14 octobre 1981, 20 avril et 13 septembre 1983), entre autres, lorsqu'il a été nommé directeur du Conseil de l'enseignement en français (Archives de l'Université Laurentienne, Fonds Archives institutionnelles, Série Public Relations Photos, sous-série : Groups and Individuals – G, boîte I66,3 ; fichier numérique : IG11).

Ou bien l'individu se réfugie dans l'enclos de la vie privée et, croyant ainsi jouir de sa liberté, il abandonne aux pouvoirs anonymes le soin de déchiffrer l'histoire. Ou bien il décide de contribuer à l'édification d'une référence habitable autrement que dans les coutumes devenues insuffisantes. Alors il devient ce que déjà lui prédisait l'apprentissage de la lecture : le citoyen d'un pays, le responsable d'une histoire, le participant à un imaginaire collectif.

Fernand Dumont
Genèse de la société québécoise

Remerciements

U
N LIVRE ne s'écrit jamais sans aide ni soutien. Mes remerciements vont d'abord à Michel Bock, professeur d'histoire à
l'Université d'Ottawa et directeur de la collection « Amérique
française », pour la grande générosité, la sollicitude et la confiance dont il
a toujours fait preuve à mon égard. Il a assuré la direction de la thèse de
maîtrise à l'origine de cet ouvrage, dont la version définitive doit beaucoup à ses encouragements et à son regard critique. J'aimerais remercier
E.-Martin Meunier, Yves Frenette ainsi que les deux évaluateurs anonymes des Presses de l'Université d'Ottawa pour leur lecture attentive
d'une version antérieure du manuscrit et leurs nombreux conseils avisés.
Je suis également reconnaissant envers ceux qui ont pris le temps, à un
moment ou à un autre, de discuter avec moi de ma recherche : Gratien
Allaire, Guy Gaudreau, Anne Gilbert, Marcel Hamelin, Linda Cardinal,
Joseph Yvon Thériault, Jean-Pierre Pichette et Normand Séguin. Mes
remerciements vont aussi à Joanne Gervais pour son assistance, de même
qu'à Daniel Cayen, Denis Daoust, Angèle Deschamps, Réjean Grenier,
Huguette Parent et Gaston Tremblay pour leurs témoignages.

J'ai également été très privilégié de pouvoir compter sur la grande
expertise et le professionnalisme de Colette Michaud, éditrice au Centre
de recherche en civilisation canadienne-française, et de Josée Therrien. Je
tiens aussi à remercier toute l'équipe des Presses de l'Université d'Ottawa
pour son travail soigné et son soutien. Je voudrais signifier ma reconnaissance aux services d'archives de l'Université Laurentienne et de l'Université de Sudbury ainsi qu'aux Archives publiques de l'Ontario.

La recherche sur laquelle s'appuie cet ouvrage a pu bénéficier de l'indispensable soutien financier du Conseil de recherches en sciences humaines
du Canada et du Fonds de recherche société et culture du Québec. Je suis
également redevable à la Fédération des sciences humaines du Canada
pour l'octroi d'un Prix d'auteur pour l'édition savante.

À mes proches, je tiens à dire à quel point leur soutien m'est toujours précieux et même essentiel. Je remercie particulièrement ma famille et ma belle-famille pour leur appui indéfectible. Ce livre s'est aussi beaucoup nourri des riches et nombreux échanges avec mon grand ami Jean-François Laniel, qui a généreusement relu et commenté certaines parties de cet ouvrage. Je remercie aussi Stéphanie Chouinard, Serge Miville, Blaise Guillotte et Daniel Poitras, qui ont tous été complices de cette aventure. Un remerciement tout spécial à Serge Dupuis et Noémie Paquette, pour leur chaleureux accueil durant mes séjours de recherche à Sudbury.

Pour sa vive intelligence, sa complicité et ses innombrables attentions, je témoigne à Caroline tout mon amour et ma reconnaissance.

J'aimerais enfin remercier Gaétan Gervais pour son importante contribution au développement de l'Ontario français et sa généreuse collaboration à la réalisation du présent ouvrage.

Préface

S'IL EST UN NOM qui vient immédiatement à l'esprit lorsqu'on considère la genèse de l'historiographie franco-ontarienne, c'est évidemment celui de Gaétan Gervais. Au lendemain de la Révolution tranquille des années 1960, au moment où l'Ontario français traverse une crise identitaire, voire existentielle aiguë, qu'il est confronté à la disparition du Canada français en tant que projet politique, du moins dans sa forme institutionnelle historique, Gaétan Gervais entame à l'Université Laurentienne de Sudbury une œuvre d'historien et de militant, le premier se nourrissant du second et vice versa ; une œuvre qui visera à maintenir le fragile équilibre entre les éléments de rupture qui agissent sur le destin de l'Ontario français et son inscription dans la durée.

Le champ historiographique dont Gaétan Gervais a été le pionnier et le champion n'est pas simplement composé des études portant sur un aspect ou un autre du fait minoritaire francophone en Ontario. Il renvoie bien davantage au champ de la connaissance historique qui a pour objet la construction de l'Ontario français en tant que fait de société global, tant du point de vue de l'organisation institutionnelle que du point de vue des représentations collectives. Poser la question franco-ontarienne, comme l'a fait Gaétan Gervais tout au long de sa carrière, c'est se demander si les acteurs ont voulu institutionnaliser l'Ontario français selon une logique nationalitaire. L'historiographie franco-ontarienne ainsi conçue s'écarte donc des questionnements propres aux *ethnic studies*, car elle est fondée sur une prémisse la conduisant à problématiser autrement l'intégration de l'Ontario français à la société canadienne globale, non pas en tant que groupe ethnique, mais en tant que minorité nationale ou « groupement par référence », pour emprunter à l'édifice conceptuel du sociologue Fernand Dumont. Au cœur, donc, de l'épistémologie « gervaisienne » se trouve une démarche conduisant à envisager avec une empathie certaine les efforts déployés par les Franco-Ontariens pour se donner un espace public, une organisation sociale et une représentation identitaire autonomes, pour se constituer, collectivement, en un authentique sujet politique, bref, pour sortir de la «clandestinité», comme Gaétan Gervais a pu lui-même l'écrire. À ses yeux, la spécificité de l'Ontario français tient d'une expérience historique commune. Ainsi, l'identité franco-ontarienne se fonde à la fois sur le partage d'une mémoire collective – une mémoire qu'il faut engendrer et qui n'émergera pas naturellement des consciences individuelles – et sur la volonté de la perpétuer en continuant de «faire société» autrement, pour citer cette fois Joseph Yvon Thériault, c'est-à-dire en empruntant une voie autre que celle de la société dominante en Ontario, au Canada et en Amérique. Malgré les transformations souvent profondes qu'a connues, depuis les années 1960, le contexte intellectuel, politique et institutionnel dans lequel il a évolué, ce qui continue de caractériser l'Ontario français, selon ce point de vue, c'est la volonté de prolonger une expérience historique commune dont l'originalité, en fin de compte, fonde la valeur.

L'œuvre de Gaétan Gervais est donc empreinte de traditionalisme, posture philosophique qu'il est parfois tentant de réduire de manière expéditive, voire caricaturale à une attitude hostile au progrès, au changement social et à la modernité. L'historien François-Olivier Dorais ne tombe pas dans ce panneau. En dépit de sa jeunesse relative, Dorais nous livre ici une étude d'une pénétration et d'une maturité intellectuelle tout à fait remarquables. Tout en se refusant à décrire l'œuvre de Gervais simplement comme le vestige d'une époque révolue, l'auteur résiste aux interprétations présentistes et tendancieuses et dévoile avec brio le profond humanisme qui l'habite. Ce faisant, il apporte une contribution essentielle non seulement à l'histoire intellectuelle de l'Ontario français, mais aussi à la problématique des petites sociétés et des minorités nationales, dont l'étude a connu une expansion fulgurante dans les sciences humaines au cours des dernières années. Si Dorais restitue, de main de maître, l'*originalité* de la pensée de Gervais, il en dévoile avec autant d'habileté l'*universalité*. En effet, son étude permet de saisir une partie de la complexité du rapport qu'entretiennent avec le monde les petites sociétés, contraintes par leur fragilité constitutive à renouveler sans cesse la légitimité de leur existence non seulement face aux collectivités dominantes, mais aussi face à elles-mêmes. L'œuvre de Gervais plonge indéniablement ses racines dans l'humus franco-ontarien et nord-ontarien qui l'a vue naître ; mais elle n'en contient pas moins des enseignements de plus grande portée.

Empathique, François-Olivier Dorais n'est pas complaisant pour autant. Certes, son étude vise à dégager le sens d'une parole intellectuelle énoncée à un moment charnière de l'histoire récente de l'Ontario français et à analyser les engagements, à la fois épistémologiques et politiques, qui en ont découlé. Mais, en fondant sa démarche historienne sur une volonté de *comprendre* l'œuvre « gervaisienne », c'est-à-dire d'en saisir l'intelligence en fonction du contexte dans lequel elle a pris forme, Dorais relève aussi les apories d'une pensée en constante évolution et en aborde avec lucidité, mais aussi avec prudence et modestie, les hésitations, les indécisions et les indéterminations. La porosité occasionnelle de la frontière entre histoire et mémoire, entre science et récit, dans l'œuvre de Gervais, illustre éloquemment la finesse de l'analyse que nous propose l'auteur dans ces pages. De ce rapprochement entre histoire et mémoire, d'aucuns pourraient conclure de manière précipitée, pour ne pas dire péremptoire, à l'inféodation de la première à la seconde, et donc à son invalidation. Ce n'est pas le cas de François-Olivier Dorais qui, tout en reconnaissant les limites de cette posture épistémologique, se tient à l'écart des interprétations sentencieuses en postulant la nécessité d'une histoire *incarnée*. S'il eût été possible de débattre longuement de l'opposition manichéenne entre le caractère objectif et scientifique de l'histoire et la fonction « mythifiante » et « réifiante » de la mémoire, l'historiographe qu'est aussi Dorais sait pertinemment, au contraire, que l'histoire n'est pas simplement excavation et systématisation de faits bruts puisés à même le passé, que la tâche de l'historien consiste plutôt à donner un sens à la matière ainsi extraite ; une tâche qui l'engage à aborder son objet d'étude selon un *point de vue*, lequel sera forcément choisi en fonction d'un positionnement idéologique qui, bien qu'il contienne toujours le risque de se muter en obstacle à la connaissance, n'en représente pas moins la condition *sine qua non*.

En somme, Dorais aurait pu réitérer, en citant Henri-Irénée Marrou, que « l'histoire est inséparable de l'historien ». Le parcours de Gaétan Gervais en fournit une preuve éclatante. Le théoricien marxiste Antonio Gramsci, qui a développé la notion d'intellectuel organique au début du XXᵉ siècle, postule que les intellectuels ne constituent pas un groupe isolé au sein de la société, qu'ils sont, au contraire, « organiquement » liés à leur classe sociale respective dont ils traduisent et problématisent, dans le domaine de la pensée, les intérêts et la conscience. Gervais s'est toujours tenu à distance du marxisme, les classes sociales n'ayant jamais représenté, à ses yeux, les principales actrices de l'histoire. Pourtant, comme le montre l'étude de Dorais, l'œuvre de cet intellectuel est incontestablement et «organiquement» liée à la «cité» franco-ontarienne dont il a tenté, peut-être à défaut d'avoir pleinement réussi, de susciter et d'exprimer la conscience nationalitaire. C'est à la lumière de cette idée que l'on peut constater l'importance historique de cet «intellectuel de l'exiguïté», pour paraphraser François Paré. Si l'œuvre historiographique et militante de Gervais est le produit de l'Ontario français, Gervais a apporté, en revanche, une contribution majeure à la construction d'un projet de société franco-ontarien. Il importe assez peu que cette «société» franco-ontarienne soit toujours en devenir: c'est le propre de tous les projets, par définition. La «référence» qui sous-tend l'objectif d'atteindre l'autonomie sociétale promu par Gervais n'existe pas, au demeurant, pour refléter la réalité telle qu'elle est, mais plutôt pour l'infléchir ou la transformer dans le sens d'un idéal politique et culturel vers lequel elle met les Franco-Ontariens au défi de tendre; un idéal découlant d'une certaine idée du bien commun, nécessairement soumise au débat public et à la contestation, nécessairement *idéologique*; un idéal qui présente l'Ontario français non pas comme une entité achevée, mais plutôt comme une entité toujours perfectible, et qui vise l'avènement d'un authentique sujet politique. Cette conviction que le progrès est encore possible pourrait contraster avec le relativisme qui règne, à l'heure actuelle, dans plusieurs milieux intellectuels. Elle révèle cependant la modernité de l'œuvre de Gaétan Gervais, toute traditionaliste qu'elle soit.

François-Olivier Dorais nous propose, avec cet ouvrage, la biographie intellectuelle d'un des penseurs les plus influents de l'Ontario français des quelque cinquante dernières années. Il vient ainsi combler un vide béant, et il le fait brillamment. Mariant érudition, sagacité, esprit de synthèse et élégance du style, il nous fait revivre, par l'entremise du parcours de Gaétan Gervais, les grands débats qui ont agité l'Ontario français depuis la Révolution tranquille, en même temps qu'il en renouvelle puissamment l'intelligibilité. Son étude est destinée à devenir un jalon majeur de l'historiographie de l'Ontario français et, de manière plus générale, du Canada français.

Michel Bock
Ottawa, juillet 2016

Introduction

Pourquoi Gaétan Gervais?

Dans l'esprit de la génération qui les a vécus, et peut-être pour bien d'autres encore à venir, les États généraux du Canada français de 1969 ont marqué une rupture politique et identitaire entre le Québec et la francophonie hors Québec. Par le travail du temps, ces événements ont creusé un sillon dans la mémoire collective des francophonies minoritaires jusqu'à situer dans la durée, à la manière d'une charnière historique, la mort définitive du Canada français et le début des grandes incertitudes identitaires. Cette interprétation consacrée des États généraux, dont nous nous garderons bien de dire qu'elle est sans fondement, a peut-être toutefois fait perdre de vue sa contrepartie plus optimiste, à savoir que les années 1960 ont été aussi, pour les minorités francophones hors Québec, le moment et le lieu d'une possible *refondation* de leur expérience collective[1]. Sises entre un Canada en pleine quête identitaire et un Québec où se consolident les assises souverainistes, confrontées à un retranchement de l'Église de la sphère sociale et à l'émergence d'un État-providence régulateur, les minorités canadiennes-françaises ont été amenées, durant cette période et dans les décennies qui ont suivi, à réfléchir à la possibilité de se donner un projet viable pour leur propre devenir. Ce projet, qui a revêtu différentes formes selon les divers contextes provinciaux, consistait surtout à créer une organisation sociale et une infrastructure politique qui, succédant aux modes et aux lieux traditionnels de socialisation, allaient permettre l'aménagement d'un espace culturel distinct et l'articulation d'une nouvelle représentation commune. À partir de quels supports symboliques les minorités francophones pourraient-elles désormais reconstruire une

---

1. Voir, à ce propos, Jean-François Laniel et Joseph Yvon Thériault (dir.), *Retour sur les États généraux du Canada français : continuités et ruptures d'un projet national*, Québec, Les Presses de l'Université du Québec, 2016.

identité collective qui puisse combler l'absence de plus en plus marquée du Québec ? De quelle manière actualiser une histoire et une culture hier circonscrites par le référent canadien-français et désormais localisées dans un espace national canadien de plus en plus hétérogène et pluraliste en droit ? Quelle place réserver à la mémoire nationale du Canada français dans le contexte d'une économie moderne, urbaine et industrielle ? Telles sont les grandes questions qui, burinées dans la conscience collective des générations d'après-guerre, ont suscité réflexions et débats au sein des communautés francophones partout au pays.

En Ontario français, cet ajournement a mobilisé la parole d'intellectuels qui, relayant celle du clergé canadien-français, a pris place dans de nouveaux lieux de production et de diffusion des idées et du savoir. Formée surtout dans les universités nouvellement laïcisées et s'appuyant sur une conception sécularisée, démocratique et plus rationnelle du monde, cette nouvelle intelligentsia, composée surtout de professeurs, d'enseignants, d'étudiants, d'artistes, de journalistes et de fonctionnaires, a participé à la définition d'un nouvel « horizon d'attente » pour la francophonie ontarienne[2]. Cet horizon renvoie à l'expression d'un possible politique et culturel, où se croisent l'attente d'un futur incertain et la réception difficile d'un passé. Il implique la réévaluation et l'arbitrage des traditions, travail qui conduit nécessairement à une remise en question plus vaste de l'identité collective. Une telle exigence consiste, en quelque sorte, à (re)donner un sens au passé afin de définir les cadres d'une nouvelle identité, en contrepartie du travail d'édification similaire auquel s'adonne le Québec durant la Révolution tranquille. Ainsi, on voit apparaître au cours des années 1970 diverses interventions dans l'univers symbolique franco-ontarien qui visent à *nommer* un espace identitaire propre à la collectivité francophone de la province. Parmi celles-ci, on retient l'adoption du drapeau franco-ontarien en 1975, la création du Festival franco-ontarien (1977) et l'apparition presque simultanée du néologisme « Ontarois » sous la plume de Yolande Grisé[3].

---

2. Marie LeBel, *Le discours comme patrie : les intellectuels franco-ontariens comme interprétants de la condition historique et identitaire de l'Ontario français*, thèse de doctorat (histoire), Québec, Université Laval, 2009, p. 3.

3. Yolande Grisée, *Pour se faire un nom*, Montréal, Éditions Fides, 1982.

Dans une perspective plus vaste, chercher à comprendre les réaménagements de l'imaginaire canadien-français et la conception de cette nouvelle identité, rapatriée dans l'espace social ontarien, c'est, en quelque sorte, analyser la structuration d'une *référence*, désignant par là, à la suite de l'acception qu'en avait donnée Fernand Dumont, ce qui meuble la conscience de former une communauté fondée sur le principe d'une origine commune, d'une mémoire collective et d'une expérience historique partagée[4]. Cette dynamique référentielle englobe l'ensemble des caractéristiques constitutives de la singularité d'une culture; elle explique par quel procédé des individus peuvent en venir à se reconnaître une même appartenance par-delà leurs divers particularismes sociaux. Elle résulte d'un travail qui s'effectue principalement par le discours, c'est-à-dire par la création et la diffusion des symboles, des mythes, des idéologies, des mémoires, et par une adhésion à la fois spontanée et réflexive à ceux-ci. L'appartenance s'établit aussi par le concours d'un réseau institutionnel et des divers moyens de communication modernes – tels les médias, la littérature ou l'histoire populaire –, intermédiaires essentiels à l'aménagement et à la transmission de ses diverses composantes. À l'image de l'Acadie du Nouveau-Brunswick, qui sera amenée, au cours des années 1960 et après, à refaire sens de son propre passé à partir d'une nouvelle référence acadienne modernisatrice[5], l'Ontario français contemporain tentera, lui aussi, de se donner un nouveau récit historique en fonction d'un présent tout orienté vers un avenir à bâtir. L'émergence d'une historiographie proprement franco-ontarienne peut être interprétée en fonction de ce cadre plus général caractérisé par la mutation du sentiment d'identité. C'est ainsi que, dans le nouvel espace intellectuel qui prend forme dans les décennies d'après-guerre, l'histoire, comme la littérature, devient le vecteur cardinal d'un imaginaire collectif

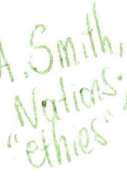

---

4. Fernand Dumont, *Genèse de la société québécoise*, Montréal, Éditions du Boréal, 1993; Fernand Dumont, «Essor et déclin du Canada français», *Recherches sociographiques*, vol. 38, n° 3 (1997), p. 419-467. Pour une application du concept de référence dans le contexte de la francophonie ontarienne, on se référera à Michel Bock, «De la solidarité canadienne-française à l'éclatement des références: la mutation des identités québécoise et franco-ontarienne», dans Jean-François Savard et Alexandre Brassard (dir.), *Les relations Québec-Ontario: un destin partagé?*, Québec, Les Presses de l'Université du Québec, 2011, p. 83-106.
5. Sur ce sujet, le lecteur pourra consulter la thèse de doctorat de Julien Massicotte, *L'Acadie du progrès et du désenchantement, 1960-1994*, Québec, Université Laval, 2011.

francophone en formation. L'historien s'impose dès lors comme celui qui, à l'image du poète et de l'écrivain, participe à la création d'« un univers et d'un destin imaginaires dans lesquels [on] peu[t] plus ou moins [se] proje-ter, [se] voir ou [se] prévoir comme en une sorte d'horizon[6] ».

C'est à partir de cet arrière-plan – celui de la formation d'un nouvel espace intellectuel associée à l'évolution d'une dynamique référentielle en Ontario français après les années 1960 – que nous interpelle dans le pré-sent ouvrage l'œuvre militante et intellectuelle de Gaétan Gervais. Prendre connaissance de son itinéraire personnel et professionnel atteste ce déploie-ment et nous permet de mesurer l'importance de son intervention dans les grands enjeux et défis qui traversent cette collectivité minoritaire à un moment crucial de son histoire. Historien, intellectuel, conférencier, maître à penser et homme d'action, Gaétan Gervais a été, tout au long de sa car-rière de professeur d'histoire à l'Université Laurentienne, à la fois *observa-teur* et *acteur* des grandes mutations identitaires et structurelles de l'Ontario français. Il est de ces « individualités exceptionnelles » dont l'œuvre, loin de se réduire à elle-même, s'étend à la mesure de sa communauté d'ap-partenance et interroge, en retour, son destin et ses fragilités profondes. Dans la double posture de chercheur et d'intellectuel qu'il incarne, s'arti-culent à point nommé des enjeux qui offrent sur l'histoire intellectuelle des francophonies minoritaires plusieurs perspectives éclairantes. Ces enjeux recoupent à la fois le rôle de l'historiographie dans le façonnement de l'ima-ginaire collectif, l'inscription sociale des intellectuels en milieu minoritaire et la pratique de la science dans l'espace propre aux « petites cultures ».

Hormis quelques exceptions notables, il existe peu de travaux d'enver-gure portant sur les élites intellectuelles, leurs discours et leurs idéologies dans l'Ontario français post-1960. En ce qui a trait plus spécifiquement à la pratique historienne des dernières décennies et à son évolution, en de très rares occasions s'est-on penché sur la manière dont on écrit l'his-toire en Ontario français, sur la représentation sociale de l'histoire chez ses historiens ou encore sur la contribution de ces derniers à la dyna-mique constitutive de l'imaginaire collectif[7]. Pourtant, les membres des

---

6. Fernand Dumont, *Fernand Dumont, un témoin de l'homme*, entretiens colligés et présentés par Serge Cantin, Montréal, Éditions de l'Hexagone, 2000, p. 93.

7. Citons quelques exceptions, dont les études de Stéphanie St-Pierre, « Étienne Brûlé : la création d'un personnage », *Revue du Nouvel-Ontario*, n° 29 (2004), p. 5-44 ; Daniel Bouchard, *La Société historique du Nouvel-Ontario de 1942 à*

élites franco-ontariennes, comme Gaétan Gervais, ont formulé, nous l'indiquions, de nombreuses prescriptions sur le type de société franco-ontarienne qu'il convenait de conserver ou d'édifier. Ceux-ci ont également offert de nouveaux discours sur la communauté d'appartenance en mutation et ont activement participé à la mise en cohérence de son identité collective. Tel est l'un des postulats sous-jacents à notre démarche, à savoir qu'à l'instar des groupes, les individus possèdent, à des degrés variables selon le système dans lequel ils évoluent, le pouvoir de façonner de l'intérieur comme de l'extérieur l'image sociale d'une collectivité[8]. Autrement dit, la présente étude propose d'envisager l'acteur non comme une figure passive et surdéterminée, mais comme un «producteur culturel» qui, par son discours, contribue à définir les principes générateurs d'une collectivité, à insuffler un sens à son expérience commune et, partant, à infléchir son histoire. Il ne s'agit pas ici de proposer une reprise du modèle antérieur des «grands hommes qui font l'histoire», mais plutôt d'envisager l'œuvre et le parcours de Gervais comme des moyens privilégiés d'accéder au cœur d'un passé plus vaste et, surtout, comme des rouages importants d'une histoire en train de se faire.

Cette approche, où la singularité de notre sujet est mise à l'honneur, permet en retour de nous prémunir contre toute lecture présentiste du passé, aporie à laquelle semblent avoir cédé certaines appréciations de l'œuvre de Gervais. C'est le cas, notamment, de l'historienne Marie LeBel qui, dans sa thèse de doctorat consacrée aux intellectuels du Nouvel-Ontario, ne ménage pas les critiques à l'endroit du professeur d'histoire, qu'elle dépeint plutôt péjorativement comme un «idéologue national», «défenseur des élites traditionnelles et du clergé», «empreint d'amertume vis-à-vis du Québec et d'humiliation par rapport au "nous-autres" franco-ontarien» et puisant à même une conception passéiste et naturaliste de la nation[9]. Cette interprétation rappelle, à certains égards, celle qu'avait

---

1976, Sudbury, Société historique du Nouvel-Ontario, coll. «Documents historiques», n° 94, 1997 ; Gaétan Gervais, «L'historiographie franco-ontarienne : à l'image de l'Ontario français», dans Jacques Cotnam, Yves Frenette et Agnès Whitfield (dir.), *La francophonie ontarienne : bilan et perspectives de recherche*, Ottawa, Le Nordir, 1995, p. 123-134.

8. Raymond Breton, «Modalités d'appartenance aux francophonies minoritaires : essai de typologie», *Sociologie et sociétés*, vol. 26, n° 1 (printemps 1994), p. 61.

9. LeBel, *Le discours comme patrie*.

déjà offerte la chercheure Linda Cardinal dans un article paru en 1998 à l'occasion du trentième anniversaire des États généraux du Canada français. Dans ce texte, elle associait les travaux de Gervais à la «thèse de la rupture» telle que développée dans l'historiographie des États généraux, thèse qui trouvait son corollaire dans une représentation mythifiée du Canada français envisagé «comme une société traditionnelle, homogène et repliée sur elle-même, unique garantie contre l'assimilation[10]». Dans un article paru quelques années plus tard, la sociologue de l'Université d'Ottawa classait Gervais, aux côtés de Roger Bernard et de Marcel Martel, dans le rang des «chercheurs nostalgiques» dont les travaux seraient teintés d'une «rancœur» à l'endroit du Québec et colporteraient une «vision de repli sur un Canada français imaginaire, au détriment d'une vision politique et stratégique de la francophonie[11]».

Ces appréciations de l'œuvre de Gervais ont le mérite d'avoir su engager débats et réflexions sur l'orientation plus large des savoirs en francophonie canadienne, sujet pour le moins négligé par la recherche savante. Toutefois, elles ne nous semblent pas rendre justice aux intentions de l'historien, ni à leur contexte d'énonciation, ni encore à la manière dont elles donnent à réfléchir sur la condition franco-ontarienne contemporaine. Le renvoi systématique de la tradition au rang des hérésies particularistes trahit une tendance largement répandue dans l'univers des sciences sociales de nos jours, qui consiste, sur la foi d'une épistémologie constructiviste, à banaliser toute revendication identitaire liée à une communauté d'histoire et de sens. Sous cet angle, les identités historiques, l'esprit national et les réalités culturelles fondamentales apparaissent comme des constructions purement artificielles et dépassées qui, plutôt que de conditionner un certain rapport au monde, pousseraient à l'exclusion de l'«autre» et au refus des valeurs d'ouverture et de tolérance propres à la «modernité». Or l'arrière-plan manichéen d'une telle critique conduit bien souvent à

---

10. Linda Cardinal, «Le Canada français à la lumière des États généraux: critique de la thèse de la rupture», dans Marcel Martel (dir.), *Les États généraux du Canada français, trente ans après*, avec la collaboration de Robert Choquette, Ottawa, Centre de recherche en civilisation canadienne-française, 1998, p. 229.

11. Linda Cardinal, «Sortir de la nostalgie, en finir avec le ressentiment: les francophones hors Québec et la coopération interprovinciale», dans Simon Langlois et Jean-Louis Roy (dir.), *Briser les solitudes: les francophonies canadiennes et québécoise*, Québec, Éditions Nota bene, 2003, p. 16.

occulter l'idée qu'il puisse exister une quelconque forme de médiation possible entre la tradition et la modernité, médiation qui, *a fortiori* dans l'univers propre des cultures minoritaires, sourd pourtant d'une inquiétude bien réelle et légitime, laquelle consiste à vouloir perdurer dans un sens collectif. À la suite de Joseph Yvon Thériault, la tradition nous paraît irréductible à l'essentialisme national, au déterminisme moral ou encore à la généalogie. Nous l'envisageons plutôt comme « une conversation avec le passé[12] », qui en fait surtout « l'œuvre de la parole dans sa tentative d'infléchir le réel ; [...] le signe de la présence d'un sens qui s'est forgé entre des humains à force de se poser et de se reposer les mêmes questions ; [...] une intentionnalité, un faible voile déposé sur les faits historiques pour tenter de les infléchir[13] ». Orienté vers l'énonciation d'un « nous » franco-ontarien historiquement et politiquement balisé, le propos de Gaétan Gervais nous semble autrement plus intelligible lorsqu'il est interprété selon cette conception de la tradition. Notre souhait d'en restituer toute la signification, par le recours à une méthode d'analyse plus compréhensive, est un indispensable complément aux motivations qui sous-tendent cet ouvrage.

L'autre axe qui sert d'amorce et d'enracinement à notre réflexion renvoie, nous l'indiquions, à la négociation d'un nouvel espace référentiel franco-ontarien par suite de l'éclatement de la référence canadienne-française. Du point de vue de l'analyse historienne, peu de travaux s'étaient, jusqu'à tout récemment, intéressés à la manière dont la francophonie ontarienne a cherché à négocier son dilemme identitaire durant les décennies qui ont suivi les tumultueuses années 1960. Cette histoire, à laquelle les sociologues et les pédagogues ont fourni plusieurs éléments d'analyse, reste encore à écrire. Quelques études récentes, en particulier celles conduites par l'historien Michel Bock, tendent d'ailleurs à montrer que le schéma classique de la « rupture » inauguré dans les années 1960 résisterait plus ou moins à une analyse rigoureuse de l'évolution des représentations identitaires. Pour peu qu'elle ait été étudiée dans le discours de

---

12. Joseph Yvon Thériault, « Est-ce progressiste aujourd'hui d'être traditionaliste ? », dans *Faire société : société civile et espaces francophones*, Sudbury, Éditions Prise de Parole, 2007, p. 187.

13. Joseph Yvon Thériault, *Critique de l'américanité : mémoire et démocratie au Québec*, Montréal, Éditions Québec Amérique, 2005, p. 270.

la presse francophone hors Québec[14], des réseaux institutionnels[15], des mouvements de jeunesse[16] ou encore des politiques gouvernementales[17], l'évolution des représentations identitaires des Franco-Ontariens donne à voir une continuité référentielle assez marquée avec le Canada français traditionnel, et ce, par-delà les turbulentes années 1960. L'« après-États généraux » laisserait donc entrevoir, chez les minorités françaises, certaines dispositions à résister aux réaménagements symboliques effectués par l'État-providence canadien et, accessoirement, un certain désir de penser la permanence et de s'installer dans la durée. Cet ouvrage entend s'inscrire modestement dans le prolongement de cette hypothèse, en s'intéressant plus particulièrement à la manière dont ces dynamiques de rupture et de continuité se sont conjuguées dans l'esprit d'un acteur qui en a fait l'expérience et, conséquemment, aux espoirs, aux possibilités, aux stratégies et aux apories qu'elles ont pu révéler chez ce dernier.

---

14. Serge Miville, « *À quoi sert au Canadien français de gagner l'univers canadien s'il perd son âme de francophone ?* » *Représentations identitaires et mémorielles dans la presse franco-ontarienne après la « rupture » du Canada français (1969-1986)*, thèse de maîtrise (histoire), Ottawa, Université d'Ottawa, 2012 ; Michel Bock, *Comment un peuple oublie son nom : la crise identitaire franco-ontarienne et la presse française de Sudbury (1960-1975)*, Sudbury, Éditions Prise de parole, 2001.

15. Marcel Martel, *Le deuil d'un pays imaginé : rêves, luttes et déroute du Canada français*, Ottawa, Les Presses de l'Université d'Ottawa et Centre de recherche en civilisation canadienne-française, 1997 ; Michel Bock, « La Fédération des francophones hors Québec devant le gouvernement québécois (1976-1991) : groupe de pression ou compagnon d'armes ? », dans Stéphane Savard et Jérôme Boivin (dir.), *De la représentation à la manifestation : groupes de pression et enjeux politiques au Québec, XIXᵉ et XXᵉ siècles*, Québec, Éditions du Septentrion, 2014, p. 234-274 ; Michel Bock, « Des braises sous les cendres : l'Ontario français et le projet national canadien-français au lendemain des États généraux (1969-1991) », dans Laniel et Thériault (dir.), *Retour sur les États généraux du Canada français*, p. 167-231.

16. Michel Bock, « De la "tradition" à la "participation" : les années 1960 et les mouvements de jeunesse franco-ontariens », *Cahiers Charlevoix 8*, Ottawa, Les Presses de l'Université d'Ottawa et Société Charlevoix, 2010, p. 111-196.

17. Stéphane Savard, « *Je t'aime, moi non plus* » : *réceptivité et identités des membres des élites franco-ontariennes vis-à-vis du gouvernement Trudeau, 1968-1984*, thèse de maîtrise (histoire), Québec, Université Laval, 2005 ; Anne-Andrée Denault, « La transformation des rapports entre francophones en Amérique : le récit de la rupture revisité », dans Laniel et Thériault (dir.), *Retour sur les États généraux du Canada français*, p. 267-296.

L'œuvre de Gaétan Gervais traduit une ambition forte de médiation historique et culturelle avec la mémoire du Canada français. C'est ce qui constitue, selon nous, l'idée centrale autour de laquelle s'est déployé son engagement intellectuel et scientifique. La nécessité pour l'Ontario français de redonner un sens à sa propre existence après la brisure du projet national canadien-français conduira l'historien sudburois à s'imposer comme l'une des principales figures énonciatrices d'une identité franco-ontarienne qui, bien que rapatriée sur le territoire ontarien, n'entend pas pour autant rompre avec son passé national canadien-français, c'est-à-dire avec une volonté de «faire société» de manière autonome sur le continent nord-américain[18]. En d'autres termes, l'Ontario français de Gaétan Gervais est porteur d'une communauté d'histoire, celle de la nation française d'Amérique, et dépositaire de sa mémoire et de sa tradition nationales, associées à la conquête d'une forme d'autonomie en ce qui concerne l'identité et le développement de son réseau institutionnel. Cette ambition met au jour une longue tradition de pensée nationaliste à laquelle ont participé des intellectuels comme Henri Bourassa, Lionel Groulx et André Laurendeau. L'œuvre de Gervais rejoint les aspirations d'une communauté historique minoritaire qui, en pleine mutation dans son rapport à elle-même, cherche à actualiser l'intention canadienne-française de son histoire, à savoir le «principe instituant» autour duquel le Canada français s'est constitué en fait social global[19]. On serait même tenté de dire que c'est précisément cette correspondance entre l'œuvre et les aspirations vitales et permanentes du Canada français qui explique en partie la pertinence et le succès de ses travaux.

Faire l'histoire d'un intellectuel

La présente étude s'insère dans le champ de l'histoire des intellectuels, c'est-à-dire l'étude des intellectuels comme groupe social, dont la démarche se situe à la croisée de l'histoire classique des idées, l'histoire

---

18. Thériault, *Faire société*.
19. Joseph Yvon Thériault et E.-Martin Meunier, «Que reste-t-il de l'intention vitale du Canada français?», dans Joseph Yvon Thériault, Anne Gilbert et Linda Cardinal (dir.), *L'espace francophone en milieu minoritaire au Canada : nouveaux enjeux, nouvelles mobilisations*, Montréal, Éditions Fides, 2008, p. 224.

de la philosophie, l'histoire des mentalités et l'histoire culturelle[20]. La figure de l'intellectuel comme catégorie de la vie sociale et politique a entraîné le développement de plusieurs pôles de recherche et d'une littérature foisonnante au cours des deux dernières décennies[21]. Qu'il s'agisse de sa définition à travers les âges, ses supports, son statut, sa fonction, voire son déclin, que plusieurs signalent au profit de l'«expert», l'intellectuel est une catégorie de moins en moins étrangère aux chercheurs et un domaine d'étude arrivé à maturité. Et pourtant, il demeure toujours un objet fuyant, aux contours indéterminés et dont les acceptions varient selon les pays et les époques. C'est d'ailleurs pourquoi il importe moins, nous semble-t-il, de donner une définition du travail intellectuel qui soit précise et uniformément applicable que de situer celui-ci dans son contexte national et historique d'expression. Pour le dire à la suite de Pascale Ryan, l'intellectuel «doit nécessairement prendre ses racines dans sa société d'origine ou d'appartenance». Cette société étant elle-même le produit d'une constante évolution, «[l]'étude du personnage et de sa fonction exige [...] une nécessaire démarche d'historicisation et de contextualisation[22]».

S'agissant d'un intellectuel comme Gaétan Gervais, cette attitude se révèle d'autant plus féconde que la réalité spécifique dans laquelle il évolue influe largement sur son écriture et ses prises de position. Cette réalité désigne l'espace propre des cultures marginalisées et minorisées, dont la principale caractéristique tient à la fragilité de leur devenir. Une telle disposition existentielle rappelle, à certains égards, celle de la petite nation chez Milan Kundera, qui la définissait d'abord comme «une

20. François Dosse, *La marche des idées : histoire des intellectuels, histoire intellectuelle*, Paris, La Découverte, 2003, p. 11.

21. Notamment, Dosse, *La marche des idées*; Pascal Ory et Jean-François Sirinelli, *Les intellectuels en France, de l'affaire Dreyfus à nos jours*, Paris, Armand Colin, 2002; Michel Leymarie et Jean-François Sirinelli (dir.), *L'histoire des intellectuels aujourd'hui*, Paris, Presses universitaires de France, 2003. Pour le Québec, mentionnons, entre autres, Manon Brunet et Pierre Lanthier (dir.), *L'inscription sociale de l'intellectuel*, Sainte-Foy, Les Presses de l'Université Laval ; Paris, L'Harmattan, 2000; ou, plus récemment, Yvan Lamonde *et al.*, *Les intellectuel.les au Québec : une brève histoire*, Montréal, Del Busso éditeur, 2015.

22. Pascale Ryan, «Des intellectuels en Europe et en Amérique : un état de la question», *Mens : revue d'histoire intellectuelle de l'Amérique française*, vol. 4, n° 1 (automne 2003), p. 15 et 13.

situation, un destin» ne connaissant «pas la sensation heureuse d'être là depuis toujours et à jamais[23]». Leur situation culturelle et politique trouble, que d'autres désigneront aussi sous le vocable de «petites sociétés», fait en sorte qu'elles sont inlassablement travaillées par la crainte d'un possible «retrait de l'histoire» et, partant, animées d'un profond souci d'assurer la permanence de leur être collectif[24]. Il va sans dire que l'intellectuel qui est appelé à intervenir dans ce contexte culturel précis décrit des modalités particulières de réflexivité, de narration et d'engagement. Sa pensée met en œuvre des processus d'analogie, d'adhésion et de projection qui portent sur les besoins, les désirs et les dilemmes vécus par sa communauté d'appartenance. Elle exprime une posture et des préoccupations que le sociologue Jean-François Laniel dissocie, à juste titre, de l'intellectuel dreyfusard universaliste pour les faire correspondre plutôt à la figure de l'intellectuel romantique[25]. Cette intelligentsia aurait pour tâche première, selon Alain Finkielkraut, non pas de «surveiller la particularité [tel l'intellectuel universel], mais de veiller sur elle». En ce sens, elle «témoigne pour son peuple, elle parle simultanément à sa place et à son intention, elle le révèle aux autres tout en lui offrant le miroir dont il a besoin pour exister[26]». C'est d'ailleurs pourquoi, selon Marie LeBel, les intellectuels et les savants en milieu minoritaire se distinguent d'abord par leurs interventions répétées dans le domaine public puisque «les demandes de sens de la communauté sont constantes[27]».

23. Milan Kundera, *Les testaments trahis*, Paris, Gallimard, 1993, p. 225. Sur le concept de «petite nation» chez Kundera, voir aussi «Un Occident kidnappé ou la tragédie de l'Europe centrale», *Le Débat*, vol. 5, n° 27 (1983), p. 3-23.

24. Jacques L. Boucher et Joseph Yvon Thériault (dir.), *Petites sociétés et minorités nationales: enjeux politiques et perspectives comparées*, Québec, Les Presses de l'Université du Québec, 2005, p. 2.

25. Jean-François Laniel, «Petites sociétés, élites intellectuelles et "tradition vivante": contribution à une sociologie des petites sociétés», dans Mihai Dinu Gheorghiu et Paul Arnault (dir.), *Les sciences sociales et leurs publics: engagements et distanciations*, Iasi, Editura Universității, Cuza, 2013, p. 412.

26. Alain Finkielkraut (*L'ingratitude: conversation sur notre temps, avec Antoine Robitaille*, Paris, Gallimard, 2000, p. 55), cité dans Laniel, «Petites sociétés, élites intellectuelles et "tradition vivante"», p. 412-413.

27. Marie LeBel, «Positions, postures et "im-posture": les intellectuels en milieu minoritaire: le Nouvel-Ontario, 1970-1985», dans Nathalie Bélanger *et al.* (dir.), *Produire et reproduire la francophonie en la nommant*, Sudbury, Éditions Prise de parole, 2010, p. 286.

S'ils surinvestissent la sphère publique, c'est peut-être aussi parce qu'une obligation compensatoire les y pousse, celle qui consiste à *dire* le lieu du sens que ne peut pleinement consacrer l'atrophie de leur propre espace socio-institutionnel. Ils ont, d'après le sociologue Mourad Ali-Khodja, cette double tâche de «porter [...] prioritairement le projet de rendre raison de l'existence et de la reconnaissance de leurs communautés tout en s'inscrivant par ailleurs dans l'orbe des savoirs mondiaux[28]».

C'est à cette modalité particulière de l'engagement scientifique et intellectuel que nous faisons correspondre le travail de Gaétan Gervais. L'œuvre qu'il échafaude depuis plus de quarante ans s'attache à donner forme et sens à l'Ontario français, de manière à pouvoir lui offrir les moyens d'être reconnu comme une entité distincte et de permettre aux Franco-Ontariens de se reconnaître comme tels. C'est dans sa capacité à transformer, conscientiser et développer qu'elle nous apparaît significative, c'est-à-dire en tant qu'elle s'incarne dans une identité qui, nourrissant une intention vitale[29], cherche à *adapter* et à *aménager* les éléments de rupture et de continuité qui la travaille.

Sur le plan méthodologique, notre approche consiste à soumettre à une analyse qualitative l'ensemble de l'œuvre de Gaétan Gervais en la situant dans le processus plus large de réaménagement de l'espace référentiel franco-ontarien. Une partie de notre travail consiste à rendre compte de la genèse d'une pensée et à définir ses contours, ses lignes directrices et ses infléchissements tout en portant attention au vécu du sujet. Nous avons donc cherché, à l'instar de l'historien François Dosse, à lier dans notre analyse l'univers endogène de l'œuvre de Gaétan Gervais à son univers exogène, c'est-à-dire «[à] faire consoner [l']ensemble [de] [l']œuvre [...], [son] auteur [...] et le contexte qui les a vus naître dans une démarche qui récuse l'appauvrissante alternative entre une lecture internaliste des œuvres et une approche externaliste privilégiant les seuls réseaux de sociabilité[30]». Sise à mi-chemin entre la biographie proprement dite et l'analyse historiographique, notre démarche offre un portrait

---

28. Mourad Ali-Khodja, «Réflexions sur les figures de l'intellectuel et du savant en milieu francophone minoritaire», *Minorités linguistiques et société = Linguistic Minorities and Society*, n° 3 (2013), p. 48.

29. Thériault et Meunier, «Que reste-t-il de l'intention vitale du Canada français?», p. 205-238.

30. Dosse, *La marche des idées*, p. 11.

intellectuel de notre sujet, qui tiendra compte de sa pensée et de son itinéraire biographique. À cette fin, nous avons privilégié, disions-nous, une analyse compréhensive et circonstanciée de ses travaux, en tâchant de les saisir dans leur contexte d'énonciation et selon les positionnements idéologiques et épistémologiques propres à l'auteur. Cette sensibilité, que nous faisons nôtre ici, rejoint à proprement parler celle de l'herméneute dans son sens le plus vaste, c'est-à-dire celui qui souhaite aller à la rencontre de son objet en toute empathie, avec le souci aiguisé du contexte idéologique et en présentant le sens avant tout comme une « construction de l'acteur » plutôt que comme une « vérité déduite d'un jugement scientifique[31] ». Une telle démarche implique que le chercheur s'enracine dans le vécu du sujet, qu'il se rende intellectuellement sensible et attentif à ses inquiétudes et aux idées qu'il exprime. Elle suppose, dirait à son tour Henri-Irénée Marrou, l'existence d'une « communion fraternelle entre sujet et objet, entre historien et document », où la compréhension historique se donne à voir comme une sympathie, un sentiment, si ce n'est une « amitié[32] ».

Certaines limites associées non seulement aux sources et à leur traitement, mais aussi à l'application de notre cadre conceptuel se doivent d'être prises en considération. Tout d'abord, faute de disposer des archives personnelles de Gaétan Gervais au moment de la rédaction de l'ouvrage, nous avons surtout dû limiter notre ambition à l'analyse des écrits publics de l'historien[33]. C'est d'ailleurs pourquoi certaines dimensions de sa carrière n'ont pu être explorées en détail, par exemple, son métier de professeur ou la configuration de son réseau de sociabilité. Nous avons

---

31. Jean-Philippe Warren, « Le progrès, c'est le progrès : sur l'historiographie de la sociologie québécoise francophone », dans Stéphane Kelly (dir.), *Les idées mènent le Québec : essais sur une sensibilité historique*, Sainte-Foy, Les Presses de l'Université Laval, 2003, p. 107-122.

32. Henri-Irénée Marrou (*De la connaissance historique*), cité dans Antoine Prost, *Douze leçons sur l'histoire*, Paris, Éditions du Seuil, 2010, p. 163.

33. Le lecteur trouvera une bibliographie détaillée des écrits de Gaétan Gervais à la fin de l'ouvrage. Elle regroupe ses travaux universitaires : ouvrages, thèses, articles, outils bibliographiques, comptes rendus et notes de recherche. Notre analyse repose aussi sur les principaux articles d'opinion que Gervais a publiés dans divers journaux et revues, sur certaines de ses interventions à la radio publique de même que sur quelques-uns des rapports qu'il a préparés dans le cadre de ses fonctions.

également délaissé dans l'analyse tout ce qui relève des affections personnelles et de la psychologie qui, au nom d'une biographie totale, auraient
peut-être été susceptibles de nous fournir une meilleure compréhension
de son travail. Ainsi, le parcours que va découvrir le lecteur en ces pages
est forcément partiel et partial, ouvert à d'autres interprétations possibles.
Nous avons pu en revanche, en complément de nos recherches, mener
quelques entretiens avec Gaétan Gervais ainsi qu'avec divers interlocuteurs qui l'ont côtoyé durant sa carrière. Notre corpus a également béné-
ficié du contenu de l'ouvrage *Gaétan Gervais : le « gardien du dépôt »*, une
courte biographie publiée en 2012 par Robert Arsenault et qui contient
plusieurs propos jusque-là inédits de l'historien.

Finalement, précisons que l'œuvre de Gervais ne sera pas envisagée
dans cette étude comme la source d'une nouvelle « référence » franco-
ontarienne, encore moins souhaitons-nous la considérer comme une
figure « exemplaire » ou « emblématique » de l'*ensemble* des représentations
identitaires des Franco-Ontariens. La constitution d'une référence est un
processus qui se déploie sur le long terme. Pour être à même de bien le
cerner, l'exercice d'interprétation doit être étendu à un corpus beaucoup
plus large, recoupant plusieurs acteurs institutionnels et sphères d'activité. Mesurer la contribution de Gervais à l'instauration d'une référence
aurait nécessité une étude plus fouillée sur la diffusion et la réception de
cette dernière au sein des différents milieux intellectuels et populaires de
l'Ontario français, en considérant l'apport des autres discours tenus dans
l'espace public. Cette limite n'amoindrit pas pour autant l'ambition de
l'œuvre ni la justesse de son enracinement, pas plus d'ailleurs qu'elle ne
remet en question la pertinence des formulations et des réponses qu'elle
est susceptible d'apporter à son temps.

Chapitre premier

Jeunesse et formation (1944-1972)

S'IL EST VRAI QUE LA JEUNESSE forme l'homme et l'œuvre à l'avenant, il n'est pas sans intérêt d'esquisser le contexte et le milieu dans lesquels Gaétan Gervais est né, a grandi et a été formé. Bien que cette période de sa vie soit peu documentée et que les divers témoignages sur ces années soient rares, il est tout de même possible de retracer divers «fragments» de sa première enfance, de sa formation collégiale et universitaire et du cheminement intellectuel qui s'y est amorcé. Ceux-ci constituent autant d'éléments qui, en amont, nous renseignent sur le sens de son œuvre intellectuelle et militante. Le portrait qui se dégage des prochaines pages fait état d'une pensée en formation, soumise à plusieurs influences idéologiques et qui sera amenée à se préciser au fil du temps.

L'enfance à Sudbury

Gaétan Gervais naît le 10 août 1944 à Sudbury. Le petit quartier du Moulin-à-fleur est celui de sa toute première enfance. Bordant une section de l'avenue Notre-Dame, ce quartier devient, au cours du XXᵉ siècle, un important foyer de la vie catholique française sudburoise, s'organisant autour de la paroisse Saint-Jean-de-Brébeuf, largement ouvrière, du Collège du Sacré-Cœur et de l'immense complexe – le «moulin à fleur» [farine] – de la Ontario and Manitoba Flour Mills dont ne subsistent, depuis sa démolition en 1920, que les six silos-élévateurs en béton, symbole de cette présence et de ce passé[1]. C'est à la fin du XIXᵉ siècle que les

---

1. Voir Lucien Michaud, *Cent ans de vie française à Sudbury, 1883-1983*, Sudbury, Société historique du Nouvel-Ontario, coll. «Documents historiques», n° 79, 1983, p. 57-72.

ancêtres de Gaétan Gervais, comme plusieurs autres Canadiens français, migrent depuis la région de l'Outaouais, au Québec, pour s'installer dans le Nord de l'Ontario, d'abord sur une terre agricole à Saint-Charles, dans la région du Nipissing, et, ensuite, à Sudbury. Dans leur modeste demeure du Moulin-à-fleur, les parents, nouvellement établis, vivent avec peu de moyens. Le père, Lionel Gervais, après avoir cumulé une expérience dans les secteurs agricole et forestier, devient mineur pour l'entreprise Inco, alors spécialisée dans l'extraction, la transformation et la distribution du nickel et du platine. La mère, Claire Gervais, née Savage, est femme au foyer, s'occupe de la gestion de la maisonnée et de la première éducation des cinq enfants.

En 1941, les Canadiens français constituent le tiers de la population sudburoise (33,5 %)[2]. La plupart d'entre eux sont issus d'une migration d'ouvriers de la fin du XIXe siècle, alors attirés par les emplois liés au développement du chemin de fer transcanadien et à l'exploitation forestière et minière près des centres urbains. D'autres encore viennent de divers villages agricoles situés à proximité de la ville de Sudbury. La paroisse Sainte-Anne, où œuvrent les jésuites, occupe une place centrale dans la vie sociale et culturelle de la communauté franco-sudburoise. C'est autour d'elle que s'organisent les principales institutions religieuses canadiennes-françaises au début du siècle, tant pour les hommes (Ligue du Sacré-Cœur et Société Saint-Jean-Baptiste) que pour les femmes (Dames de Sainte-Anne, Fédération des femmes canadiennes-françaises). La forte présence française dans la région avait aussi mené à la fondation d'une première école en 1894, puis d'une deuxième en 1915. Entre-temps, les Sœurs grises avaient fondé l'hôpital Saint-Joseph en 1899 et les jésuites, ouvert les portes du Collège du Sacré-Cœur en 1913[3]. Pour l'éducation des jeunes filles, il fallut attendre la fondation du Collège Notre-Dame par les Sœurs grises, en 1948.

Les années d'après-guerre, durant lesquelles grandit Gaétan Gervais, apportent d'importantes transformations socioéconomiques à l'échelle du pays. S'ouvre alors une nouvelle ère de prospérité économique marquée, notamment, par une hausse constante du produit national brut,

---

2. *Ibid.*, p. 11.
3. Gaétan Gervais, « Les Franco-Sudburois », *Polyphony: Bulletin of the Multicultural History Society of Ontario*, vol. 5, n° 1 (printemps 1983), p. 23.

le développement du secteur tertiaire, le déploiement de nouvelles politiques sociales, l'émergence de l'État-providence canadien et une forte poussée démographique provoquée par les grandes vagues d'immigration et le baby-boom. L'industrialisation accélérée favorise aussi le développement de milieux urbains d'après le modèle de la banlieue, nouveau fief de la famille nucléaire. Ces changements bouleversent le mode de vie traditionnel et la société canadienne-française dans son ensemble[4].

Dans le contexte sudburois des années 1940 et 1950, Gaétan Gervais ne vit pas à l'écart de ces transformations. Ces phénomènes ne manquent effectivement pas de toucher la région de Sudbury, alors aussi en pleine transformation. Déjà, la fin des années 1930 ouvre une ère de prospérité pour l'industrie du nickel, fer de lance de l'industrie minière de cette petite ville du Nord de l'Ontario. Une demande de main-d'œuvre croissante dans les mines suscite au même moment une hausse constante de la population. Les recensements fédéraux font d'ailleurs état d'une population qui double presque chaque décennie, passant successivement de 2000 habitants en 1901 à 4000 en 1911 ; à 8000 en 1921 ; à 19 000 en 1931 et à 32 000 en 1941[5], pour atteindre plus de 80 000 habitants en 1961[6]. Les mines offrent alors des salaires on ne peut plus intéressants pour les Franco-Sudburois, qui gagnent en moyenne plus d'argent que les autres francophones de la province[7]. Suite au boom minier, de nouveaux quartiers font leur apparition au nord-est de la ville, dans le Nouveau-Sudbury, où la proportion de francophones croît progressivement[8]. La famille Gervais décide de s'y installer, en 1953, dans une maison qu'elle occupe toujours aujourd'hui.

L'important essor démographique favorise simultanément l'expansion rapide du réseau associatif et du réseau institutionnel franco-sudburois. Les

---

4. Paul-André Linteau *et al.*, *Histoire du Québec contemporain*, t. 2 : *Le Québec depuis 1930*, Montréal, Éditions du Boréal express, 1989, p. 433.

5. Donald Dennie, *La paroisse Sainte-Anne-des-Pins de Sudbury (1883-1940) : étude de démographie historique*, thèse de maîtrise, Sudbury, Université Laurentienne, 1986, p. 61.

6. Michaud, *Cent ans de vie française à Sudbury*, p. 9.

7. Daniel Marchildon, *Toute une histoire! Sudbury*, Sudbury, Centre franco-ontarien de ressources en alphabétisation, 1991, p. 40, [En ligne], [http://www.bdaa.ca/biblio/apprenti/centre_fora/toute_une_histoire/sudbury/sudbury.pdf] (3 mars 2012).

8. Gervais, « Les Franco-Sudburois », p. 21.

paroisses se multiplient – au moins cinq nouvelles sont fondées entre 1938 et 1955 –, de même que les écoles, les clubs sociaux et les associations diverses. Une élite cléricale et laïque locale francophone fait aussi progressivement sa marque. En 1947 est fondée la station CHNO, un poste de radio bilingue. Si Timmins accueille la première radio de langue française en Ontario en 1952 (CFCL), Sudbury fait de même, cinq ans plus tard, avec la mise en ondes de CFBR. Il faudra toutefois attendre l'année 1978 pour que la Société Radio-Canada vienne y implanter son premier poste de radio régional (CBON)[9]. Au cours des années 1930 et 1940, Sudbury devient l'une des régions de l'Ontario qui contribuent le plus au budget de l'Association canadienne-française d'éducation d'Ontario (ACFEO) provinciale[10]. L'Association œuvre d'ailleurs activement dans la région depuis sa fondation en 1910 par l'entremise d'une section locale. L'Ordre de Jacques-Cartier (OJC), société secrète fondée en 1926 et vouée à la défense des intérêts de la nation canadienne-française, y est aussi bien implanté avec la présence d'une « commanderie ». Rodolphe Tanguay, un chirurgien de Sudbury, est grand chancelier de l'Ordre en 1947 et 1948[11]. Entre 1941 et 1958, l'OJC mène une imposante campagne économique qui permet la mise sur pied de coopératives et, surtout, de huit caisses populaires dans la région[12]. En plus des nombreux petits commerces et entrepreneurs qui s'y installent, une coopérative funéraire francophone entreprend ses opérations en 1952.

Cet essor se fait également sentir du côté de la presse locale de langue française. En 1942, un groupe d'étudiants diplômés du Collège du Sacré-Cœur, mené par Camille Lemieux et secondé par le jésuite François Hertel, fonde *L'Ami du peuple*, un hebdomadaire français, catholique et indépendant voué à la lutte contre la conscription. Au confluent du nationalisme de l'abbé Lionel Groulx et d'Henri Bourassa, cette publication constitue, en quelque sorte, l'agent sudburois du Bloc populaire canadien, un parti politique fédéral et provincial anti-impérialiste et

9. Marchildon, *Toute une histoire! Sudbury*, p. 70.
10. Pierre Ouellette, « Éducation et économie, 1927-1965 », dans Guy Gaudreau (dir.), *Bâtir sur le roc : de l'ACFEO à l'ACFO du Grand Sudbury (1910-1987)*, Sudbury, Société historique du Nouvel-Ontario, coll. « Documents historiques », n° 92, 1994, p. 76.
11. *Ibid.*, p. 68.
12. *Ibid.*, p. 71-72.

anticonscriptionniste[13]. La même année, le père Lorenzo Cadieux fonde la Société historique du Nouvel-Ontario (SHNO). Avec la devise *Faire revivre notre histoire*, cette société, dont la philosophie participe de l'essor du mouvement régionaliste canadien-français de l'entre-deux-guerres[14], veut faire de l'enseignement de l'histoire un moyen efficace pour entretenir l'âme nationale et religieuse des Canadiens français et favoriser son enracinement dans la région du Nouvel-Ontario. En cela, elle agit comme une institution complémentaire au projet national canadien-français, qui s'exprime aussi fortement par le régionalisme[15]. D'où les rapports privilégiés que tisse la SHNO avec certains historiens nationalistes québécois, à commencer par Lionel Groulx, qui entretient des liens de cordialité et qui a des affinités avec le père Cadieux. À au moins deux reprises, le prêtre historien fait escale chez les jésuites de Sudbury pour prononcer des conférences au Collège en plus de signer plusieurs comptes rendus critiques des «Documents historiques» de la Société dans les pages de la *Revue d'histoire de l'Amérique française* (RHAF)[16]. C'est aussi à la SHNO que revient l'honneur d'être la première section régionale de l'ensemble du Canada français, incluant le Québec, à s'affilier à l'Institut d'histoire de l'Amérique française (IHAF), fondé en 1947 par Groulx[17].

La salle Sainte-Anne demeure, pour sa part, un foyer d'animation culturelle et sociale où converge la jeunesse franco-sudburoise. Cette vocation connaît une importante croissance en 1950 lorsque le père

13. Pour plus de détails, on consultera Serge Dignard, *Camille Lemieux et l'Ami du peuple, 1942-1968*, Sudbury, Société historique du Nouvel-Ontario, coll. «Documents historiques», n° 80, 1984.

14. Bien qu'elle soit officiellement fondée en 1942, la Société historique du Nouvel-Ontario a été créée en 1936 lors du deuxième congrès annuel de l'Union régionale de l'Association catholique de la jeunesse canadienne-française (ACJC), et ce, dans la foulée de la fondation des sociétés historiques de Saguenay (1934) et de Québec (1937) (voir Stéphanie St-Pierre, «Clercs et historiens: le discours d'enracinement et la Société historique du Nouvel-Ontario», *Études d'histoire religieuse*, vol. 81, n° 1-2 (2015), p. 67).

15. Daniel Bouchard, *La Société historique du Nouvel-Ontario de 1942 à 1976*, Sudbury, Société historique du Nouvel-Ontario, coll. «Documents historiques», n° 94, 1997, p. 67. Voir aussi St-Pierre, «Clercs et historiens», p. 59-79.

16. Michel Bock, *Quand la nation débordait les frontières: les minorités françaises dans la pensée de Lionel Groulx*, Montréal, Hurtubise HMH, 2004, p. 377-378.

17. *Ibid.*, p. 396.

Albert Regimbal fonde le nouveau Centre des jeunes de Sudbury, premier centre culturel en Ontario français. Voué à la formation de la jeunesse française, le Centre est fortement imprégné de la philosophie des mouvements d'Action catholique. Cette orientation sera d'ailleurs à la source d'une profonde divergence de vues entre le père Regimbal et l'Association de la jeunesse franco-ontarienne d'Ottawa (AJFO), proche de l'ACFEO et de l'Ordre de Jacques-Cartier, tous deux basés à Ottawa, au sujet du référent identitaire qui doit être transmis aux jeunes Franco-Ontariens[18]. Si l'AJFO entend faire la promotion d'une éducation nationaliste et traditionaliste canadienne-française auprès de la jeunesse franco-ontarienne, le père Regimbal estime, pour sa part, qu'il faut plutôt emprunter la voie du nationalisme canadien d'Henri Bourassa et se recentrer sur la mission apostolique de l'épiscopat canadien-français en la déchargeant de ses enseignements à vocation nationaliste. Autrement dit, alors que l'élite ottavienne souhaite miser sur la construction d'une identité nationale, Sudbury veut plutôt, par la voix du père Regimbal, privilégier la construction d'une identité d'abord et avant tout chrétienne. Ce clivage régional entre Ottawa et Sudbury, qui donnera lieu à plusieurs tensions interassociatives, s'insère dans un débat idéologique plus large entre l'action catholique et l'action nationale, source de divisions majeures au sein de l'Association catholique de la jeunesse canadienne-française[19].

Ainsi, malgré sa position plutôt excentrée par rapport aux centres économiques et politiques de la province et du pays, la petite ville minière du Nord ontarien se situe résolument à un important carrefour idéologique, au cœur de la diversité des débats intellectuels qui animent le Canada français d'après-guerre. Alors qu'Ottawa regroupe, à ce moment-là, les principaux centres culturels, intellectuels et politiques de l'Ontario francophone, Sudbury constitue, pour sa part, un pôle d'influence de plus en plus important avec une dynamique régionale particulière, riche de ses nombreuses institutions françaises. Évoquant les souvenirs de son pays natal, Gaétan Gervais confie à son biographe, Robert Arsenault:

---

18. Michel Bock, «Une guerre sourde: la rivalité Ottawa-Sudbury et la jeunesse franco-ontarienne (1949-65)», *Québec Studies*, n° 46 (automne 2008-hiver 2009), p. 19-32.

19. Louise Bienvenue, *Quand la jeunesse entre en scène: l'Action catholique avant la Révolution tranquille*, Montréal, Éditions du Boréal, 2003, p. 42.

> Je n'ai pas souvenir dans mon enfance de «grandes revendica-
> tions» ou de «grandes batailles linguistiques». Je me souviens sur-
> tout du fait que nous, les Canadiens-Français, avions nos écoles,
> françaises et catholiques. Nos paroisses étaient françaises. Nous
> nous rendions dans des commerces où on parlait très souvent notre
> langue. Nous arrivions à vivre passablement bien en français dans
> un milieu populaire [...] où la présence française était importante
> et, en un sens, naturelle[20].

Ainsi, on peut penser que cette mémoire d'un milieu culturellement et
linguistiquement homogène, où la vie française s'y inscrit *naturellement*,
a contribué à façonner la vision qu'aura Gervais du passé et de l'avenir de
l'Ontario français. Ce sera, en quelque sorte, dans ces catégories cogni-
tives qu'il sera amené à voir, par la suite, la réalité politique de la francophonie ontarienne.

Enfant, Gervais fréquente l'école Nolin puis l'école de l'Assomption et
termine sa formation élémentaire à l'école Saint-Conrad en 1958. Dès le
début de sa scolarité, il nourrit une passion pour la lecture, l'écriture, la
géologie et l'architecture[21]. Cette soif d'apprendre ne l'oriente pas encore
vers l'histoire, une discipline qu'il découvrira plus tard, lors de sa formation classique. Au même moment, à l'échelle du Canada français, l'Église
catholique connaît un ralentissement dans le recrutement de ses effectifs,
lequel coïncide avec un accroissement des tâches qui lui incombent en
raison de la croissance rapide de la population et des institutions d'enseignement, des hôpitaux et des services sociaux. L'État prend alors progressivement le relais des institutions religieuses dans la gestion des diverses
sphères de la société, remettant en cause toute l'organisation de la société
canadienne-française. Gaétan Gervais, comme nous le verrons plus loin,
sera un témoin privilégié de cette mutation durant ses années de formation au Collège du Sacré-Cœur et à l'Université Laurentienne.

---

20. Cité dans Robert Arsenault, *Gaétan Gervais : le «gardien du dépôt»*, Ottawa,
    Centre franco-ontarien de ressources pédagogiques, 2012, p. 14.
21. «Gaétan Gervais», dans F.-X. *Chamberland, L'Ontario se raconte : de A à X : entre-*
    vues radiophoniques, Toronto, Éditions du GREF, 1999, p. 299.

Le Collège du Sacré-Cœur : un premier enracinement intellectuel

Au printemps 1958, Gaétan Gervais figure parmi les quelques lauréats régionaux du concours de français fondé en 1938 par Robert Gauthier, alors responsable de l'enseignement en français au ministère de l'Éducation de l'Ontario. Suite à cette distinction, qui s'ajoute à ses succès scolaires, l'un de ses oncles convainc son père de lui faire suivre une formation classique. C'est ainsi qu'à l'automne 1958, il fait son entrée chez les jésuites du Collège du Sacré-Cœur, intégrant les dernières cohortes d'étudiants qui bénéficieront du cours classique dans la région. Cette étape est déterminante pour lui. Dans la courte biographie qui lui est consacrée, Gervais se souvient de son entrée au Collège et de la distance que cette expérience avait installée entre lui-même son milieu d'origine :

> Ma vie bascule. C'était comme arriver dans un autre monde, un univers différent. Tout à coup, j'entends parler latin, je découvre la grande littérature et… l'histoire avec « nos ancêtres les Gaulois » ! J'avais tout à coup le sentiment de participer à un monde complexe et enrichissant au sein d'un groupe relativement restreint de Canadiens-Français convaincus. Cette expérience représente une importante distanciation sociale par rapport à mon milieu d'origine, ce que, inévitablement, ont aussi vécu de très nombreux confrères. Je vivais tout à coup dans des milieux distincts, mais quelle formidable aventure s'enclenchait[22] !

Cette expérience du déracinement liée à l'entrée dans l'univers du collège classique est fortement apparentée à celle qu'avait vécue quelques années avant lui Jean Éthier-Blais, entré au même collège en 1938. L'échappée dans la culture classique, « étape essentielle de son existence », avait aussi été l'occasion d'un détachement significatif de son milieu. Dans le Sudbury minier des années 1930, le collège classique, écrit Éthier-Blais, s'instituait comme « une île de vie […] un vaisseau de lumière […] un monument élevé à la vertu du feu, de l'intelligence, de la noblesse du cœur », dressé devant « l'immonde flamme des hauts fourneaux[23] ». La

---

22. Cité dans Arsenault, *Gaétan Gervais*, p. 15.
23. Jean Éthier-Blais (*Le seuil des vingt ans*, Montréal, Leméac, 1992, p. 15), cité dans Michel Gaulin, « Éthier-Blais mémorialiste : l'Ontario français et la genèse

comparaison peut aussi être étendue à l'itinéraire de jeunesse de Fernand Dumont, qui, élevé dans un milieu populaire, avait vécu l'entrée dans l'univers des lettres et du savoir comme un « exil » culturel et social[24].

Situé alors à l'angle de la rue Kathleen et de l'avenue Notre-Dame, en plein cœur du Moulin-à-fleur, le Collège du Sacré-Cœur joue un rôle central dans la vie intellectuelle et culturelle française de Sudbury et de l'Ontario français[25]. Nombre de ses finissants seront d'ailleurs appelés à devenir des chefs de file au sein de la communauté franco-ontarienne et canadienne élargie[26]. Fondée en 1913, en pleine crise du Règlement XVII, par les pères jésuites, l'institution privée présente un modèle culturel et des pratiques pédagogiques héritées de la tradition des collèges classiques, elle-même exportée de France depuis plus de trois siècles. Son cycle d'études, le *Ratio Studiorum*[27], recoupe celui de l'éducation humaniste et hellénistique, qui encourage une formation de l'être dans sa totalité : « Former l'homme adulte, l'homme entier, corps et âme, sensibilité et raison, caractère et esprit, l'artiste et le sage, le lettré et le

d'une vocation d'écrivain », *Cahiers Charlevoix 4*, Sudbury, Éditions Prise de parole et Société Charlevoix, 2000, p. 170-171.

24. À ce sujet, lire Fernand Dumont, *Récit d'une émigration : mémoires*, Montréal, Éditions du Boréal, 1997, p. 43-72. Voir aussi Jean-Philippe Warren, *Un supplément d'âme : les intentions primordiales de Fernand Dumont (1947-1970)*, Sainte-Foy, Les Presses de l'Université Laval, 1998.

25. Le lecteur intéressé à en savoir davantage sur l'esprit qui régnait au Collège du Sacré-Cœur pourra se référer aux mémoires de Jean Éthier-Blais, *Le seuil des vingt ans*.

26. Outre Jean Éthier-Blais, mentionnons le député fédéral libéral de la circonscription de Nickel Belt (1958-1965), Osias Godin ; le fondateur du journal *L'Ami du peuple*, Camille Lemieux ; l'évêque de Hearst (1973-1993), Mgr Roger Despatie ; le professeur émérite en lettres françaises de l'Université d'Ottawa Robert Vigneault ; le chansonnier Robert Paquette ; l'animateur à la Société Radio-Canada Denis St-Jules, et André Paiement, comédien, dramaturge, metteur en scène, auteur-compositeur-interprète, cofondateur du Théâtre du Nouvel-Ontario et de la Coopérative des artistes du Nouvel-Ontario (CANO), entre autres (voir Pierre Riopel, « Collège Sacré-Cœur de Sudbury », sur le site *Encyclopédie du patrimoine culturel de l'Amérique française*, Québec, Université Laval, [http://www.ameriquefrancaise.org/fr/article-249/Coll%C3%A8ge_Sacr%C3%A9-Coeur_de_Sudbury. html#8] (17 juin 2012)).

27. André Bertrand, *L'éducation classique au Collège Sacré-Cœur*, Sudbury, Société historique du Nouvel-Ontario, coll. « Documents historiques », n° 86, 1988, p. 50.

penseur, où le primat est accordé à la formation morale[28] », explique Claude Galarneau, spécialiste de l'histoire des collèges classiques au Canada français. Ainsi, « l'humanisme classique vise à la culture générale, à la culture commune, facteur d'unité parmi les hommes, où le rôle de la parole ne peut-être que suréminent, parce que [...] le plus sûr moyen d'échange entre les hommes[29] ». Il en découle tout un code pédagogique fondé sur l'instruction religieuse et morale, valorisant l'étude des langues anciennes (le latin et le grec, principalement) et l'apprentissage rigoureux des langues modernes (le français d'abord, ensuite l'anglais), qui met à l'honneur l'émulation, le dépassement et une culture de la récompense méritée. On accorde aussi une grande importance aux belles-lettres par l'étude des œuvres classiques, au débat d'idées et à diverses activités socio-culturelles (notamment le théâtre) et sportives[30].

Le collège que fréquente Gaétan Gervais est affilié à l'Université Laval depuis 1927 et intègre les principes du *Ratio* à la virgule près, son programme étant calqué sur celui des collèges québécois et du reste du Canada français[31]. Toutes les activités intellectuelles et culturelles s'y déroulent dans la langue de Molière, ce qui en fait un haut lieu de résistance face aux risques d'anglicisation dans la région. En 1950, un père estime que le Collège du Sacré-Cœur a pour mission particulière « d'être un centre de recrutement pour le clergé et aussi un foyer de culture française en Ontario[32] ». Cette mission a pour corollaire la formation et la reproduction d'une élite canadienne-française pouvant se mettre au service de l'Église et de la collectivité[33]. Le Collège offre aussi un cadre de formation à forte teneur nationaliste, surtout dans ses activités parascolaires, dont le dessein principal consiste à aiguiser le patriotisme et la fierté nationale des élèves[34]. Dans un numéro de décembre 1959 de

---

28. Claude Galarneau, *Les collèges classiques au Canada français (1620-1970)*, Montréal, Éditions Fides, 1978, p. 175.
29. *Ibid.*
30. Bertrand, *L'éducation classique au Collège Sacré-Cœur*, p. 19.
31. *Ibid.*, p. 7.
32. Émile Gervais, s. j., professeur de rhétorique à Sudbury de 1934 à 1940, à Philippe Leduc, s. j., le 28 septembre 1950, cité dans Gérald Blais, *Le Collège du Sacré-Cœur, Sudbury, Ontario*, thèse de maîtrise, Sudbury, Université Laurentienne, 1968, p. 49.
33. Bertrand, *L'éducation classique au Collège Sacré-Cœur*, p. 19.
34. *Ibid.*, p. 7.

L'Entr'aide, publication du Centre pédagogique des jésuites canadiens, il est précisé que

> [...] le but de l'éducation humaniste est la culture générale à laquelle la culture nationale reste toujours subordonnée, comme le particulier l'est à l'universel ; il est cependant indispensable que l'accès à la culture humaniste ne fasse pas des élèves des apatrides, mais que l'éducation les intègre dans la communauté nationale dont ils font partie[35].

Cette communauté nationale renvoie à celle du Canada français, de laquelle procède l'union solidaire de tous les foyers de culture française au pays. En témoigne cet extrait d'une conférence donnée à l'ACFEO en 1942 par le père Guy Courteau, alors recteur du Collège du Sacré-Cœur et dont l'influence sur Gervais sera, comme nous nous apprêtons à le voir, déterminante :

> De par la volonté divine, nos élèves habitent un pays et font partie d'une patrie. Ils ont des obligations étroites que l'éducation devra enseigner : elle développera le sens national. C'est une sorte de sentiment patriotique qui élève les efforts individuels jusqu'à la hauteur de l'effacement personnel, s'il le faut, pour que ceux-ci jouissent de la même origine, de la même langue, des mêmes tournures d'esprit, ne fassent plus qu'un seul tout, un seul peuple [...] vivant des mêmes traditions, arborant un seul drapeau et suivant dans les grandes lignes l'idéal de ses chefs, ses types les mieux doués de la race[36].

Cet aspect de la formation classique est important en ce sens qu'il vise à rattacher l'étudiant à son milieu de même qu'à son passé canadien-français. Dans une telle perspective, le cursus scolaire présente une visée uniformisatrice, diffusant un imaginaire de l'unité, de la cohésion, à travers lequel s'édifie un particularisme identitaire et culturel. Au cours du XXᵉ siècle, plusieurs associations socioculturelles établies au Collège et

---

35. « Cahier *L'Entr'aide* », décembre 1959, 34ᵉ année, cahier 3, p. 101, Université de Sudbury, Archives de l'Université de Sudbury (ci-après AUS), Fonds C-S-C, boîte 235.

36. Guy Courteau, s. j., (« Conférence prononcée devant l'Association canadienne-française d'éducation d'Ontario », Windsor (Ontario), le 9 octobre 1942), cité dans Blais, *Le Collège du Sacré-Cœur*, p. 30-31.

dans la communauté française sudburoise ont pour objectif de nourrir ce sens patriotique et la fierté nationale des étudiants[37]. La Société historique du Nouvel-Ontario, active à Sudbury depuis sa fondation en 1942 par le père Cadieux, en est un exemple éloquent. Tel que nous l'avons mentionné dans la section précédente, il existe alors une forte proximité intellectuelle entre le nationalisme promu par la Société et celui de Lionel Groulx. Il en est de même des liens que tisseront nombre des membres de la Société historique avec l'Ordre de Jacques-Cartier, autre exemple venant donner de solides assises à son programme nationaliste[38].

Le Collège est ainsi un important lieu de débat et de diffusion des idées de la SHNO jusqu'au tournant des années 1960[39]. Ses « Documents historiques » circulent dans l'institution, et Gervais les consulte régulièrement, en plus d'en faire l'analyse dans le cadre de ses cours[40]. Selon Daniel Bouchard, les auteurs qui ont publié dans cette collection entre 1942 et 1965 ont le souci de légitimer leurs travaux en tenant compte de l'évolution de la science historique. Toutefois, leur démarche épouse d'abord celle de l'« histoire récit », c'est-à-dire celle d'« un récit des événements du passé qui visait, d'une part, à raconter l'odyssée des premiers à venir s'établir dans le Nord de l'Ontario et, d'autre part, à mettre en lumière la détermination qui caractérisait la volonté de ceux-ci d'y demeurer[41] ». Nous sommes ici dans une représentation traditionaliste de l'histoire, où la discipline se fait garante du présent, source d'enracinement et d'éloge au passé avant d'être objet d'examens critiques.

Ces études de la Société historique du Nouvel-Ontario prennent place dans une section de la bibliothèque du Collège, déjà bien garnie en ouvrages de littérature et d'histoire du Canada français. La section française comprend, notamment, des œuvres de Bazin, Balzac, Bossuet, Brunetière, Chateaubriand, Delaporte, Lamennais, Leleu, J. de Maistre,

---

37. Très tôt dans l'histoire du Collège, on compte parmi ces associations la présence du Cercle Philippe-Landry (une cellule de l'Association catholique de la jeunesse canadienne-française), le Cercle Belcourt, le Cercle Matisse et l'Académie française, tous voués à la survivance canadienne-française (voir, à ce sujet, Bertrand, *L'éducation classique au Collège Sacré-Cœur*, p. 23).
38. Bouchard, *La Société historique du Nouvel-Ontario de 1942 à 1976*, p. 70.
39. *Ibid.*, p. 85.
40. Gaétan Gervais, Entrevue, Sudbury, juillet 2011.
41. Bouchard, *La Société historique du Nouvel-Ontario de 1942 à 1976*, p. 142.

Veuillot, Verne, Léon Ville, Daudet, Giraud, de Ségur, Claudel, Maritain, Mauriac et Péguy, pour ne nommer que ceux-là. La section canadienne est, quant à elle, dominée par les noms de Bourassa, Gagnon, Gérin-Lajoie, Groulx, Le May, Roy, St-Maurice, Rivard, Tardivel, Bruchési, Fortin, Frégault, Rumilly et Guèvremont. La rareté des ouvrages historiques de langue anglaise montre également que c'est l'histoire du Canada *français* qui est alors principalement enseignée[42]. Le culte du héros est aussi très apparent au Collège avec les festivités entourant la fête de Dollard. Plusieurs pièces de théâtre patriotiques sont montées, dont *Pour la patrie* de Deraulide, des prestations des chorales de Sainte-Cécile et de Saint-Grégoire ou encore des fanfares actives dans le cadre des diverses activités civiles de la ville de Sudbury[43].

Inscrit en *Éléments latins A* au Collège du Sacré-Cœur, Gaétan Gervais évolue dans un univers où la religion catholique est omniprésente et où l'on privilégie la reproduction d'un modèle culturel inscrit dans le projet national canadien-français. Les bourses qu'il reçoit tout au long de sa formation témoignent d'un dossier scolaire exemplaire[44]. Il se plonge dans les livres de religion, de philosophie catholique et de littérature française. Ses premiers contacts avec la discipline historique ont lieu par l'entremise des grandes œuvres, tout particulièrement celle de l'historien britannique Arnold Toynbee sur l'essor et la chute des civilisations, dont il se rappelle avoir apprécié la vision globalisante[45]. Il s'implique aussi activement dans le groupe des archives du Collège, alors sous la supervision des pères Cadieux et Courteau, où, confie-t-il, «j'ai découvert [...] l'histoire de ma communauté immédiate, celle des Canadiens français du nord de la province[46]». Gervais reconnaît chez ces derniers deux de ses principales influences intellectuelles au Collège, auxquelles s'ajoutent les pères Louis-Philippe Bellavance et Stéphane Valiquette. En entrevue, il se remémore

---

42. Blais, *Le Collège du Sacré-Cœur*, p. 27 et 32-33.
43. Bertrand, *L'éducation classique au Collège Sacré-Cœur*, p. 23.
44. Les archives du Collège du Sacré-Cœur montrent que Gaétan Gervais a pu bénéficier d'au moins trois bourses: une première de 20 $ à sa première année (1957-1958), une deuxième de 100 $ l'année suivante et une bourse de 75 $ lors de sa dernière année de fréquentation du Collège (1961-1962) («Bourses», AUS, Fonds C-S-C, boîte 423).
45. Gaétan Gervais, Entrevue, Sudbury, juillet 2011.
46. Cité dans Arsenault, *Gaétan Gervais: le «gardien du dépôt»*, p. 17.

surtout l'ascendant que possédait le père Courteau. Professeur d'histoire du Canada de 1930 à 1937 puis recteur de 1941 à 1944 avant de s'installer à demeure comme archiviste et prédicateur, ce jésuite détonne par la teneur de son nationalisme qui fait l'apologie de l'indépendance du Québec. Le père Cadieux dira de l'homme après son décès que « pour lui, [l'histoire du Canada], c'était un drame ; il le jouait devant ses élèves. Les actes correspondaient aux périodes glorieuses et tragiques. L'amour de sa patrie québécoise l'inclinait vers une forme de gouvernement qui a nom : indépendance[47] ». Cette conviction, il la partage avec le jeune Gaétan Gervais, qui devient membre et président de sa corporation d'archives[48]. Courteau lui donne libre accès à sa collection, minutieusement classée et conservée dans des boîtes de céréales vides, de la revue *Laurentie*, publiée entre 1957 et 1962 par l'Alliance laurentienne, une organisation indépendantiste de droite québécoise[49]. Gervais en fait l'une de ses principales lectures, s'en imprègne et intériorise les problèmes, les tensions et les conflits propres au Canada français[50]. Comme nous le verrons dans la prochaine section, les opinions politiques qu'il défendra dans le journal étudiant de l'Université Laurentienne se feront, en quelque sorte, l'écho de ces premières influences. Lorsqu'on l'interroge sur d'autres figures marquantes de sa jeunesse, Gaétan Gervais mentionne aussi le père Germain Lemieux, folkloriste réputé en Ontario français et fondateur, en 1972, du Centre franco-ontarien de folklore. Au moment de son arrivée à l'Université Laurentienne, le jeune Gervais devient l'un de ses premiers assistants de recherche, une expérience qui l'initie non seulement à la rigueur méthodologique du travail de terrain, mais aussi à la découverte du folklore franco-ontarien.

C'est également à cette période que remonte, à notre connaissance, le premier article à caractère historique de Gaétan Gervais. En 1961, alors collégien en 13ᵉ année, il signe dans le journal étudiant de l'institution un texte intitulé « Au berceau du pays », dans lequel il relate « l'agréable et l'utile séjour » au Collège du père Adrien Pouliot de la Société historique de Québec, venu à Sudbury en l'honneur du 350ᵉ anniversaire des

---

47. Lorenzo Cadieux, « Guy Courteau, s. j. (1897-1970) », *Lettres du Bas-Canada*, vol. 25 (1971), p. 43.
48. Arsenault, *Gaétan Gervais : le « gardien du dépôt »*, p. 18.
49. Gaétan Gervais, Entrevue, Sudbury, juillet 2011.
50. *Ibid.*

premières œuvres missionnaires françaises en Amérique du Nord. Ainsi, il relate les enseignements sur la venue des premières œuvres missionnaires jésuites à Port-Royal et dans la région de Québec ou l'admiration suscitée à la vue d'une photographie de « la solide et juste architecture de la plus ancienne maison demeurée debout, au pays, la "Vieille maison des jésuites" » à Sillery. Et le jeune collégien d'exprimer, à la fin de son texte, cette conviction qui n'est pas sans faire écho à l'idée, toujours chère à Groulx, de la mission providentielle des Canadiens français :

> Une constante de notre histoire est le mouvement missionnaire ou la diffusion de la foi chrétienne [...]. Les Canadiens français d'aujourd'hui, qui jouissent toujours des fruits surnaturels des premiers missionnaires du pays, doivent continuer, à leur tour, à envoyer des missionnaires à travers le monde[51].

Gaétan Gervais est aussi témoin des transformations structurelles majeures qui s'opèrent dans le secteur de l'éducation en Ontario, tout comme au Canada dans son ensemble. Face aux phénomènes conjugués de la croissance démographique, de l'urbanisation et de l'industrialisation, la population du Canada voit croître à cette époque ses besoins en matière d'éducation, de santé et de services sociaux[52]. Les exigences de la société changent et les nouvelles professions se multiplient, provoquant ainsi une baisse significative du recrutement clérical[53]. L'Église, qui s'était traditionnellement arrogé la gouvernance des sphères spirituelle, sociale et politique grâce à un important réseau institutionnel, ne peut plus assumer seule ces fonctions. Malgré la hausse de ses effectifs, elle se voit contrainte d'ouvrir ses portes aux laïcs. Son incapacité à répondre aux demandes d'une population grandissante contribue aussi au relâchement

---

51. Gaétan Gervais, « Au berceau du pays », *Le Lien*, vol. 12, n° 2 (décembre 1961), p. 6. Il n'est pas inintéressant de noter que cet article est publié au moment où Lionel Groulx s'apprête à lancer, l'année suivante, son volumineux *Canada français missionnaire*, retraçant le parcours des missionnaires canadiens-français à l'échelle internationale.

52. Lucia Ferretti, « La Révolution tranquille », *L'Action nationale*, vol. 89, n° 10 (décembre 1999), p. 65.

53. En 1934, 61 % des finissants au Collège du Sacré-Cœur intègrent le clergé contre 32 % en 1954 au profit, pour la plupart, des professions libérales et autres métiers (Bertrand, *L'éducation classique au Collège Sacré-Cœur*, p. 31).

de la pratique religieuse. Tous ces facteurs soumettent le système universitaire ontarien en expansion à d'importantes pressions. Ainsi, entre 1951 et 1964, l'Assemblée législative de l'Ontario fait adopter 52 lois universitaires nouvelles ou amendées, attestant un important développement du secteur postsecondaire[54]. Au même moment, le Collège du Sacré-Cœur connaît ses pires années financières, cumulant, en 1959, un déficit dépassant les 46 000 $[55]. Cette situation incite le Collège à se départir de ses trois dernières années de cours classique pour former une université à part entière, qui pourra bénéficier des subventions du gouvernement provincial. C'est ainsi qu'en 1957, année où Gervais fait son entrée au cours classique, la législature ontarienne vote un projet de loi qui conduit à la création de l'Université de Sudbury, une institution confessionnelle et bilingue. Ce changement marque l'affaiblissement de l'influence du Collège du Sacré-Cœur dans le Nord ontarien et, du même coup, la fin du cours classique traditionnel à Sudbury, qui sera progressivement remplacé par le programme du ministère de l'Éducation de l'Ontario[56]. Il ne faudra que quelques années pour que les derniers souffles de vie du Collège ne l'abandonnent en 1967.

Les premières années d'existence de l'Université de Sudbury ne se déroulent pas sans difficulté, son affiliation religieuse bloquant l'accès aux fonds publics. C'est ainsi qu'au printemps 1960, la législature ontarienne sanctionne par une loi la fondation de l'Université Laurentienne, résultat d'un compromis entre les Églises unie, anglicane et catholique et les deux communautés linguistiques pour fonder une unité fédérative non confessionnelle et bilingue. Cette université bénéficie des subventions du gouvernement, comme ce sera d'ailleurs le cas en 1965 pour l'Université d'Ottawa, qui se laïcise, et, en 1966, pour le Collège Glendon, nouvellement créé à même l'Université York. L'entente est toutefois bien loin de rallier les Canadiens français de l'Ontario. L'ACFEO y voit une trahison de la part du clergé catholique, arguant que le caractère biculturel et bilingue de l'institution ne garantit pas la survie du fait français en son sein, et va à l'encontre du principe d'une université française et catholique,

---

54. Guy Gaudreau, « Les origines de l'Université Laurentienne », dans Matt Bray *et al.*, *L'Université Laurentienne : une histoire*, Montréal, McGill-Queen's University Press, 2010, p. 10.

55. Blais, *Le Collège du Sacré-Cœur*, p. 81.

56. *Ibid.*, p. 33.

dont on évoquait la possible création depuis les années 1940[57]. Comme nous nous apprêtons à le voir, l'Université Laurentienne n'échappera pas aux nombreux débats linguistiques qui ponctueront l'actualité politique des années 1960 et au-delà.

Le passage à l'Université Laurentienne

La décennie 1960 apporte son lot de bouleversements à l'échelle nord-américaine. Sudbury n'est pas épargnée, et Gaétan Gervais, qui commence à l'automne 1962 son baccalauréat en histoire à l'Université Laurentienne, en est un témoin privilégié. Ses premiers écrits publiés dans le journal des étudiants de la Laurentienne, *Le Lambda*, montrent une personnalité intellectuelle en gestation, sensible au contexte idéologique de l'époque où le discours de la décolonisation est au goût du jour et où commence à prendre forme le mouvement de la contre-culture.

Nouvellement créée par la province, la Laurentienne, durant ses premières années d'existence, n'est pas encore établie sur son futur campus du lac Ramsey. Les cours sont donnés dans divers locaux disséminés aux quatre coins la ville de Sudbury et au Collège du Sacré-Cœur, qui continue d'offrir les années préparatoires au premier cycle universitaire[58]. Il importe ici de souligner le précédent historique que représente la naissance de cette université au tournant des années 1960. Comme le rappelle Matt Bray, « la création d'une université fédérée, non confessionnelle, bilingue et biculturelle, et incorporant des collèges théologiquement distincts est révolutionnaire dans le Canada de 1960, plus encore dans la soi-disant zone perdue du Nord ontarien[59] ». Dès ses premières années d'activité, l'institution devient un microcosme de la dynamique culturelle et politique qui se joue plus largement au Canada. À cette époque, les deux grandes communautés linguistiques arrivent, on ne peut plus difficilement, à s'entendre sur les conditions de leur cohabitation nationale. Le Québec, alors emporté par l'élan réformateur de la Révolution tranquille, traverse une période pour le moins turbulente qui l'amène à revendiquer sa part d'autonomie dans

---

57. *Ibid.*, p. 42.
58. *Ibid.*
59. Matt Bray, « La fondation de l'Université Laurentienne, 1958-1960 », dans Bray *et al.*, *L'Université Laurentienne : une histoire*, p. 30.

l'édifice canadien. La montée du mouvement souverainiste québécois se traduit par une prise de conscience chez les francophones de leur infériorité politique et économique au sein de la fédération de même que par un sentiment d'urgence face à leur assimilation rampante. L'affirmation politique et culturelle du Québec s'accompagne aussi d'une remise en question de la légitimité de l'État canadien, que l'on accuse d'être uniquement au service des intérêts de la population canadienne-anglaise[60]. En Ontario, les Canadiens français s'interrogent, eux aussi, sur la situation du français à l'échelle nationale et provinciale. Dès le début des années 1960, plusieurs dirigeants du réseau associatif franco-ontarien, dont certains membres de l'Ordre de Jacques-Cartier, s'inquiètent des effets du bilinguisme sur la population française de la province[61].

L'urgence de réfléchir à l'unité nationale trouve son expression la plus claire lorsque, trois mois après son élection, en avril 1963, Lester B. Pearson décide de lancer les travaux de la Commission royale d'enquête sur le bilinguisme et le biculturalisme, coprésidée par André Laurendeau et Davidson Dunton. Tel qu'il est indiqué dans le libellé de son mandat initial, cette commission a pour objectif de :

> Faire enquête et rapport sur l'état présent du bilinguisme et du biculturalisme au Canada et recommander les mesures à prendre pour que la Confédération canadienne se développe d'après le principe de l'égalité entre les deux peuples qui l'ont fondée, compte tenu de l'apport des autres groupes ethniques à l'enrichissement culturel du Canada, ainsi que les mesures à prendre pour sauvegarder cet apport[62].

Dans un tel contexte, la question linguistique en vient à occuper une place prépondérante dans les débats qui animent la vie étudiante

---

60. Linteau *et al.*, *Histoire du Québec contemporain*, t. 2 : *Le Québec depuis 1930*, p. 600.
61. Centre de recherche en civilisation canadienne-française, « L'éducation, lieu de transmission des savoirs et lieu de revendications », sur le site *La présence française en Ontario : 1610, passeport pour 2010*, Ottawa, Université d'Ottawa, 2010, [http://www.crccf.uottawa.ca/passeport/IV/IV.html] (13 mars 2012).
62. « Dévoilement de l'énoncé du mandat de la Commission royale d'enquête sur le bilinguisme et le biculturalisme », Sherbrooke, Université de Sherbrooke, sur le site *Bilan du siècle*, [http://bilan.usherbrooke.ca/bilan/pages/evenements/1597.html] (12 mars 2012).

à l'Université Laurentienne, où se côtoient quotidiennement les deux groupes linguistiques. Comme le rappelle l'historien Guy Gaudreau, la loi instituant l'Université Laurentienne ne comporte aucune « définition précise des modalités d'application du bilinguisme et de la place des programmes en français ». Tout au plus est-il question d'établir et de maintenir « *in either or both of the French and English languages*[63] » le fonctionnement des différents corps de l'institution. Au début, les Canadiens français jouissent d'une bonne représentation dans les structures de la Laurentienne puisque nombre de jésuites, chargés d'administrer l'Université de Sudbury, intègrent la nouvelle institution[64]. L'essor que connaissent les milieux universitaires ontariens au cours des années 1960 ne s'effectue pas en faveur des francophones qui, hormis quelques disciplines traditionnelles (français, histoire et philosophie), sont rapidement marginalisés dans les nouveaux départements en expansion (psychologie, sociologie, économie et géographie). Ce recul, que n'apaise pas la crise financière qui frappe l'institution au cours des années 1970, est aussi perceptible dans le développement des principales écoles professionnelles (commerce, sciences infirmières et génie). Ainsi, dès les premières années de la décennie 1960, une baisse significative de l'effectif étudiant francophone se fait sentir au sein de l'Université. Sa proportion passe de 52 % pour l'année 1960-1961 à 24 % en 1962-1963, année où Gaétan Gervais fait son entrée au baccalauréat[65]. Dans les mois suivant sa nomination en 1963, le recteur Stanley G. Mullins pose un sévère constat d'échec sur le bilinguisme à la Laurentienne, donnant ainsi le ton pour les années à venir. Voilà autant de faits qui ne manquent pas d'ébranler une population étudiante francophone qui, à compter du mitan des années 1960, s'inscrit progressivement dans la mouvance contre-culturelle caractérisée par la démocratisation du savoir et de l'éducation, la critique de l'autorité, la

---

63. Cité dans Guy Gaudreau, « Les années 1960 à 1971 : un optimisme démenti », dans Bray *et al.*, *L'Université Laurentienne : une histoire*, p. 215.

64. Gaétan Gervais, « Présentation de l'Université Laurentienne », *Revue de l'Association canadienne d'éducation de langue française*, vol. 2, n° 3 (décembre 1982), p. 21.

65. La minorisation de la population étudiante de langue française se poursuivra au cours des années 1960, jusqu'à atteindre la faible proportion de 12 % du corps étudiant (Gaudreau, « Les années 1960 à 1971 » p. 217).

contestation et, plus largement, la transformation des mœurs sociales et sexuelles.

C'est dans ce contexte que Gaétan Gervais entame ses premières années de formation universitaire. Encore une fois, il se démarque rapidement par l'excellence de son dossier scolaire[66]. Du côté des étudiants, le bilinguisme représente l'un des sujets les plus discutés, comme en témoignent les articles parus dans le journal étudiant bilingue de l'institution, *Le Lambda*[67]. Cette publication accueille dans ses pages d'autres écrits de jeunesse de Gaétan Gervais, qui y est particulièrement actif de 1962 à 1964, période durant laquelle il occupe notamment le poste de rédacteur français. Voyons de plus près le contenu de ses articles les plus significatifs, lesquels nous renseignent déjà sur quelques traits de sa personnalité intellectuelle.

En février 1963, Gervais cosigne un texte avec James De Finney, un ancien camarade du collège classique et rédacteur anglais de la publication, dans lequel ils se prononcent sur le «conflit anglo-français» de l'heure. Les auteurs tiennent à mettre leurs lecteurs en garde contre les «quelques insignifiantes concessions» bon-ententistes susceptibles d'émaner des communautés anglophile et anglophone, et rappellent en quoi ces dernières conserveront toujours, selon eux, une «mentalité» de majoritaire. Sur un ton particulièrement combatif, ils insistent aussi sur ce qu'ils estiment être les effets pervers du bilinguisme:

> Ce mythe, très peu sacré, du bilinguisme est une force malheureuse qu'il importe de dénoncer avec empressement. La seule réponse possible est d'être intégralement français. Les attitudes tolérantes et libérales d'antan sont largement dépassées. Et nous, nous

---

66. Un document des archives du Collège du Sacré-Cœur daté de décembre 1962 et qui fait état du parcours universitaire de ses anciens étudiants indique à propos de Gaétan Gervais qu'il a mérité les principales bourses d'entrée de l'Université Laurentienne. Il se démarque, par ailleurs, avec la plus haute moyenne générale de sa cohorte avec une note de 82,7 % dès sa première année d'études («Bourses», AUS, Fonds C-S-C, boîte 423).

67. Serge Dupuis, «La (contre-)culture étudiante dans le Nord ontarien et le *Lambda* de l'Université Laurentienne, 1960-1971», dans Amélie Bourbeau (dir.), *Engagement et contestation: la jeunesse franco-ontarienne (1960-1993)*, Sudbury, Société historique du Nouvel-Ontario, coll. «Documents historiques», n° 101, 2010, p. 11-41.

devons passer à l'action, l'intransigeance et une attitude sans compromis sont nécessaires pour assurer la survivance d'un français qui
soit correct et authentique[68].

Pour les auteurs, cette intransigeance doit s'associer à « la révolte », c'est-
à-dire la nécessité de faire valoir le « génie français » jusque-là inégalé : « À
la décadence de l'Anglais moderne et à l'américanisation de notre mentalité, substituons la supériorité d'un français impeccable et mettons à la
porte les français qui abâtardisent [*sic*] notre langue[69]. » Cette manière
d'opposer le « génie français » à l'esprit anglo-saxon rappelle encore une
fois l'un des fondements de l'idéologie groulxiste selon laquelle la communauté nationale canadienne-française porte en elle une existence et une
« âme » foncièrement distinctes, inconciliables avec la conception méca-
niste, individualiste et rationaliste de la société défendue par les valeurs
libérales anglaises[70]. Un tel postulat autorise une résistance forte de la
part des Canadiens français face à toute forme d'infériorité linguistique,
politique ou économique par rapport à la communauté majoritaire. De
même, s'inscrit-il en faux contre toute ambivalence ou hybridité sur le
plan identitaire – lire ici l'identité « bilingue » ou « biculturelle » – chez
le sujet minoritaire. Ainsi, se confirme déjà chez le jeune Gervais une
conception précise des Canadiens français de l'Ontario composant un
peuple distinct en terre d'Amérique et devant, au prix de leur propre survie, demeurer fidèles à leur enracinement et à leur personnalité nationale.

En avril 1964, alors âgé de vingt ans, Gervais publie un long article
intitulé « De notre histoire », dans lequel il se prononce en faveur de l'indépendance du Québec. La nation canadienne-française y est présentée
comme une entité n'ayant pas encore atteint sa pleine maturité politique
parce que, colonisée à la racine, elle n'aurait pu accéder à son « individualité » propre. Cette situation serait en partie redevable aux Canadiens
français eux-mêmes qui, « par paresse ou par indolence », auraient renoncé
à se considérer comme un véritable sujet national. L'éveil politique des
Canadiens français à l'aube des années 1960 incite Gervais à rappeler

---

68. Gaétan Gervais et James De Finney, « L'anglais s'impose », *Le Lambda*, vol. 3,
    n° 4 (20 février 1963), p. 4.
69. *Ibid.*
70. À ce sujet, consulter Frédéric Boily, « Lionel Groulx et l'esprit du libéralisme »,
    Recherches sociographiques, vol. 45, n° 2 (mai-août 2004), p. 239-257.

« l'importance de repenser notre histoire en fonction de la seule réalité qui
vaille : la nation canadienne-française dans son évolution vers l'individualité politique ». Cette histoire doit, selon lui, être « conçue essentiellement
comme un mouvement propre à toutes les nations en voie de formation
qui tend à une réalisation de cette nation, laquelle se concrétisera par l'indépendance nationale [du Québec] ». L'indépendance de l'État québécois
viendrait ainsi consacrer l'accomplissement d'un destin national inter-
rompu par la Conquête et fortement ralenti par une succession d'échecs,
au nombre desquels il faudrait compter l'Acte d'union. Selon Gervais, si
un nouvel échec se produisait, la faute en incomberait cette fois-ci à l'élite
canadienne-française :

> Avec l'indépendantisme québécois, nous sommes à la porte soit
> d'une réalisation de l'objectif, soit d'un troisième échec. Si c'est un
> échec, il y aura cet élément de nouveau, qu'il sera en bonne partie
> l'œuvre d'une trahison active de la part de ce qui nous tient lieu
> d'élite, laquelle s'évertue à défendre « l'ordre établi » tout en parlant
> de réformes. Ni des réformes, ni des « révolutions tranquilles » – qui
> ne sont finalement, que des somnifères historiques pour nations
> colonisées –, ne suffisent plus ; il faut une révolution totale, c'est-
> à-dire qu'il faut complètement changer les cadres. Cette révolution
> est commencée au Canada français, et elle doit être consciemment
> poussée à son terme, l'indépendance de notre État national, qui est
> le Québec[71].

L'analyse de Gervais n'est pas sans rappeler celle que l'on retrouve dans
les écrits de l'école néonationaliste de Montréal, composée des historiens
Guy Frégault, Michel Brunet et Maurice Séguin. Bien qu'il soit difficile
de mesurer avec précision l'influence que ces derniers ont pu avoir sur
le jeune Gaétan Gervais, le passage ci-dessus nous autorise à soulever la
question. En effet, pour ces historiens, le passé canadien-français devait
s'expliquer par des changements structuraux et institutionnels plutôt
qu'en fonction des « mythes compensatoires » véhiculés par l'historiographie traditionnelle (et qu'ils associaient, notamment, à la thèse de la mission providentielle des nations). Ainsi, la Conquête était présentée chez
les néonationalistes montréalais comme un événement catastrophique,
responsable de la déchéance du peuple canadien-français. En remplaçant

---

71. Gaétan Gervais, « De notre histoire », *Le Lambda*, vol. 4, n° 7 (avril 1964), p. 4.

les structures économiques et politiques du Régime français par celles de la Grande-Bretagne, cet épisode aurait, selon eux, plongé les Canadiens français dans un état de perpétuelle médiocrité et d'infériorité économique. Séguin, principal maître à penser de cette école d'interprétation historique, postulait, notamment dans *Les Normes*, que les peuples qui perdent la gestion de leurs structures économiques perdent simultanément la capacité d'être maîtres de leur propre destin et sont, dès lors, voués à une existence misérable[72]. Ainsi, l'émancipation économique et politique des Canadiens français devait passer par la réappropriation complète de leurs structures – ou encore par un « changement de cadre ». Cette lecture de Séguin différait considérablement de celle de son maître à penser et ancien directeur de thèse de doctorat, Lionel Groulx, pour qui le déterminisme économique de cette nouvelle génération d'historiens correspondait à une vision pessimiste du monde et gommait toute possibilité d'envisager un ressaisissement national par la Providence et la volonté humaine[73].

Ce texte de Gervais est également teinté d'une évidente fibre décolonisatrice, qui n'est pas sans évoquer les idées véhiculées par un Frantz Fanon ou un Albert Memmi, dont les écrits et les idées circulent dans les milieux intellectuels canadiens-français suite, entre autres, à la guerre d'Algérie[74]. Cette théorie de la décolonisation est aussi répandue dans les milieux politiques canadiens-français, plus particulièrement au Rassemblement pour l'indépendance nationale (RIN) et dans la pensée de l'un de ses

---

72. Maurice Séguin, *Les normes de Maurice Séguin: le théoricien du néonationalisme*, ouvrage préparé par Pierre Tousignant et Madeleine Dionne-Tousignant, Montréal, Guérin, 1999.

73. Voir, à ce sujet, Michel Bock, « Overcoming a National "Catastrophe": The British Conquest in the Historical and Polemical Thought of Abbé Lionel Groulx », dans Phillip Buckner et John Reid (dir.), *Remembering 1759: The Conquest of Canada in Historical Memory*, Toronto, University of Toronto Press, 2012, p. 161-185. Pour une étude détaillée de la filiation Groulx-Séguin, voir Pierre Trépanier, « De Lionel Groulx à Maurice Séguin: mutation ou développement? », dans Robert Comeau et Josiane Lavallée (dir.), *L'historien Maurice Séguin: théoricien de l'indépendance et penseur de la modernité québécoise*, Québec, Éditions du Septentrion, 2006, p. 41-63.

74. Mathieu Poulin, *Citer la révolte: la reprise québécoise du discours de la décolonisation francophone*, mémoire de maîtrise (littératures de langue française), Montréal, Université de Montréal, 2009, p. 57.

fondateurs, André D'Allemagne, qui publie en 1966 *Le colonialisme au Québec*. On la remarque aussi, tantôt en filigrane, tantôt explicitement, dans des publications comme *Laurentie*, *Parti pris* et *La Revue socialiste*, dont Gervais est un fidèle lecteur[75]. C'est peut-être avec Hubert Aquin, directeur de la revue *Liberté*, qui publie en 1962 son célèbre texte sur « La fatigue culturelle du Canada français », que les parallèles sont les plus frappants[76]. Comme Aquin, Gervais s'évertue, d'une certaine façon, à rappeler la « pesanteur » de l'histoire des Canadiens français et à leur signifier l'importance de se raccorder à ce récit historique douloureux qui fonde une part de leur singularité. Le peuple canadien-français, nous dit-il, a été intégré, malgré lui, au cadre institutionnel, constitutionnel et référentiel d'un ensemble politique qui lui est étranger[77]. Il convient de lui restituer son « individualité » propre et d'envisager l'avenir du Canada français dans sa « globalité culturelle », c'est-à-dire dans la plénitude de son être national tendu vers un horizon de sens et récusant toute vision parcellaire. Comme le dit Gervais lui-même, « [la nation] ne doit jamais se définir en fonction d'une autre personne collective ou politique, un corps hétérogène, ce qui équivaudrait à une aliénation où l'on cesse d'exister en soi[78] ». Cette compréhension « englobante » de la culture et de l'histoire du Canada français constitue d'ailleurs, comme nous le verrons prochainement, l'une des lignes directrices de la pensée de Gaétan Gervais.

Plus largement, cet article du *Lambda* montre le rapport qu'entretient le jeune Gervais avec le Québec, rapport qui évoluera au fil des années et influencera sa conception de l'Ontario français. À ce moment, la « tentation québécoise » apparaît pour plusieurs jeunes étudiants francophones comme une option louable aux difficultés de la vie française en Ontario. Dans sa biographie de Gervais, Robert Arsenault rapporte que cet attrait pour un nouveau projet de société québécois s'explique « par le fait qu'[il] se combinait au phénomène de la contre-culture dont l'impact se fait

75. Gaétan Gervais, Entrevue, Sudbury, juillet 2011.

76. Hubert Aquin, « La fatigue culturelle du Canada français », *Liberté*, vol. 4, n° 23 (mai 1962), p. 299-325.

77. Jacques Beauchemin, « L'insoutenable légèreté de l'histoire : de quelques paradoxes du rapport à l'histoire au Québec », dans Éric Bédard et Serge Cantin (dir.), *L'histoire nationale en débat : regards croisés sur la France et le Québec*, Paris, Riveneuve éditions, 2010, p. 95.

78. Gervais, « De notre histoire », p. 4.

sentir dans le Nord de l'Ontario surtout à compter de la fin des années 1960, mais sans qu'il ne soit bien clair dans son esprit celui des deux courants qui portait l'autre[79] ».

S'il est acquis au projet politique de l'indépendance du Québec, quelques indices nous laissent croire que Gaétan Gervais semble davantage porté à faire une évaluation critique de la mouvance contestataire et contre-culturelle de l'époque. D'autres écrits publiés au cours de ces mêmes années sur la dégénérescence des mœurs universitaires font état d'une sensibilité plus conservatrice. Par exemple, dans une édition d'octobre 1962 du *Lambda*, Gervais rend compte d'une entrevue menée avec le père André Girouard – professeur et animateur très influent auprès de la jeunesse laurentienne de l'époque – sur la coutume des initiations dans les universités. Le père jésuite ne cache pas son mépris pour cette pratique « artificie[lle] et [...] ridicule », mépris que partage aussi Gervais, qualifiant lui-même ces initiations de « jeux d'enfants ». Évoquant les costumes et autres apparats dont on affuble les nouveaux venus, il écrit : « Les culottes courtes sont un véritable jeu d'enfants... et les costumes s'apparentent à l'âge psychologique de ceux qui les ont choisis[80]. » Il renchérit dans un texte publié l'année suivante en accusant, cette fois-ci, le Conseil des étudiants d'avoir consacré 350 $ « à une stupidité comme l'initiation, qui est aussi banale qu'inutile ». Il n'a pas non plus de mots tendres pour désigner le « Twist », une danse qu'il qualifie d'« énervée [...] que d'aucuns appellent barbare ». Il pourfend tout aussi vertement l'attitude passive de ses collègues envers la culture, trop épris qu'ils sont, estime-t-il, du sport et de leur propre forme physique. Cette réflexion l'amène à définir sa conception de la fonction sociale de l'université, qu'il envisage comme une institution chargée « de développer pleinement l'étudiant », à la manière de ce que propose le programme des collèges classiques. À cela, il ajoute : « Si l'on ne reconnaît pas à la culture la place qui lui revient de droit, l'on risque de sombrer dans la creuse illusion que le corps prime sur [*sic*] l'esprit, et ce serait faire preuve d'une ignorance totale du rôle de l'Université. » À nouveau, Gervais fait mention d'un état d'urgence auquel il faut répondre, d'après lui, par l'action : « Il faut passer

---

79. Arsenault, *Gaétan Gervais : le « gardien du dépôt »*, p. 22.
80. Gaétan Gervais, « Un jeu d'enfants », *Le Lambda*, vol. 3, n° 7 (octobre 1962), p. 1.

à l'action. Notre société bourgeoise s'accommode malheureusement trop facilement d'attitudes passives et, c'est le cas de le dire, bourgeoises. Les conclusions à tirer : il faut AGIR. Une trop longue attente pourrait être désastreuse[81]. »

Ainsi, ces premiers écrits dévoilent une pensée en formation qui s'articule déjà autour de paradigmes précis que l'on peut associer, en plus du nationalisme, au conservatisme et à la défense d'une conception plus classique et traditionnelle de la culture et de l'institution universitaire. Ce conservatisme se double d'une forme de radicalisme politique investi d'une visée parfois révolutionnaire. Cet aspect de sa pensée puise dans les thèses néonationalistes de l'école de Montréal et emprunte au vocabulaire marxiste, ce dont témoignent les termes « aliénation », « bourgeois » et « révolution ». Son marxisme est toutefois, dans l'ensemble, bien superficiel et ponctuel. Le recours à sa grammaire est alors, faut-il le rappeler, dans l'air du temps et ne découlait probablement pas d'une réflexion très développée sur les thèses de Marx.

L'ADELFNO : une première expérience d'engagement politique

La Révolution tranquille et la montée du néonationalisme ont pour inévitable effet d'amener les dirigeants franco-ontariens à s'interroger sur l'état de leur langue et de leur culture. Ces questionnements relatifs à l'avenir du français au Canada se posent avec une acuité particulière en Ontario français durant les années 1960 et particulièrement la question du bilinguisme dans les écoles secondaires[82]. Rappelons que, jusqu'à la fin de la décennie 1960, l'Ontario français ne dispose pas d'un régime public d'enseignement français. Ainsi, bien que le français constitue la principale langue d'enseignement dans les écoles élémentaires franco-ontariennes, la majorité des francophones se voient contraints de poursuivre leurs études secondaires dans des écoles publiques de langue

---

81. Gaétan Gervais, « Université de sports ? Université anti-intellectuelle ? », *Le Lambda*, vol. 3, n° 4 (20 février 1963), p. 3.

82. Voir, à ce sujet, Stéphane Lang, « "Un privilège qui nous vaut des miettes" : la remise en question du bilinguisme des écoles secondaires ontariennes et la création d'un régime d'enseignement secondaire public français (1960-1970) », dans *La communauté franco-ontarienne et l'enseignement secondaire (1910-1968)*, thèse de doctorat (histoire), Ottawa, Université d'Ottawa, 2003, p. 185-230.

anglaise. Les possibilités de recevoir une éducation en français sont alors bien limitées. Elles consistent, pour l'essentiel, à fréquenter soit une école secondaire catholique privée, qui est peu accessible en raison des frais d'inscription élevés et des processus de sélection, soit une école secondaire bilingue publique, dont l'enseignement en français est bien souvent limité à quelques matières, ou encore l'une des rares écoles élémentaires séparées offrant aussi la 9e ou la 10e année en langue française. Ainsi, au tournant des années 1960, suivre une formation continue en français en Ontario depuis la 1re année du primaire jusqu'au baccalauréat est pratiquement impossible, principalement en raison de l'absence de programmes d'études ou, tout simplement, parce que le français évolue dans un système hybride où l'anglais domine largement.

La faiblesse des résultats universitaires des diplômés franco-ontariens en vient à susciter l'inquiétude des éducateurs de la province, qui, pour bon nombre d'entre eux, établissent un lien direct avec la formation déficiente dans les écoles secondaires bilingues. On estime que cette formation entraîne une secondarisation de la culture française au profit de l'anglais et, conséquemment, porte sévèrement atteinte au développement de la communauté franco-ontarienne[83]. Cette prise de conscience s'inscrit dans le contexte politique plus large du début des années 1960, alors que John Robarts, nommé ministre de l'Éducation en 1959 et élu premier ministre deux ans plus tard, fait preuve d'une certaine ouverture en faveur des droits scolaires des Franco-Ontariens dans son projet de réforme du système d'éducation de la province[84]. Aussi, la désintégration et la faiblesse structurelle qui affectent le système scolaire privé francophone, conjuguées à la concurrence que leur livre la multiplication des *high schools*, causent-elles de vives inquiétudes à l'élite franco-ontarienne,

---

83. *Ibid.*, p. 186.
84. En 1961, le premier ministre John Robarts permet, à titre expérimental, l'utilisation du français dans l'enseignement du latin. En 1963, le français est autorisé comme langue d'instruction en 9e et en 10e année, et ce, à la discrétion des conseils scolaires. En 1965, l'enseignement de l'histoire, de la géographie et du latin en français est autorisé selon le bon vouloir des directions d'école. Pour plus de détails sur les réformes en éducation au cours des années 1960, lire Gérard Boulay, *Du privé au public: les écoles secondaires franco-ontariennes à la fin des années soixante*, Sudbury, Société historique du Nouvel-Ontario, coll. «Documents historiques», n° 85, 1987.

qui arrive de moins en moins à rivaliser avec la croissance du système public provincial.

Ce vent d'inquiétude souffle aussi dans le nord de la province. À l'invitation de l'Association des étudiants de langue française de l'Université Laurentienne, 400 étudiants d'expression française en provenance d'une vingtaine d'établissements d'enseignement du Nord ontarien se rassemblent le 1er février 1964 au Collège du Sacré-Cœur pour former l'Association des étudiants de langue française du Nord de l'Ontario (ADELFNO)[85]. Les délégués adoptent une résolution portant sur la nécessité de regrouper les forces étudiantes françaises du nord de la province dans une association dont le but serait de « contribuer à maintenir, à développer et si nécessaire, à faire naître chez ses membres une authentique culture française[86] ». Il est également proposé de « rédiger, faire circuler et soumettre au gouvernement provincial une pétition demandant l'enseignement en français au niveau secondaire et, où cela sera possible, l'établissement d'écoles secondaires françaises subventionnées par l'État[87] ». Chaque institution représentée dans le cadre de cette journée forme un conseil local rattaché à un conseil central, lui-même

---

85. Les établissements représentés en sections locales sont les suivants : l'Université Laurentienne, le Collège du Sacré-Cœur, le Collège Notre-Dame, le pensionnat de Sturgeon Falls, l'École normale, l'école secondaire de Sudbury, l'école secondaire de Chelmsford, l'école secondaire d'Elliot Lake, l'Académie Notre-Dame de l'Assomption de North Bay, le Collège Notre-Dame de Timmins, l'Académie Saint-Joseph de Hearst, l'Académie Sainte-Marie de Haileybury, le Nickel District Collegiate, l'école privée Saint-Jacques de Hanmer, l'École Mgr Oscar Racette de Verner, l'Institut commercial de Sudbury (« On veut des [titre incomplet] écoles françaises », *L'Information*, août 1964, p. 1). Nous avons, ailleurs, analysé plus en profondeur le discours et les initiatives de l'ADELFNO, dans François-Olivier Dorais, « Identité, mémoire et mobilisation étudiante en Ontario français : le cas de l'Association des étudiants de langue française du Nord de l'Ontario », dans Michelle Landry, Martin Pâquet et Anne Gilbert (dir.), *Mémoires et mobilisations*, Québec, Les Presses de l'Université Laval, 2015, p. 195-220.

86. Cette formule sera reprise par le futur Comité franco-ontarien d'enquête culturelle, formé en mai 1967 avec le mandat d'évaluer l'état de la vie culturelle et artistique de la collectivité franco-ontarienne (voir Comité franco-ontarien d'enquête culturelle, *La vie culturelle des Franco-Ontariens : rapport du Comité franco-ontarien d'enquête culturelle*, Ottawa, Le Comité, 1969, p. 22).

87. « On veut des [titre incomplet] écoles françaises », p. 1.

affilié à l'Université Laurentienne. Gaétan Gervais est l'un des cinq étudiants qui siègent à ce premier conseil présidant aux destinées de l'Association. André Girouard, alors professeur au Département de français, est l'un des grands animateurs de cette initiative et réussit à obtenir un appui moral au sein de la communauté ainsi que du financement auprès de l'Université de Sudbury[88]. L'Association bénéficie également du soutien du professeur Jean Éthier-Blais, diplômé du Collège du Sacré-Cœur, professeur au Département d'études françaises de l'Université McGill puis critique littéraire au quotidien québécois *Le Devoir*. Éthier-Blais se rend d'ailleurs à quelques reprises à Sudbury durant la première moitié des années 1960 pour prononcer des allocutions en guise de soutien aux membres du mouvement[89]. Le père Stéphane Valiquette, professeur au Collège du Sacré-Cœur, est aussi de ceux qui appuient l'ADELFNO. Lors d'une conférence prononcée à l'une des activités de l'Association, il invite ses dirigeants à former une alliance stratégique avec l'AJFO dans la lutte pour la création d'écoles secondaires françaises en Ontario[90].

Au printemps 1965, l'Association publie un manifeste dans lequel elle se réclame d'une communauté française active à l'échelle internationale et dont l'unité provient non seulement de la langue, d'une culture, mais aussi de certains traits de civilisation, de tempérament et de caractère qui correspondent au « génie français[91] ». L'Association tient aussi à reconnaître l'appartenance linguistique et culturelle de ses membres « à la nation canadienne-française tout en désirant participer pleinement à son développement dans une province à majorité anglophone[92] ». Ainsi, devait découler de ces principes le droit, pour le Franco-Ontarien, « d'user de sa

---

88. Marie-Josée Beaudry et Michèle Riou, « Extraits d'entrevue avec Gaétan Gervais », hiver 1996, Université Laurentienne, Archives de l'Université Laurentienne (ci-après AUL), Fonds Guy Gaudreau, P143/5.

89. Jean Éthier-Blais, « Langue, appartenance, identité », *L'Information*, résumé préparé par le Rév. P. Dubé, s. j., 22 avril 1965, p. 6.

90. Stéphane Valiquette, « Conférence donnée au congrès général de l'Association des étudiants de langue française du Nord de l'Ontario (A.D.E.L.F.N.O.) », 4 décembre 1965, AUS, Fonds ADELFNO, boîte 235.

91. Cette expression aux forts relents groulxistes est souvent employée à l'époque dans les textes de Gervais, ce qui laisse penser qu'il a probablement participé à la rédaction du manifeste.

92. « L'A.D.E.L.F.N.O. et ses membres », *L'Information*, vol. 5, n° 1 (25 novembre 1965), p. 12.

langue et d'être compris dans celle-ci, […] de jouir de l'égalité politique et civique, […] de maintenir [son] caractère distinctif, national et linguistique, enfin […] de participer aux bénéfices des fonds publics destinés à des fins d'éducation[93] ». La condition canadienne-française est présentée ici dans une synthèse entre une visée universelle – la langue inscrite dans un projet civilisationnel dont la France est le berceau – et une visée particulière – la langue comme prolongement d'une singularité historique et culturelle.

C'est dans cet esprit que le 29 mars de la même année, quelques membres de l'ADELFNO présentent un mémoire de 253 articles à une session semi-privée de la commission Laurendeau-Dunton. Gaétan Gervais, alors âgé de 24 ans, est le porte-parole du groupe auquel se joignent les camarades Lucien Dubois, James De Finney et les professeurs Pierre Fortier et André Girouard. Si plusieurs étudiants ont contribué à la préparation de ce mémoire sous la supervision de Girouard, Gaétan Gervais en est le rédacteur principal[94]. Le mémoire recommande, entre autres choses, la création immédiate d'écoles secondaires françaises reconnues et subventionnées, l'amélioration des moyens de diffusion et d'information pour la minorité française de l'Ontario et la reconnaissance des mêmes droits et privilèges que ceux accordés à la minorité anglaise du Québec, en vertu de l'Acte de l'Amérique du Nord britannique[95]. Ces recommandations donnent suite à une enquête de terrain menée par l'Association auprès de 783 étudiants canadiens-français du Nord de l'Ontario, à qui avaient été distribués des questionnaires portant sur la place du français dans leur milieu et la langue parlée à la maison et dans les endroits publics.

Au nombre des arguments présentés aux membres de la Commission, Gervais insiste surtout sur l'indispensable besoin d'un groupe de sentir qu'il appartient à son milieu : « À l'heure actuelle, il est très difficile d'appartenir à son milieu : malaise qui se traduit par l'exode continuel de Franco-Ontariens vers le Québec. L'appartenance est un besoin humain

---

93. « Le Manifeste de l'ADELFNO (1965) », *Revue du Nouvel-Ontario*, n° 3 (1981), p. 59.

94. Gaétan Gervais, Entrevue, Sudbury, juillet 2011.

95. Association des étudiants de langue française du Nord de l'Ontario, « Mémoire présenté à la Commission royale d'enquête sur le bilinguisme et le biculturalisme », 1964, p. 2.

fondamental : et s'il ne peut être satisfait ici, il le sera ailleurs[96] », peut-on lire dans la version du texte lue devant les commissaires. Les auteurs prennent pour exemple le milieu culturel et social nord-ontarien dans lequel ils évoluent, tiraillé entre les pressions assimilationnistes du Canada anglais et le repli nationaliste du Québec :

> Les influences de ce milieu anglais, l'éloignement de toute com-munauté française active, le système d'éducation inadéquat nous privent en grande partie de l'important moyen de communication qu'est la langue, rendant difficile l'expression et la compréhension d'idées, de sentiments et d'impressions, dont l'échange est absolu-ment nécessaire à notre plein développement en tant que personne humaine [...] nous n'appartenons à aucune nation : le Québec, dans le cadre duquel évolue la nation canadienne-française, reste éloi-gné de nous, et il ne peut profiter de notre existence pas plus que nous ne pouvons bénéficier de la sienne, si nous restons où nous sommes[97].

À l'analyse, cet extrait lu par Gervais témoigne de la profonde crise identitaire vécue par les étudiants francophones du Nord ontarien. Cette situation prendrait racine, selon les artisans du mémoire, dans la « mau-vaise application » de « l'esprit initial » de la Confédération, esprit selon lequel « le Canada devait avoir une unité efficace qui n'imposerait pas d'uniformité linguistique ou religieuse[98] ». Relevons aussi l'importance que les étudiants accordent à la langue comme moyen de sauvegarder leur culture. Si jadis le lien entre langue et religion prenait tout son sens dans l'aphorisme « qui perd sa langue perd sa foi », les représentants de l'ADELFNO insistent surtout sur la valorisation de la culture canadienne-française qui, si elle est toujours liée à la foi, n'en est plus seulement le produit. Pour l'Association, la langue française est « le cordon ombili-cal qui nous rattache à la communauté française, et plus précisément, à la communauté canadienne-française, à laquelle nous appartenons et

---

96. « Les revendications étudiantes (1965) », *Revue du Nouvel-Ontario*, n° 3 (1981), p. 62.

97. Association des étudiants de langue française du Nord de l'Ontario, « Mémoire présenté à la Commission royale d'enquête sur le bilinguisme et le bicultura-lisme », p. 28.

98. *Ibid.*, p. 12.

dont nous tirons notre vie spirituelle[99] ». On estime dans les rangs de l'ADELFNO que l'institution scolaire ontarienne doit éviter de souscrire à une conception purement instrumentale de la langue en vue de renouer avec un entendement plus substantiel de celle-ci. Dans ces circonstances, l'argument religieux ne figure plus au fondement de sa préservation :

> Au niveau primaire, nous prenons de la langue une connaissance toute pratique : la langue que nous apprenons à ce moment-là nous sert à désigner des objets, des actions de la vie quotidienne. Cette langue nous permet tout juste d'établir la communication nécessaire à la vie matérielle. C'est lorsque s'éveille en nous une vie plus intime, lorsque nous voudrions exprimer des idées, des sentiments, et par ceux-ci agir sur la vie et le monde, que le milieu et le système d'éducation commencent à nous nuire. [...] c'est dans une langue que l'homme formule et exprime les idées et les sentiments qu'il communique ; et c'est à l'aide de cette langue, que tous comprennent, qu'il enrichit sa nation, qu'il profite de sa nation[100].

Conformément à cet idéal de plénitude linguistique et culturelle que porte l'Association, Gaétan Gervais, dans une entrevue qu'il accorde à l'hebdomadaire diocésain de Sault-Sainte-Marie *L'Information*, du 22 avril 1965, fustige à nouveau la tendance des écoles de la province à s'en tenir à une conception bilingue et biculturelle de l'identité franco-ontarienne :

> Une personne ne peut se glorifier de maîtriser deux langues et deux cultures à la fois. On se dit bilingue et « biculturel », et on ne peut s'exprimer en français sans avoir recours à des expressions et au vocabulaire de l'anglais. Donc, avant de se vanter d'être bilingue, il faudrait pouvoir se vanter de connaître très bien sa langue ; il faudrait l'aimer au point de la propager et avoir à cœur les problèmes qui se posent à son sujet[101].

La même édition rapporte que les commissaires ont été « impressionnés devant l'énorme travail que représentait le Mémoire de l'ADELFNO[102] ». Dans l'article, Gervais se remémore, pour sa part, le dîner privé que

---

99. *Ibid.*

100. *Ibid.*, p. 29-30.

101. Cité dans Céline Boucher et Nicole Leber, « M. Gaétan Gervais et le mémoire de l'ADELFNO », *L'Information*, 22 avril 1965, p. 17.

102. *Ibid.*

ses collègues et lui ont eu le privilège de partager avec le coprésident de la Commission, André Laurendeau, à la suite de leur présentation. Évoquant, dans sa biographie, ses années passées à l'ADELFNO, l'historien sudburois y voit une période charnière dans son parcours de vie où, pour la première fois, il prend conscience de l'importance de l'engagement politique et intellectuel en milieu minoritaire:

> C'est là que je comprends que rien n'est jamais gagné d'avance quand il est question des droits et des intérêts de la minorité de langue française. Il faut constamment revendiquer, expliquer, justifier, exiger […]. C'est là, enfin, que je commence à comprendre la valeur concrète des actions ciblées sur le terrain[103].

Conscient des remous provoqués par la montée du mouvement indépendantiste québécois et porté par les débats sur l'avenir de la dualité nationale canadienne, Gaétan Gervais comprend mieux que quiconque que la collectivité franco-ontarienne se trouve à un carrefour de son histoire. Pour cela, une réflexion sérieuse sur son avenir comme collectivité s'impose. Cette réflexion commande une action immédiate, particulièrement au chapitre de l'enseignement en français. La cause trouve en l'ADELFNO un porte-parole rassembleur et efficace, au sein de laquelle Gervais joue un rôle central, qui se révèle formateur pour lui. Ses efforts ne seront d'ailleurs pas vains puisque, trois années plus tard, le gouvernement autorise la création d'écoles secondaires publiques de langue française ainsi que le renouvellement des programmes d'études de l'ensemble des écoles franco-ontariennes.

La formation universitaire à Ottawa

Après avoir obtenu son baccalauréat, Gaétan Gervais dépose, le 16 mars 1965, une demande d'emploi comme professeur d'histoire, de géographie et de littérature française au Collège du Sacré-Cœur. La même année, il signe un contrat de prêt de service[104] qui lui permet de vivre, à vingt et un ans, une première expérience en enseignement de l'histoire

---

103. Cité dans Arsenault, *Gaétan Gervais: le «gardien du dépôt»*, p. 23.
104. «Contrats des professeurs – Demande d'emploi comme professeur», AUS, Fonds C-S-C, boîte 423.

auprès des élèves de 11ᵉ et de 12ᵉ année[105]. Rapidement, il conclut toutefois que l'enseignement au secondaire n'est pas sa vocation et décide alors de poursuivre sa formation universitaire aux études supérieures en histoire.

Au moment de son inscription à la maîtrise, Gervais opte pour l'Université Laval. Le jeune Département d'histoire de cette institution connaît une croissance rapide depuis le tournant des années 1960 et jouit d'une réputation enviable sur le plan de la formation méthodologique en partie grâce aux travaux pionniers des historiens Marcel Trudel et Fernand Ouellet. Ces derniers ayant toutefois quitté Québec dans des circonstances plus ou moins troubles au milieu des années 1960, Gervais décide de suivre leur migration vers la capitale fédérale[106]. Dès leur arrivée, Ouellet et Trudel intègrent le personnel du Département d'histoire de l'Université Carleton. Si le premier décide d'y poursuivre sa carrière de professeur pendant quelques années encore, le second est réaffecté à la direction du Département d'histoire de l'Université d'Ottawa, une institution d'enseignement supérieur bilingue, pour y former une nouvelle équipe de professeurs. Gervais décide finalement de s'y inscrire à la rentrée de septembre 1966.

Le Département d'histoire d'Ottawa est alors, avec ceux des universités Laval et de Montréal, l'un des principaux lieux de formation d'une génération montante d'historiens universitaires et l'un des épicentres des mutations méthodologiques qui façonnent la discipline historique au Canada français depuis l'immédiat après-guerre. Sous la poussée des processus de sécularisation et du triomphe des approches rationalistes, cette dernière entend se redéfinir sur des fondements plus « scientifiques » et « objectifs », rompant ainsi avec les modes de narrativité plus traditionnels fondés sur le providentialisme et la morale chrétienne. Sous la direction de Trudel, le département d'Ottawa adopte une nouvelle orientation et redéfinit sa structure administrative et ses divers programmes en privilégiant les domaines de l'histoire du Canada et l'histoire de l'Europe occidentale au XIXᵉ siècle. Pour ce qui est de l'histoire du Canada, le programme gravite autour de deux centres d'intérêt : la Nouvelle-France, qui donnera notamment naissance au Centre de recherche en histoire

---

105. « Inspection de nos 11ᵉ et 12ᵉ D2-4 », AUS, Fonds C-S-C, boîte 256.
106. Gaétan Gervais, Entrevue, Sudbury, juillet 2011.

du Régime français, et le Canada français, surtout pour la période après 1867[107].

Si Trudel joue un rôle central dans le repositionnement du Département, il n'en est pas son principal maître à penser. Ce rôle échoit plutôt à de jeunes professeurs comme Louise Dechêne et Marcel Hamelin, qui succédera à Trudel en 1968 à la direction du Département[108]. C'est d'ailleurs sous la direction de ce dernier que Gervais décide de rédiger une thèse de maîtrise en histoire politique sur la vie et l'œuvre de Médéric Lanctot, un journaliste canadien-français proche des milieux ouvriers et militant anticolonialiste, nationaliste, annexionniste et libéral de la fin du xixᵉ siècle[109]. On peut aisément penser que le choix de ce sujet avait partie liée avec son intérêt pour la question nationale canadienne-française. Il prend aussi tout son sens en 1967, année du centenaire de la Confédération canadienne. Pour l'occasion, Hamelin avait mis sur pied un séminaire portant sur les débats ayant entouré ce moment fondateur dans l'histoire du pays. C'est en fréquentant ce séminaire que Gervais avait découvert la figure de Lanctot, un acteur incontournable du paysage intellectuel de cette période[110]. Une fois sa maîtrise terminée, Gervais publie ses premières notes de recherche, d'abord dans la revue *Recherches sociographiques* et, ensuite, dans la grande série de travaux sur l'histoire des idéologies au Canada français dirigée, entre autres, par Fernand Dumont[111].

Comme plusieurs collègues de sa génération, Gervais décide de rompre avec l'histoire politique une fois inscrit au doctorat, pour investir plutôt le champ et les méthodes de l'histoire économique. Toujours ancrés dans la seconde moitié du xixᵉ siècle, ses champs d'intérêt dans le domaine de

---

107. «Rapport de l'année, 1967-1968», Université d'Ottawa, Archives de l'Université d'Ottawa (ci-après AUO), Fonds 16 du Département d'histoire, boîte 05906. Voir aussi Samy Khalid, «Et ce n'est qu'un début… origines et évolution du Département d'histoire de l'Université d'Ottawa», Ottawa, 2011, p. 8.

108. Linteau *et al.*, *Histoire du Québec contemporain*, t. 2: *Le Québec depuis 1930*, p. 39.

109. Gaétan Gervais, *Médéric Lanctôt [sic] et l'Union nationale*, thèse de maîtrise (histoire), Ottawa, Université d'Ottawa, 1968, 189 p.

110. Marcel Hamelin, Entrevue, Ottawa, 12 octobre 2011.

111. Gaétan Gervais, «Un souverainiste du xixᵉ siècle: Médéric Lanctôt [sic], 1838-1877», dans Fernand Dumont, Jean Hamelin et Jean-Paul Montminy (dir.), *Idéologies au Canada français 1850-1900*, Québec, Les Presses de l'Université Laval, 1971, p. 265-274.

la recherche se concentreront sur le développement des chemins de fer, un choix conforme au climat de l'époque, alors que les questions de transport sont à l'avant-scène de l'actualité suite au développement des grands axes routiers et à l'ouverture, en 1959, de la Voie maritime du Saint-Laurent. Intitulée *L'expansion du réseau ferroviaire québécois (1875-1895)*, sa thèse de doctorat, qu'il terminera en 1979, propose une analyse soutenue de plus de 500 pages des facteurs ayant mené à l'expansion, à la promotion et au financement de la construction des chemins de fer québécois[112]. «[L]a valeur de l'exercice relevait davantage de l'approfondissement et de l'appropriation de la méthode historique que du sujet lui-même», constate Gervais. «Cela étant dit, nuance-t-il, j'avoue que mon sujet, à saveur franchement économique, me plaisait énormément. J'ai toujours été attiré par l'univers des entrepreneurs et, de façon particulière, par celui des chemins de fer[113].» C'est d'ailleurs en tant que spécialiste de l'histoire sociale et économique que Marcel Hamelin recommandera la candidature de son étudiant à un poste de professeur à l'Université Laurentienne. Dans sa lettre de recommandation, Hamelin écrit:

> Pendant ses études de maîtrise, Gaétan s'est emballé pour l'histoire sociale et économique; il a d'ailleurs suivi plusieurs cours d'économique à la faculté des Sciences sociales. Sa thèse de doctorat aborde un sujet encore inexploré, mais fondamental pour l'étude du Québec au XIXᵉ siècle: la construction ferroviaire (1850-1900). C'est un sujet ambitieux que je ne confierais qu'à des étudiants fort exceptionnels. Gaétan a consulté une masse étonnante de documents et a approfondi la plupart des grandes études américaines et européennes sur le sujet[114].

Si Gervais choisit les méthodes de l'histoire économique et sociale, c'est sans nul doute sous l'influence du Département d'histoire de l'Université d'Ottawa, largement favorable à cette approche historiographique[115] en

---

112. Gaétan Gervais, *L'expansion du réseau ferroviaire québécois (1875-1895)*, thèse de doctorat (histoire), Ottawa, Université d'Ottawa, 1979, 538 p.

113. *Ibid.*, p. 27.

114. «Lettre de recommandation pour Gaétan Gervais, 31 janvier 1972», archives personnelles de Marcel Hamelin.

115. C'est d'ailleurs à Ottawa que sera lancée en 1968, sous l'initiative conjointe de Marcel Trudel et Stanley R. Mealing, la revue *Histoire sociale = Social History*, une publication universitaire bilingue entièrement consacrée à l'histoire sociale.

raison de l'exposition prolongée de plusieurs professeurs et étudiants à l'historiographie étrangère, tout particulièrement celle des Annales, qui est alors au faîte de sa gloire à l'échelle internationale. De fait, l'optique annaliste trouve divers relais à Ottawa, non seulement en la personne de Louise Dechêne, formée aux méthodes de l'histoire sociale française à Paris, mais aussi d'Hubert Watelet, diplômé de l'Université catholique de Louvain, ainsi que de Robert Mandrou, professeur à l'École des hautes études en sciences sociales de Paris et ex-titulaire du secrétariat de la revue *Annales : économies, sociétés, civilisations*, qui multipliera les séjours académiques à Québec et à Ottawa au cours des années 1960 et 1970[116].

Le recentrement de la recherche de Gervais sur le développement de la société capitaliste et industrielle québécoise au XIXe siècle s'explique aussi par l'évolution des débats historiographiques propres au Canada français. Issu de la cohorte du baby-boom et formé dans la seconde moitié des années 1960, Gervais appartient à la génération intellectuelle des Gérard Bouchard, Robert Comeau, Fernand Harvey, Jean-Claude Robert, Jacques Rouillard et Normand Séguin – avec qui il se liera d'ailleurs d'amitié à Ottawa –, tous marqués par l'élan réformiste et modernisateur de la Révolution tranquille. Cette génération, que Rudin a qualifiée de « révisionniste », a pour caractéristique d'avoir délaissé certaines problématiques structurantes de leurs prédécesseurs, à commencer par celle du « retard » du Québec et de l'infériorité économique des Canadiens français, pour chercher plutôt à montrer, méthode scientifique et statistique à l'appui, que le Québec a connu un développement historique similaire à celui des autres sociétés nord-américaines. En d'autres termes, il ne s'agit plus tant de retracer l'histoire de la société québécoise pour en comprendre la différence et la spécificité que de montrer en quoi cette dernière a connu un développement « normal » à l'intérieur du processus de modernisation des sociétés occidentales[117]. D'où l'intérêt renouvelé chez plusieurs historiens de cette génération pour l'étude des grands processus de modernisation (capitalisme, urbanisation, industrialisation,

---

116. Sur l'influence de Mandrou au Canada français, nous nous permettons de référer le lecteur à notre étude : François-Olivier Dorais, « Présence et influence de Robert Mandrou au Québec », *Revue d'histoire de l'Amérique française*, vol. 69, n° 3 (hiver 2016), p. 59-82.
117. Ronald Rudin, *Faire de l'histoire au Québec*, Sillery, Éditions du Septentrion, 1998, p. 199-248.

luttes sociales, phénomènes structuraux) et son désintérêt relatif pour les
conflits ethniques, voire la question nationale tout court, et les phénomènes ruraux, les sociabilités religieuses ou encore les sociétés précapi-
talistes, comme la Nouvelle-France. L'expression la plus aboutie de ce
courant figure probablement dans l'*Histoire du Québec contemporain*
parue en 1979 sous la signature de Paul-André Linteau, René Durocher
et Jean-Claude Robert.

Une petite digression s'impose ici. En dépit des thématiques de
recherche apparentées, il serait erroné d'associer Gervais à la pensée révisionniste. Comme nous le verrons plus loin, la question nationale occu-
pera toujours une place importante dans son discours historique, tout
comme la problématique de la rémanence culturelle du Canada français,
qui ne cédera jamais vraiment chez lui devant l'histoire des processus de
modernisation. De la même manière, il ne faudrait pas confondre la foi de
Gervais dans le primat des structures avec une adhésion pleine et entière
au schéma d'analyse marxiste, dont plusieurs historiens de l'époque s'em-
ployaient déjà à critiquer l'actualité intellectuelle en raison des dérives
des régimes communistes établis. Récusant l'orthodoxie marxiste et
son action militante, *a fortiori* en contexte minoritaire, le jeune Gervais
semble plutôt s'être reconnu, avec d'autres, dans des « élans » spécifiques
du modèle théorique de Marx que constitue l'analyse structurale ou, pour
reprendre la formule consacrée d'Ernest Labrousse, « l'étude d'un concret
représentatif[118] ». Ce souci des structures sociales et économiques ne quit-
tera jamais Gervais, qui en fera d'ailleurs l'un des thèmes centraux de
ses écrits et de ses interventions dans l'espace public franco-ontarien des
années 1970. Il est également tentant d'établir un lien entre cette sensibilité pour la place des structures dans les processus historiques, qui marque
les premiers écrits de son œuvre historienne, et son insistance sur l'importance pour l'Ontario français de se doter d'assises institutionnelles solides
et autonomes pour assurer son avenir. Nous y reviendrons.

Durant ses études supérieures, Gervais est passionné par le travail
intellectuel et l'univers de la connaissance. Marcel Hamelin se souvient

---

118. Ernest Labrousse, « Entretiens avec Ernest Labrousse », *Actes de la recherche
en sciences sociales*, vol. 32-33 (avril-juin 1980), p. 122. Voir également, à ce
sujet, Christophe Prochasson, *François Furet : les chemins de la mélancolie*, Paris,
Éditions Stock, 2013, p. 195.

d'ailleurs d'un étudiant non seulement très engagé dans ses études et ses recherches en histoire, mais aussi très à l'affût de l'actualité[119]. Il faut dire que les transformations et les bouleversements se produisent alors à un rythme effréné au Québec et au Canada : la création du Front de libération du Québec (FLQ) et les attentats qui en ont découlé, le «Vive le Québec libre!» du général de Gaulle, la fondation du Parti québécois, la crise d'Octobre, mais, surtout, les États généraux du Canada français, un épisode que Gervais a vécu à distance, mais dont il dit avoir eu «cruellement conscience» sur le moment. Se remémorant les événements, il confie à son biographe :

> Les liens traditionnels entre le Québec, principal foyer des Canadiens français au Canada, et ceux qui sont dorénavant des «francophones hors Québec» – dont je suis – sont bel et bien brouillés. Les choses semblent devoir irrémédiablement changer pour les Canadiens français de l'Ontario[120].

L'étudiant en histoire se sent alors fortement interpellé par ce contexte qui pèse sur l'avenir des francophones du Nord de l'Ontario, menacés de surcroît par un phénomène de sous-scolarisation. Normand Séguin, lui aussi étudiant en histoire à l'Université d'Ottawa, se rappelle avoir senti chez son collègue et ami de Sudbury ce désir de retourner au pays natal après ses études supérieures afin de prêter main-forte à ses compatriotes et leur donner de nouveaux outils de développement :

> Quand on ne parlait pas d'histoire proprement dite, on parlait soit du Québec ou des Franco-Ontariens. C'était une question qui le taraudait. C'est en ce sens-là, pour moi, que se dessinait chez lui cette vocation de retourner au vieux pays. [...] il y avait cette appartenance [à son lieu d'origine]. C'était quelqu'un d'hyper déterminé [...][121].

Aussi Gervais donne-t-il suite à cette ambition en acceptant un poste de professeur en histoire à l'Université Laurentienne à la rentrée de septembre 1972.

---

119. Marcel Hamelin, Entrevue, Ottawa, 12 octobre 2011.

120. Cité dans Arsenault, *Gaétan Gervais : le «gardien du dépôt»*, p. 28.

121. Normand Séguin, Entrevue, Montréal, 17 mars 2011.

ℰ℧ ℭℛ

Les divers enracinements – familiaux, intellectuels, sociaux et académiques – de Gaétan Gervais apportent un éclairage significatif sur son
itinéraire intellectuel et professionnel. Ceux-ci offrent, en quelque sorte,
les premiers cadres cognitifs à partir desquels se déploiera sa pensée. Son
parcours de jeunesse révèle un double héritage. Celui, tout d'abord, de
la conscience d'appartenir à une culture singulière – celle d'une minorité
française en Ontario, élément de l'ensemble canadien-français – dont la
fragilité et la précarité existentielles, accentuées par la vigueur de l'affirmation nationale québécoise et le réaménagement d'un imaginaire politique canadien, appellent au redressement et à l'affirmation collective.
Les appels de Gervais à la préservation d'un « génie français » et d'une
culture d'expression française « authentique » font état d'une certaine
influence groulxiste. Le jeune étudiant semble toutefois tabler surtout sur
la défense de l'« intégrité française ». L'« intégrité catholique », inséparable
de la tradition nationale chez Groulx, reste, pour sa part, relativement
absente de ses premiers écrits. Ainsi, son itinéraire de jeunesse semble
correspondre en tout point à cette remarque que formulait Jean Éthier-
Blais, lors d'une conférence prononcée à Sudbury en 1965 devant les
étudiants de l'ADELFNO réunis en congrès :

> [...] pour le Canadien français, le catholicisme n'est plus ce
> qui le distingue des autres [A]méricains. Le catholicisme n'a plus
> pour nous la même valeur d'identification différentielle, il n'a plus
> valeur politique. Donc un vide se crée, que remplissent la culture et
> la langue françaises. Ce qui fait que, par rapport aux autres, nous
> sommes nous[-]mêmes, c'est la langue, c'est la culture. D'où ce
> nationalisme des jeunes. Ils prennent les thèses de l'abbé Groulx,
> en laissant tomber la valeur du catholicisme. Culture et langue
> deviennent fortes en proportion où le catholicisme perd sa valeur
> dans le domaine politique[122].

La prise de conscience du sort des minorités françaises à l'intérieur du
Canada français structure les écrits de jeunesse de l'historien sudburois,
dont on remarque qu'ils sont riches en production de « sens » politique

---

122. Jean Éthier-Blais, « Une génération plus dynamique », *L'Information*, 22 avril
     1965, p. 6.

et historique pour la collectivité franco-ontarienne. Cette prise de conscience est également au centre de son engagement étudiant, qui se concrétise, entre autres, dans la lutte pour l'amélioration des conditions de la formation scolaire des francophones de l'Ontario. Elle semble aussi forger un certain rapport au territoire nord-ontarien sur le mode de l'enracinement et de l'appropriation, rapport que Gervais cultivera d'ailleurs tout au long de sa vie et qui laissera une indéniable empreinte dans ses écrits savants. Incarné dans l'environnement de sa jeunesse – la formation chez les jésuites de Sudbury et les premières expériences sociales à la Laurentienne – le Nord en vient à acquérir chez lui une valeur référentielle. Quand il décide d'y retourner après un séjour prolongé dans la capitale fédérale, c'est à l'appel des défis auxquels doit faire face sa communauté d'appartenance qu'il répond. À ce premier héritage se joint un second legs, scientifique celui-là, que l'on pourrait associer à la rigueur méthodologique et aux normes de scientificité de l'histoire sociale et économique acquises lors de sa formation au Département d'histoire de l'Université d'Ottawa. Le discours sur «l'objectivité» et l'approche «matérialiste» des nouveaux courants historiographiques influent, dans une certaine mesure, sur l'approche historienne de Gaétan Gervais. Cela se reconnaît, notamment, à la rigueur empirique de sa démarche, que ce soit dans l'importance qu'il accorde aux faits ou au contenu des sources. Le souci de Gervais pour l'empirie et pour l'énonciation de faits attestés par une documentation authentifiée et certifiée par la critique n'en fait pas pour autant, selon nous, un historien «positiviste», dans la mesure où il ne se contente pas d'établir chronologiquement les faits et les traces du passé. L'historien s'attache plutôt, comme nous le verrons, à leur donner un sens, à les subordonner à un questionnement particulier en rapport avec le présent[123].

Cet itinéraire sous-jacent à l'œuvre recèle donc un curieux mariage: de sa jeunesse, Gervais garde une préoccupation pour le destin menacé des siens et leur inscription dans la durée; de son passage à Ottawa, il conserve un certain intérêt pour l'empirie, une façon plus scientifique

---

123. Ce «présentisme» de la démarche historienne est d'ailleurs un élément central des propositions théoriques et méthodologiques de l'école des Annales. Voir, par exemple, Marc Bloch, *Apologie pour l'histoire ou Métier d'historien*, Paris, Armand Colin, 1949.

et «matérielle» d'appréhender le réel, que l'on devine moins orientée vers les «combats nationaux» et plutôt favorable à une nécessaire mise à distance de l'objet d'étude, qu'il s'agit, en quelque sorte, de «départiculariser». Cette analyse confirme une dualité fondamentale dans ses attitudes, dans la mesure où sa formation historienne à l'Université d'Ottawa entrait peut-être en conflit avec ses positions nationalistes. S'y noue toute la singularité du positionnement intellectuel de Gervais, que l'on pourrait déjà situer au carrefour de deux traditions épistémologiques: l'une, traditionnelle, héritée de son enseignement classique, plus humaniste et à visée patriotique, tournée vers les exigences particulières de la société dans laquelle il évolue, et une autre, acquise durant ses études supérieures et axée sur les exigences scientifiques de la profession d'historien, c'est-à-dire sur une démarche méthodologique et objectiviste favorable aux perspectives universalistes sur la condition canadienne-française/québécoise. L'historiographie de Gaétan Gervais doit ainsi être lue et comprise à la lumière de cette synthèse, pour ne pas dire de cette tension entre un enracinement particulier et l'inscription dans l'ordre des savoirs universels qui, comme l'a déjà proposé Jacques Beauchemin en étudiant la conscience historique de Fernand Dumont, structurerait la pratique de la science en milieu minoritaire[124]. Cet arrière-plan étant posé, examinons maintenant l'ascension de Gaétan Gervais comme universitaire et intellectuel de l'Ontario français dans le contexte mouvementé de la décennie 1970.

---

124. Jacques Beauchemin, «Dumont: historien de l'ambiguïté», *Recherches sociographiques*, vol. 42, n° 2 (mai-août 2001), p. 219-238.

Chapitre 2

Les années 1970 : l'ascension d'un historien dans une société en mutation

*P*OUR COMPRENDRE LA GENÈSE de la pensée de Gaétan Gervais, il était nécessaire de revisiter certains épisodes de son parcours de jeunesse. Il est tout aussi nécessaire, à cette fin, de considérer le contexte socioculturel, intellectuel et politique de l'Ontario français des années 1970 de même que les mutations identitaires, sociales et institutionnelles qui y sont associées. Dans le présent chapitre, il s'agira de mieux cerner le positionnement de l'historien sudburois face à ces différentes mutations. Bien que sa production historiographique se fasse plutôt discrète durant cette période (on ne recense que cinq publications, en plus de ses thèses de maîtrise et de doctorat), elle n'en est pas moins cruciale pour comprendre son cheminement. Durant cette décennie, Gervais devient professeur à l'Université Laurentienne au moment où une partie des étudiants francophones, en pleine quête de sens identitaire, vibrent au rythme d'une ébullition artistique contre-culturelle. Comme professeur, il est appelé à se positionner à la fois comme intellectuel et comme historien de l'Ontario français. Il s'implique au sein de plusieurs comités académiques à la Laurentienne, propose une réforme de la planification des programmes en français et joue un rôle central dans le développement d'institutions vouées à la recherche, à la publication et à la documentation sur l'Ontario français. Au nombre de ses initiatives, on doit souligner la création du drapeau franco-ontarien en 1975, héritage qui contribuera à la renommée de l'historien sudburois. Ces différentes initiatives témoignent d'un engagement particulier envers l'Ontario français et contribuent à la construction de son espace référentiel.

Un espace sous tension   *+ Contexte Pol*

Nous le soulignions précédemment, le tournant des années 1960 marque au Québec le déclenchement de la Révolution tranquille, une période intensément réformiste au cours de laquelle s'accélèrent des transformations majeures sur les plans religieux, social et national. L'Église catholique, qui avait traditionnellement investi les sphères spirituelle, sociale et politique, voit son influence et son pouvoir public décliner. Elle cède alors aux instances étatiques et à ses fonctionnaires la gestion de l'enseignement et de plusieurs services sociaux. Sur le plan social, le nouvel État-providence québécois met en œuvre une série de mesures de réglementation, de redistribution et de sécurité sociale et développe de nouveaux programmes sociaux en investissant massivement dans les secteurs de la santé et de l'éducation. Sur le plan politique, le nationalisme québécois, en mutation depuis l'après-guerre, est source de progrès social et économique, mais, surtout, constitutif d'une identité nationale en pleine évolution. Cette identité « québécoise » s'exprime notamment par une nouvelle définition de la nation, désormais territorialisée autour du réseau institutionnel de la province.

Face à la menace que fait peser le mouvement indépendantiste québécois sur l'unité canadienne, le gouvernement fédéral décide, pour sa part, d'entreprendre d'importantes réformes en vue de « refonder[1] » la nation canadienne sur de nouvelles assises. Parmi celles-ci, Ottawa adopte, en 1969, la *Loi sur les langues officielles*, qui instaure le bilinguisme institutionnel et individuel sur les plans législatif, juridique et administratif. Le Secrétariat d'État, chargé d'appliquer cette loi, encourage le dualisme linguistique et culturel par la mise en place d'une « Direction de l'action socioculturelle » afin d'aider financièrement le secteur culturel des minorités de langue officielle. Pour la jeunesse franco-ontarienne, ces mesures sont déterminantes. Du côté de l'Ontario, le gouvernement de John Robarts s'engage à optimiser l'offre de services en français dans la province en soutenant le développement de sa minorité française, tout particulièrement dans les domaines de l'instruction publique et de la culture[2].

---

1. Fernand Dumont, *Raisons communes*, Montréal, Éditions du Boréal, coll. « Boréal compact », 1997, p. 39.
2. Michel Bock, « Une association nouvelle pour une ère nouvelle : l'Association canadienne-française de l'Ontario (1969 à 1982) », dans Michel Bock *et al.*, *Histoire de l'ACFEO-ACFO-AFO*. (À paraître.)

Dans le secteur de l'éducation, le gouvernement autorise la mise en place d'un réseau d'écoles secondaires françaises publiques, là où le nombre le justifie. Par ailleurs, à la demande de l'ACFEO, Queen's Park met sur pied le Comité franco-ontarien d'enquête culturelle, chargé de mener une enquête sur la vie culturelle des Franco-Ontariens. Le rapport final (également connu sous le nom de «rapport Saint-Denis», du nom de son président, Roger Saint-Denis), déposé en janvier 1969, fait état de multiples carences et incuries dans le domaine des arts et propose un plan de redressement global appuyé par la création d'un Conseil franco-ontarien d'orientation culturelle (auquel le gouvernement préférera plutôt la création d'une entité au sein du Conseil des arts de l'Ontario appelée «Bureau franco-ontarien»). Sur le plan communautaire, l'ACFEO provinciale, qui se sent interpellée par les conclusions du rapport Saint-Denis, doit prendre acte de la rapide croissance de l'État-providence ontarien. Elle décide alors d'entreprendre un important virage la même année, en retirant le mot «éducation» de son nom pour devenir l'Association canadienne-française de l'Ontario (ACFO). Ce changement de nom témoigne d'une volonté chez les dirigeants de l'organisme de ne plus limiter son champ d'action à l'unique question de l'instruction et de l'élargir à plusieurs autres sphères d'activité de la collectivité franco-ontarienne. Ce faisant, l'Association se positionne «comme un intermédiaire entre les instances publiques et la collectivité qu'elle s'[est] donné la mission de représenter[3]».

Devant le repli des milieux nationalistes québécois à l'intérieur des frontières du Québec et l'effritement des assises institutionnelles de l'Église, la minorité franco-ontarienne trouve dans les États fédéral et provincial de nouveaux alliés dans la promotion de la dualité linguistique. Avec ces transformations structurelles, qui redéfinissent les repères culturels et les stratégies d'action de la communauté, l'univers des représentations des Franco-Ontariens connaît, lui aussi, de profonds réaménagements. Déjà, à la fin des années 1970, dans un article-bilan intitulé «De la difficulté d'être Franco-Ontarien», l'historien Pierre Savard posait un diagnostic lucide sur la situation des francophones de l'Ontario et sur l'apparition de nouveaux ajustements sémantiques:

---

3. *Ibid.*

Avec l'éclatement au moins politique du Canada français, les
Canadiens français de l'Ontario ont pris meilleure conscience de
leur identité. Plusieurs d'entre eux se sont mis à s'appeler « Franco-
Ontariens », manifestant à la fois leur attachement à la culture et la
langue canadiennes-françaises, leur attachement à l'Ontario, et leur
distance à l'endroit d'un Québec engagé dans une aventure politique
bien différente de la leur, pour ne pas dire opposée. Soulignons que
ce vocable de « Franco-Ontariens » est plus qu'un mot : il révèle sous
une lumière crue la condition minoritaire et marginale des francophones de l'Ontario[4].

Les sociologues Danielle Juteau-Lee et Jean Lapointe prenaient, eux
aussi, au seuil des années 1980, la mesure des grandes mutations affectant
les représentations identitaires des francophones de l'Ontario. Pour ces derniers, l'identité étant une catégorie indissociable de l'espace qui la contient,
le passage de l'identité canadienne-française à l'identité franco-ontarienne,
entraîné par l'avènement de la nation québécoise et les nombreux changements survenus dans la structure sociale ontarienne, décrit un processus
de « scission-division » par lequel s'opère une fluctuation des frontières ethniques du groupe. À l'origine de cette fluctuation, il y aurait non seulement
l'avènement de la nation québécoise contemporaine, mais aussi la transformation de la structure sociale ontarienne par l'urbanisation et l'industrialisation, toutes deux venues modifier la « structure occupationnelle » des francophones de l'Ontario[5]. Signe des temps aussi révélateur à sa manière, en
1978, le cinéaste Paul Lapointe réalise, pour le compte de l'Office national
du film du Canada (ONF), un film sur l'identité franco-ontarienne au titre
pour le moins évocateur, *J'ai besoin d'un nom*, attestant la quête inachevée
d'une identité propre. En 1979, le néologisme « Ontarois » fait son apparition lors du rassemblement « Contact franco-ontarien » et sous la plume de
Yolande Grisé, tentative qui traduit une volonté de nommer la francophonie ontarienne dans le souci d'une plénitude identitaire renouvelée.

---

4. Pierre Savard, « De la difficulté d'être Franco-Ontarien », *Revue du Nouvel-
Ontario*, n° 1 (1978), p. 13.

5. Danielle Juteau-Lee et Jean Lapointe, « From French Canadians to Franco-
Ontarians and Ontarois: New Boundaries, New Identities », dans Jean L. Elliott
(dir.), *Two Nations, Many Cultures: Ethnic Groups in Canada*, Scarborough,
Prentice-Hall, 1983, p. 99-113. Voir aussi Danielle Juteau-Lee, « Français
d'Amérique, Canadiens, Canadiens français, Franco-Ontariens, Ontarois: qui
sommes-nous ? », *Pluriel*, n° 24 (1980), p. 21-43.

Le projet identitaire de la contre-culture franco-sudburoise

C'est, pourrait-on dire, dans ce contexte de tension entre l'exclusion de l'imaginaire québécois et l'attraction d'un nouvel imaginaire cana-dien[6], que s'opèrent, au cours des années 1970, d'importants change-ments en Ontario français. À la faveur des généreuses subventions des gouvernements fédéral et provincial, la minorité franco-ontarienne, tout particulièrement celle qui évolue autour de l'Université Laurentienne à Sudbury, connaît un important éveil culturel. Un intense foyer d'ani-mation théâtrale et littéraire enflamme toute une jeunesse francophone dans la ville minière du Nord de l'Ontario. La Coopérative des artistes du Nouvel-Ontario, CANO[7], voit le jour au début de la décennie et connaît un important succès. Ce mouvement, animé principalement par de jeunes étudiants nouvellement admis à la Laurentienne de même que par quelques professeurs du Département de lettres françaises, en particulier Fernand Dorais, un père jésuite originaire de Saint-Jean-sur-Richelieu venu s'établir à Sudbury en 1969, s'inspire de la contre-culture québécoise et californienne[8]. Ces animateurs et leurs étudiants valorisent la création de produits culturels qui ont pour caractéristique de susci-ter une identification au milieu et, par le truchement de représentations artistiques, une nouvelle communauté d'appartenance. Il s'agit de privi-légier un art non pas issu de la tradition classique canadienne-française ou européenne, mais enraciné dans le patrimoine régional nord-ontarien, qui permet au lecteur et au spectateur de se reconnaître à la fois dans les lieux et la réalité socioéconomique qui y sont représentés[9]. La pièce *Moé*

---

6. Joseph Yvon Thériault, *Faire société : société civile et espaces francophones*, Sudbury, Éditions Prise de parole, 2007, p. 9.

7. À ne pas confondre, ici, avec le très populaire groupe musical CANO-Musique, qui sera l'une des nombreuses retombées de la coopérative.

8. Sur les influences extérieures de la contre-culture franco-ontarienne, se référer à Gaston Tremblay, *Prendre la parole : le journal de bord du grand CANO*, Ottawa, Le Nordir, 1995 ; Robert Dickson, « La "Révolution culturelle" en Nouvel-Ontario et le Québec : Opération Ressources et ses conséquences », dans Andrée Fortin (dir.), *Produire la culture, produire l'identité ?*, Sainte-Foy, Les Presses de l'Université Laval, 2000, p. 183-202. Voir aussi Lucie Hotte et Johanne Melançon, *Introduction à la littérature franco-ontarienne*, Sudbury, Éditions Prise de parole, 2010, p. 49.

9. Lucie Hotte, « Littérature et conscience identitaire : l'héritage de CANO », dans Fortin (dir.), *Produire la culture, produire l'identité ?*, p. 53-68.

j'viens du Nord, 'stie, écrite et mise en scène par André Paiement en 1970, l'un des principaux chefs de file de cette mouvance artistique, illustre bien cette dynamique d'enracinement. Selon Johanne Melançon, la pièce est un catalyseur de toute l'effervescence contre-culturelle du moment :

> De par son titre même, cette création collective affirme l'ancrage dans un territoire, le nord [*sic*], un espace réel, et le transforme en espace imaginaire par une œuvre littéraire, en soulignant cette affirmation de soi à la fois par la double actualisation de la première personne du singulier et l'utilisation d'un niveau de langue populaire près de l'oralité (« Moé », « j'viens »). Le sacre « 'stie » vient ponctuer et souligner cette affirmation identitaire, en plus de marquer l'esprit de rébellion envers le passé, tout cela lié à un espace davantage symbolique que géographique, la « nordicité » [...][10].

Ainsi, face au déracinement ressenti, s'affirme une volonté de « réenracinement » et de réappropriation de l'espace social franco-ontarien. Ce « réenracinement » n'est peut-être pas aussi nouveau que ne le croient ces jeunes artistes, qui évoluent dans un régionalisme identitaire déjà bien aménagé par certaines initiatives de leurs prédécesseurs jésuites, comme la Société historique du Nouvel-Ontario, ou par les prises de position publiques du père Regimbal qui, déjà au cours des années 1950, se présentait comme un adversaire acharné de tout ce qui émanait d'Ottawa[11]. Ce discours d'enracinement, reconduit par les artistes de la contre-culture, se combine à un discours axé sur l'autonomie artistique et identitaire, à la source de nombreuses institutions culturelles proprement franco-ontariennes – le Théâtre du Nouvel-Ontario, le journal étudiant *Réaction*, les Éditions Prise de parole, Théâtre Action, La Nuit sur l'étang, le centre d'art Le Moulinet, Cité-Nord et les Cuisines de la poésie, pour ne mentionner que celles-ci.

Si les formes artistiques de la révolution culturelle sudburoise participent d'un engagement identitaire particulier où les Franco-Ontariens peuvent se reconnaître dans leurs œuvres, elles s'organisent aussi autour

---

10. Johanne Melançon, « Le Nouvel-Ontario : espace réel, espace imaginé, espace imaginaire », *Québec Studies*, n° 46 (automne 2008-hiver 2009), p. 59.
11. Sur la querelle régionaliste Ottawa-Sudbury, voir Michel Bock, « Une guerre sourde : la rivalité Ottawa-Sudbury et la jeunesse franco-ontarienne (1949-65) », *Québec Studies*, n° 46 (automne 2008-hiver 2009), p. 19-32.

d'un discours axé sur la volonté de se détacher du monde qui les précède[12]. Déjà, au cours des années 1960, certains mouvements de jeunesse franco-ontariens avaient progressivement écarté toute référence
nationale (canadienne-française et catholique) de leur discours au profit
d'une définition beaucoup plus complexe de l'identité franco-ontarienne.
Cette mutation procédait, dans l'esprit de cette jeunesse, d'une adhésion
spontanée aux idéologies participationniste, égalitariste, antitraditiona-
liste et antiélitiste, bien en vogue à l'époque. Ces idéologies contribuaient
à faire de l'esprit et des valeurs du projet national canadien-français et
de ses élites les principales figures contre lesquelles le jeune leadership
franco-ontarien pourrait se donner un projet émancipateur[13]. Dans le
même élan qui avait mené les mouvements de jeunesse franco-ontariens à
se délester des pesanteurs historiques du vieux Canada français, la contre-
culture étudiante francophone de Sudbury des années 1970 se pose, elle
aussi, en rupture avec les valeurs et les façons de faire du passé.

En littérature, cette rupture passe par le rejet des modèles, surtout
ceux venus d'Europe, pour privilégier l'oralité comme mode d'expression
artistique (dans le théâtre et la poésie). Sur le plan intellectuel, l'heure
est à la critique d'une élite traditionnelle « déconnectée » à laquelle l'on
attribue la responsabilité de l'aliénation collective des couches populaires
franco-ontariennes[14]. François Paré explique bien en quoi cette critique
de l'élite – surtout l'élite universitaire – joue un rôle fondateur dans l'institution d'une littérature franco-ontarienne :

> Pour CANO, la littérature franco-ontarienne se distinguerait
> des autres littératures francophones par son action immédiate sur
> le monde et par son appel direct à un public lecteur moins instruit.

---

12. Voir aussi, à ce propos, François Ricard, *La génération lyrique : essai sur la vie et
    l'œuvre des premiers-nés du baby-boom*, Montréal, Éditions du Boréal, 1992.
13. Michel Bock, « De la "tradition" à la "participation" : les années 1960 et les mou-
    vements de jeunesse franco-ontariens », *Cahiers Charlevoix 8*, Ottawa, Les Presses
    de l'Université d'Ottawa et Société Charlevoix, 2010, p. 111-196.
14. François Paré, « L'institution littéraire franco-ontarienne et son rapport à la
    construction identitaire des Franco-Ontariens », dans Jocelyn Létourneau (dir.),
    La question identitaire au Canada francophone : récits, parcours, enjeux, hors-lieux,
    avec la collaboration de Roger Bernard, Sainte-Foy, Les Presses de l'Université
    Laval, 1994, p. 45-62, [En ligne], [http://www.erudit.org/livre/CEFAN/1994-2/
    index.htm].

Elle permettrait ainsi de transformer une immense défaite sociale en un programme littéraire rédempteur. Et, au-delà de ce choix, c'est la littérature, en tant qu'instrument et produit des peuples dominants, en tant que discours social portant en lui les valeurs exclusives d'une élite, qui serait rejetée. Seules une littérature désacralisée et une pratique critique dépourvue de tout ancrage dans l'héritage intellectuel dominant pourraient permettre de représenter le peuple franco-ontarien tel qu'il est en lui-même[15].

On retrouve l'expression de ce sentiment dans le manifeste *Molière Go Home*, rédigé par un groupe de jeunes francophones de l'Université Laurentienne et paru dans son journal étudiant en 1970. Dans ce texte, qui contient les lignes directrices du projet identitaire et artistique de CANO, les étudiants critiquent un enseignement littéraire trop axé sur la France et revendiquent un enseignement adapté à leur réalité :

> Je suis mineur, fermier, bûcheron, ouvrier. Je suis minoritaire et marginal dans ma province. J'ai des leaders que je n'ai pas choisis, tirés d'une élite qui pense me représenter et se soucie de mes intérêts les plus pressants en me parachutant des tournées d'artistes étrangers, en me chiant sur la tête avec des campagnes de bon parler. Je prends des cours universitaires de littérature où des profs européens s'acharnent à me déraciner en corrigeant ma prononciation, mon vocabulaire, ma pensée, et où ils achèvent de m'aliéner et de me dépersonnaliser[16].

Au poids «aliénant» et «dépersonnalisant» de la tradition, les jeunes créateurs de Sudbury opposent un désir de maîtriser leur monde pour le refonder sur de nouvelles bases sans égard à ce qui l'a précédé. L'attrait pour le «nouveau», tendance fortement associée à la contre-culture, est à la fois le corollaire et le complément du «rejet». On en veut pour preuve la présence dans leur discours du terme «Nouvel-Ontario», version traduite et actualisée du *New Ontario*, qui désignait au début du XXᵉ siècle une région géographique située au nord et à l'ouest d'une ligne formée par la rivière Mattawa, le lac Nipissing et la rivière des Français[17]. Cette

---

15. *Ibid.*, p. 56.
16. *Molière Go Home*, cité dans Tremblay, *Prendre la parole*, p. 21.
17. Matt Bray, «La terre et les gens», dans Gaétan Gervais, Matt Bray et Ernie Epp (dir.), *Un vaste et merveilleux pays : histoire illustrée du Nord de l'Ontario*, Toronto,

réappropriation du terme renvoie plutôt à l'espace réel et imaginé du Nord ontarien ou au lieu d'un « avenir possible », pour le dire dans les mots du poète et professeur Robert Dickson[18]. Ce réemploi du terme s'accompagne, toutefois, d'une radicalisation de son sens en cela qu'il appelle nécessairement, selon Melançon, un nouveau rapport au passé :

> [Le terme Nouvel-Ontario] peut aussi sous-entendre une sorte de *tabula rasa* – le « nouveau » remplaçant ici le « vieux » dans une perspective diachronique, le rejetant en fait –, vue par certains comme étant nécessaire pour mieux (re-)créer une identité franco-ontarienne en cette époque contestataire qui refusait les anciennes valeurs et façons de faire. [...] Il s'agit bien de faire advenir quelque chose qui en est encore au « stade latent », donc d'inventer une nouvelle culture et une nouvelle identité franco-ontariennes[19].

Selon Lucie Hotte, la minorisation et la marginalisation constituent deux autres caractéristiques centrales de la conception de l'identité franco-ontarienne véhiculée par CANO. Sur le plan de la langue, l'accent est mis sur l'appartenance à une dualité linguistique. Le Franco-Ontarien est présenté, selon Hotte, comme un être bilingue dans sa nature profonde, résultat d'un clivage identitaire entre son appartenance à l'imaginaire culturel français et sa situation dans les structures sociales de la communauté majoritaire anglophone. En témoigne cette citation tirée de l'adaptation par André Paiement du *Malade imaginaire*, très évocatrice de son hybridité identitaire : « Schizophrénie ! Schizophrénie ! / *"You will"* bien vouloir excuser / *"Our"* manière de parler / Mais nous comprenons *"whatwesay"* / Schizophrénie ! Schizophrénie ! / *"Is what we be"*[20]. » On pourrait dire de ce célèbre extrait qu'il symbolise une importante transition dans le discours identitaire des Franco-Ontariens. À défaut de s'enraciner dans un modèle identitaire et culturel original canadien-français, tendu vers un certain idéal de la culture, ce discours, énoncé sur le mode

---

ministère des Affaires du Nord de l'Ontario ; Thunder Bay, Université Lakehead ; Sudbury, Université Laurentienne, 1985, p. 7.

18. Melançon, « Le Nouvel-Ontario », p. 50.

19. *Ibid.*, p. 54 et 56.

20. André Paiement, « *Is what we be* », dans *Les partitions d'une époque : les pièces d'André Paiement et du Théâtre du Nouvel-Ontario (1971-1976)*, vol. 1, Sudbury, Éditions Prise de parole, 2004, p. 256.

de la célébration, traduit plutôt une appartenance identitaire vécue dans le présent, se définissant en fonction du reflet renvoyé par le miroir d'une réalité culturelle et sociale première, vécue au quotidien. Autrement dit, il s'agit de considérer l'homme non pas tel qu'il devrait être, mais tel qu'il est spontanément. Une part de l'expérience et des principes «élitistes» du nationalisme historique canadien-français se trouve ainsi rejetée au profit d'une réalité radicalement nouvelle et effectivement vécue dans un donné culturel, celui, en l'occurrence, de l'univers du bilinguisme et des appartenances multiples. Du même coup, l'identité du Franco-Ontarien ne procède plus d'une tradition nationale héritée, mais s'apparente plutôt à une figure identitaire définie dans l'«ici et maintenant».

Ainsi, le discours identitaire des jeunes artistes de la contre-culture franco-sudburoise projette un double imaginaire de l'enracinement et du détachement[21]. À travers la réinvention de leur monde autour d'une expérience effectivement vécue dans la région nord-ontarienne, ils cherchent à se redéfinir en marge du traditionalisme canadien-français et des importations culturelles européennes, étrangères à leur réalité. En faisant de la rupture l'un de leurs mots d'ordre, les artistes de la contre-culture souscrivent de moins en moins à une conception de l'identité s'inscrivant dans la logique du Canada français, c'est-à-dire structurée par une référence nationale canadienne-française et catholique qui transcenderait l'individu et le temps. Aussi, leur projet traduit-il une forme de fuite dans l'imaginaire, symptomatique de la difficulté à concevoir le destin de l'Ontario français sur le plan politique[22]. Un tel discours pouvait contraster assez nettement avec la notion de «culture» telle que définie par le comité Saint-Denis en 1969, qui l'assimilait, pour sa part, à «une façon d'être et de vivre qui soit pleinement française, inévitablement différente de celle d'un autre groupe culturel[23]». Selon Michel Bock, cette définition de la culture proposée par le comité, assez proche de celle défendue par Gaétan

---

21. François Paré a déjà relevé la présence de ce dédoublement dans la conscience collective des francophonies minoritaires, y voyant là une «source d'épuisement» propre aux cultures diasporales. Voir, à ce sujet, François Paré, *La distance habitée*, Ottawa, Le Nordir, 2003, p. 74.

22. Hotte, «Littérature et conscience identitaire», p. 65.

23. Comité franco-ontarien d'enquête culturelle, *La vie culturelle des Franco-Ontariens: rapport du Comité franco-ontarien d'enquête culturelle*, Ottawa, Le Comité, 1969, p. 22.

Gervais, recelait une dimension anthropologique et «devait permettre
à la personne de s'intégrer à une société globale distincte cherchant à
s'autonomiser collectivement en s'institutionnalisant[24]». Pour leur part,
les artistes de la contre-culture revendiquent plutôt une libération totale
de l'individu en fondant leur agir dans une quête d'autodétermination
individuelle. Cette manière de codifier le réel, propre à l'idéologie contre-
culturelle, suppose une vigoureuse critique de l'ordre établi, c'est-à-dire
des principales institutions de socialisation, comme la famille, l'école et
l'Église[25].

Gaétan Gervais devant le «miracle sudburien»

C'est donc avec ces phénomènes socioculturels et identitaires en toile de
fond que Gaétan Gervais devient chargé de cours au Département d'histoire de l'Université Laurentienne en 1972. Dans la biographie que lui
a consacrée Robert Arsenault, l'historien sudburois se souvient de l'état
d'esprit dans lequel il intégrait le corps professoral de l'Université:

> À cette époque, j'avais assumé la rupture qui s'était produite au
> sein de la nation canadienne-française et du Canada français, mes
> deux principaux points de repère disons traditionnels. J'avais main-
> tenant la conviction profonde que, si j'étais né Canadien-Français,
> j'étais en train de devenir Franco-Ontarien. Une démarche entre-
> prise à Ottawa allait se poursuivre à la Laurentienne. Elle serait pro-
> gressive et se construirait à la fois sur mes expériences antérieures et
> personnelles comme nouveau professeur-chercheur[26].

«Devenir Franco-Ontarien», quel sens pouvait bien prendre cette
expression chez le jeune professeur d'histoire? Gervais a laissé peu de
sources écrites susceptibles de nous renseigner sur la manière dont il envisage à ce moment-là le mouvement contre-culturel franco-sudburois et

---

24. Michel Bock, «"Jeter les bases d'une 'politique franco-ontarienne'": le Comité
franco-ontarien d'enquête culturelle à l'heure des grandes ruptures (1967-
1970)», *Cahiers Charlevoix 9*, Ottawa, Les Presses de l'Université d'Ottawa et
Société Charlevoix, 2013, p. 84.
25. Lire, à ce sujet, Marie-France Moore, «*Mainmise*, version québécoise de la
contre-culture», *Recherches sociographiques*, vol. 14, n° 3 (1973), p. 364-365.
26. Cité dans Robert Arsenault, *Gaétan Gervais: le «gardien du dépôt»*, Ottawa,
Centre franco-ontarien de ressources pédagogiques, 2012, p. 31.

les mutations identitaires plus vastes qui ont cours dans le Nord ontarien, milieu qu'il a quitté six ans plus tôt. Lors d'une entrevue donnée en 2005 à la radio de Radio-Canada de Sudbury, il évoque en ces termes les débats identitaires des années 1970 : «On ne parlait pas vraiment d'"identité" à l'époque. Cette notion apparaît plus tard dans les années 1980 et 1990. Mes souvenirs m'indiquent plutôt que l'on parlait davantage en termes d'affirmation culturelle et de prise de conscience d'être "hors Québec", mis à la marge[27]. » Cette prise de conscience des changements dans la dynamique interne de la collectivité franco-ontarienne commande d'abord, selon Gervais, une prise en charge des structures de son organisation sociétale. À rebours des convictions qui semblent alors animer les milieux artistiques et littéraires, l'historien sudburois est d'avis que l'Ontario français ne doit pas limiter ses efforts à la reconquête d'un espace culturel. Déjà, lors du congrès annuel de l'Association canadienne-française de l'Ontario, tenu à l'Université Laurentienne en septembre 1976, il critique l'empressement d'un certain groupe de Franco-Ontariens à vouloir faire de la culture, des arts, des loisirs et de la langue les seuls instruments de l'affirmation collective. Pour légitimes qu'elles soient, ces préoccupations, qui ont été au cœur de l'épisode libérateur des années 1970 à Sudbury, oblitéreraient, selon Gervais, l'enjeu fondamental de la survie culturelle, politique et sociale de l'Ontario français, à savoir la consolidation de son pouvoir économique. Dans une séquence du documentaire *J'ai besoin d'un nom*, réalisé par Paul Lapointe, on aperçoit le congressiste Gaétan Gervais, au micro en assemblée, qui clame avec conviction :

> Or si on regarde comment fonctionne une société, c'est bien évident, et c'est la priorité fondamentale que l'on ne devrait jamais perdre de vue – à savoir qu'il n'y a pas une société au monde qui puisse survivre sans posséder des assises économiques solides. Et puis quand on possédera ces assises économiques, le restant viendra par surcroît. Mais aussi longtemps que l'on passe notre temps à nous occuper des «bébelles», et puis dans les bébelles, là, je m'excuse auprès de ceux que ça pourrait affecter, mais en tout cas, la poésie, le théâtre et la chanson... toutes les choses qui finalement devraient être le glaçage sur le gâteau, ou le pain si vous voulez [en référence ici au thème du congrès «Du beurre sur notre pain»].

---

27. Éric Robitaille, *Entrevue avec Gaétan Gervais*, Radio-Canada CBON, Sudbury, 2005, 50 min.

> Mais essentiellement ce qui nous manque, c'est le pain, parce que les fondements de toute vie sociale, culturelle et politique sont d'abord économiques[28].

L'historien de la Laurentienne est bien conscient d'une chose : pour une collectivité de plus en plus urbanisée et intégrée à l'espace social majoritaire, son épanouissement culturel et social dépendra, en grande partie, du dynamisme de ses structures économiques. En 1979, il publie un long article dans le journal *Le Nord* sur ce sujet, dans lequel il soutient que « l'avenir des Franco-Ontariens passe par l'acquisition d'un pouvoir économique ». Sur ce point, il renchérit : « Les idées mènent parfois le monde, mais elles ne survivent jamais longtemps si elles ne se fondent pas sur de solides assises économiques et matérielles. » Pour l'historien, l'Ontario français doit participer davantage à la société capitaliste nord-américaine et s'y tailler une place de choix. À cette fin, il propose à la communauté deux stratégies : « La première consiste à intégrer les Franco-Ontariens dans le système économique, les préparer à occuper des positions dans les grandes institutions du capitalisme nord-américain et à gérer des entreprises ou des commerces. » Cela implique, selon lui, que soient développés de toute urgence des cours d'initiation à la vie économique dans la langue de Molière avec des formations spécialisées en gestion, en affaires et en comptabilité. La deuxième stratégie proposée consiste à « favoriser par tous les moyens la création de petites et moyennes entreprises (PME) mais surtout la création de coopératives » afin d'éviter que la collectivité franco-ontarienne ne soit complètement « écrasée » sous le poids des institutions économiques de la majorité anglophone. Gervais mise beaucoup sur le développement du secteur de la coopération, dont il vante le caractère « éminemment démocratique » et accessible, du fait que ce secteur de l'économie n'exige pas d'investissements individuels trop coûteux. Mais surtout, les coopératives, dans beaucoup de secteurs, constituent, selon lui, « une manière de contrôler soi-même sa consommation et même sa production[29] ». L'historien tentera d'ailleurs, au milieu des années 1970,

---

28. Paul Lapointe [réalisation], *J'ai besoin d'un nom*, [enregistrement vidéo], production de Georges-André Prud'homme, Montréal, Office national du film, 1978, 55 min.
29. Gaétan Gervais, « La vie économique des Franco-Ontariens », *Le Nord*, 5 septembre 1979, p. H-20.

de relancer l'éducation coopérative à l'Université Laurentienne aux côtés du directeur du Centre de l'éducation permanente, Gérard Lafrenière[30]. Au début des années 1980, une fois élu directeur du Conseil de l'enseignement en français (CEF), il œuvrera aussi à la mise sur pied d'un programme de commerce en français, qui comprendra, en 1986, une spécialisation en administration des coopératives.

Il est possible de voir dans cette valorisation du coopératisme chez Gaétan Gervais un autre lien important avec le nationalisme canadien-français traditionnel, qui avait fait des principes de décentralisation, de responsabilisation et d'autonomisation les fers de lance de son modèle économique[31]. Ceux qui connaissent bien les travaux que Gervais a publiés au cours des années 1980 et 1990 s'étonneront peut-être d'apprendre que, dans les années 1970, il percevait dans les structures économiques la cause des grands problèmes sociaux. Si sa pensée comporte un penchant favorable aux interprétations matérialistes, c'est surtout, d'une part, parce que, comme nous l'avons montré au chapitre précédent, les historiens de l'époque tendent davantage à accorder une place centrale aux structures économiques pour comprendre le passé. Les premières études que Gervais publie vers la fin des années 1970 et au début des années 1980 témoignent d'ailleurs de cette orientation en histoire de l'économie. Celles-ci traitent principalement de la question de l'expansion des chemins de fer au Québec et en Ontario et de l'histoire du commerce de détail au Canada[32]. Ses écrits, nous l'indiquions, ne cèdent

---

30. Brigitte Bureau, *Un passeport vers la liberté: les caisses populaires de l'Ontario de 1912 à 1992*, Ottawa, Fédération des Caisses populaires de l'Ontario ; North Bay, Alliance des Caisses populaires de l'Ontario, 1992, p. 106-108.

31. Comme le corporatisme, le coopératisme a fait l'objet de plusieurs discussions au Canada français, notamment grâce à la diffusion des travaux de penseurs comme François-Albert Angers et Esdras Minville. Cette théorie économique proposait une autre voie qui visait à remplacer l'ordre économique libéral et individualiste fragilisé par la crise économique des années 1930 et celui de l'organisation communiste (voir Dominique Foisy-Geoffroy, *Les idées politiques des intellectuels traditionalistes canadiens-français 1940-1960*, thèse de doctorat (histoire), Québec, Université Laval, 2008, p. 205).

32. Voir Gaétan Gervais, *L'expansion du réseau ferroviaire québécois (1875-1895)*, thèse de doctorat (histoire), Ottawa, Université d'Ottawa, 1979, 538 p. ; Gaétan Gervais, « Le réseau ferroviaire du nord-est de l'Ontario », *Revue de l'Université Laurentienne*, vol. 13, n° 3 (février 1981), p. 35-83 ; Gaétan Gervais, « Le

toutefois jamais au déterminisme structurel des thèses marxistes, auxquelles il reprochera, notamment, la tendance à vouloir nier l'existence
d'une communauté historique de destin en Ontario français.

D'autre part, il n'est pas inutile de rappeler que les préoccupations
exprimées par Gervais à propos de la vie économique des Franco-
Ontariens coïncident, à ce moment, avec celles du réseau associatif qui,
depuis la fin des années 1960, plaçait lui aussi la question économique au
cœur de son mandat. Cet appel à investir les structures économiques traduit, en quelque sorte, un désir d'habilation et d'acquisition de pouvoir.
Inversement, il signale le refus de reconnaître l'impuissance ou l'exclusion
comme des conditions intériorisées dans les représentations identitaires
des Franco-Ontariens. Il y a là aussi une réticence à vouloir faire du discours symbolique et culturel l'unique horizon de l'expression identitaire.
L'Ontario français, dans l'esprit de Gervais, devait répondre au défi de sa
propre instabilité culturelle et institutionnelle par la mise en forme d'un
espace identitaire réel et tangible. Gervais s'éloignera, toutefois, progressivement de la question économique à mesure qu'il orientera ses travaux
en histoire franco-ontarienne, suivant en cela les priorités du milieu associatif qui, à partir des années 1980, délaissera aussi cet enjeu.

Sur un autre plan, si, comme nous l'avons vu, les jeunes artistes de
la contre-culture souhaitent envisager l'avenir indépendamment de la
société canadienne-française, déliés de la pesanteur de son histoire, Gaétan
Gervais rappelle plutôt l'importance de la référence au passé national
canadien-français dans la définition de l'identité franco-ontarienne. Dans
l'un de ses premiers articles publiés sur l'Ontario français en 1983 dans la
Revue du Nouvel-Ontario, il met justement en garde ses lecteurs contre le
« mythe » de la rupture qui s'est créé autour de l'affirmation culturelle et
identitaire des années 1970 :

> Ce qu'il importe de retenir aussi de cette « explosion culturelle »,
> c'est qu'elle s'inscrit dans la suite des activités qui se déroulaient
> autrefois dans la Salle Sainte-Anne, au Collège du Sacré-Cœur, au
> Centre des Jeunes, quand ce n'était pas dans les salles paroissiales
> de la région. Qu'il s'agisse de théâtre, d'édition, de musique, de
> création artistique, toutes ces activités font partie d'une tradition.

---

commerce de détail au Canada (1870-1880) », *Revue d'histoire de l'Amérique
française*, vol. 33, n° 4 (mars 1980), p. 521-556.

Renouvelée oui, révolutionnaire non. [...] Ainsi, l'intensité de l'activité artistique ne doit pas faire oublier qu'elle marche dans les sentiers battus de la tradition[33].

Plusieurs années plus tard, c'est avec la même dose de scepticisme que Gervais répond à ceux qui, comme Fernand Dorais, éminence grise de CANO, parlent d'un « miracle sudburien », d'un « réveil franco-ontarien » ou d'un « acte fondateur de l'Ontario français », en évoquant l'efferves-cence culturelle et artistique des années 1970. Selon Gervais, les acteurs de la contre-culture se seraient inscrits, malgré eux, dans la logique du projet de société issu du Canada français : celui de l'autonomie des insti-tutions françaises. L'extrait d'une communication prononcée par Gervais lors d'un colloque en 2004 portant sur l'œuvre de Dorais est, à cet égard, assez révélateur :

Issue des mouvements américains de la *New Left*, la contre-culture, dont Dorais se réclamait, se répandit grâce aux hippies et aux groupes de jeunes. [...] Ces mouvements remettaient tout en cause, la famille, l'éducation, le travail, les relations entre hommes et femmes, la science, le progrès. Comment la contre-culture, qui reje-tait le nationalisme et ses préoccupations identitaires et collectives, aurait-elle pu enfanter le « miracle de Sudbury » ?

Au chapitre de l'originalité, rappelons que la Nuit sur l'étang imitait la Nuit de la poésie à Montréal en 1970, que la vocation poétique de Prise de parole s'inspirait des éditions de l'Hexagone de Gaston Miron, que la commune d'Earlton copiait des modèles américains, que le journal étudiant *Le Calumet* rappelait la revue *Mainmise* de Montréal, que le Théâtre du Nouvel-Ontario pro-longeait une longue tradition théâtrale à Sudbury, que CANO-Musique ressemblait à diverses troupes de musique rock. La rupture avec le passé est moins évidente qu'on l'a dit. À vrai dire, le miracle, ce n'est pas la création de ces organismes, mais leur survie.

Faut-il rattacher le « miracle de Sudbury » à l'émergente iden-tité franco-ontarienne ? Il aura suffi de deux ou trois ans pour que cette grande vitalité artistique de Sudbury fût récupérée par les ins-titutions franco-ontariennes. Éduqué dans un milieu nationaliste, Dorais lui-même, après avoir souscrit aux idées de la contre-culture,

33. Gaétan Gervais, « La stratégie de développement institutionnel de l'élite canadienne-française de Sudbury ou le triomphe de la continuité », *Revue du Nouvel-Ontario*, n° 5 (1983), p. 84.

retrouva plus tard le chemin du nationalisme de sa jeunesse. Ainsi, les activités de Sudbury sont peut-être nées dans la contre-culture, mais elles ont grandi dans le mouvement identitaire. Les artistes sont devenus des artistes franco-ontariens. Ils ne l'étaient pas au départ[34].

Gervais s'attache ici à soulever le paradoxe existant, selon lui, entre la dynamique de «rupture» inaugurée par la contre-culture et sa capacité d'«enfanter», de manière un peu abstraite, un «miracle», un ordre nouveau. En refusant de reconnaître qu'à travers les générations perduraient des structures et des imaginaires, tels que ceux formés par le nationalisme, comment le mouvement contre-culturel pouvait-il prétendre à la réinvention de son propre monde, sinon par excès d'orgueil et d'arrogance? Gervais ne remet pas en cause le caractère nouveau et dynamique de l'ébullition culturelle qui marque cette époque. Ce qu'il réprouve, c'est plutôt la tendance à en faire un moment de «rupture» ou un moment «fondateur» de l'Ontario français contemporain, qui serait forcément opposé à la dynamique qui le précédait. Les artisans de la contre-culture sudburoise incarneront d'ailleurs, selon lui, leur propre contre-exemple. En effet, en souscrivant à la logique de l'autonomie institutionnelle appliquée notamment au secteur des arts et de la culture, ils se seraient inscrits, malgré leur appel à se distancier de l'élite et à se libérer des structures «oppressives» du Canada français, dans le même «mouvement identitaire», c'est-à-dire dans la continuité nationale du Canada français et sa tradition politique autonomiste.

Dans cette lecture du phénomène contre-culturel que propose Gervais, il se dégage aussi l'idée, propre à l'axiome traditionaliste (dans le sens philosophique du terme), selon laquelle il y aurait une antériorité historique aux individus, c'est-à-dire un ordre social particulier, forgé sur la longue durée par les institutions traditionnelles et leurs élites, qui précède les acteurs et auquel ces derniers peuvent difficilement se dérober. Parce que le passé reste imbriqué dans le présent, il n'est pas aisé pour une poignée

---

34. Gaétan Gervais, «Fernand Dorais en son contexte franco-ontarien 1969-1994», dans Gratien Allaire et Michel Giroux (dir.), *Fernand Dorais et le Nouvel-Ontario: réflexions sur l'œuvre et sur l'influence d'un provocateur franco-ontarien: actes du colloque tenu à Sudbury les 25 et 26 novembre 2004*, Sudbury, Institut franco-ontarien, 2007, p. 23-24.

d'individus de changer en profondeur les structures et les représentations. Autrement dit, pour Gervais, c'est bien parce que l'Ontario français est déjà quelque chose et dispose d'une expérience historique pluricentenaire à laquelle il peut se référer qu'aucun acteur social ne peut remodeler cette communauté en l'espace d'une seule génération.

Ainsi, à l'heure où les Canadiens français de l'Ontario sont appelés à se redéfinir, il devient plus que jamais nécessaire d'envisager l'avenir de l'Ontario français non pas par opposition à son passé, mais dans une médiation avec celui-ci afin de dégager ce qui fonde sa permanence dans le temps. Le projet national du Canada français serait, à ses yeux, l'objet principal de cette médiation puisqu'il porte une part importante de l'expérience historique des Franco-Ontariens et doit constituer une matière identitaire porteuse pour ces derniers. On peut donc penser qu'en inscrivant les Franco-Ontariens comme héritiers de la nation française en Amérique du Nord, c'est davantage du côté de la figure identitaire nationale que Gervais conçoit l'identité franco-ontarienne. Il exprimera clairement sa pensée sur ce sujet à de nombreuses reprises par la suite, comme dans cet extrait d'un article publié en 1995, dans lequel il insiste sur l'idée d'une nécessaire filiation avec le passé canadien-français :

> [...] pour bien marquer les continuités, soulignons [...] que « l'identité franco-ontarienne », comme « l'identité québécoise », et malgré des ruptures profondes, ne sera jamais que le prolongement de « l'identité canadienne-française », elle-même le prolongement de « l'identité française »[35].

Le drapeau franco-ontarien

Créé en 1975, adopté comme symbole officiel de l'Ontario français par l'ACFO provinciale en 1977, puis par le gouvernement de la province en 2001, le drapeau franco-ontarien a joué un rôle central dans nombre de luttes pour la reconnaissance des droits des Franco-Ontariens. Que ce soit dans des manifestations en faveur de l'éducation secondaire et postsecondaire en français, dans des festivals de musique et de poésie ou

---

35. Gaétan Gervais, « Aux origines de l'identité franco-ontarienne », *Cahiers Charlevoix 1*, Sudbury, Éditions Prise de parole et Société Charlevoix, 1996, p. 168.

encore lors de la campagne SOS Montfort et son ralliement du 22 mars 1997, il est devenu un puissant outil d'intégration et de sensibilisation pour la collectivité franco-ontarienne. Si l'on en sait aujourd'hui un peu plus sur le contexte de sa création, sur son histoire et son évolution iconographique, il aura tout de même fallu attendre le début des années 1990 pour apprendre que l'idée de cette initiative appartenait à Gaétan Gervais et qu'elle était pour lui un sujet de réflexion depuis le début des années 1970[36]. À l'occasion de la rentrée scolaire de l'automne 1975, le jeune chargé de cours d'histoire invite quelques étudiants inscrits au baccalauréat à créer un emblème susceptible de rassembler la collectivité franco-ontarienne[37]. « Nous avions pris l'engagement de ne pas dévoiler qui nous étions pour au moins 20 ans. En 77-78, le comité du drapeau a disparu et on s'est dit : il va marcher s'il marche tout seul[38] », rappelait Gervais dans une entrevue accordée au journal Le Droit lors du 30ᵉ anniversaire du drapeau. Ainsi, le 25 septembre 1975, « le lys et le trille » est hissé pour la première fois au mât de l'Université de Sudbury. Qu'en est-il alors de cet emblème ? Que symbolise-t-il dans l'esprit de l'historien sudburois au moment de sa création et que nous dit-il, en retour, sur sa pensée et le sens de son œuvre ?

L'idée d'un drapeau propre aux Canadiens français de l'Ontario avait déjà été proposée, sans succès, par la Fédération des sociétés Saint-Jean-Baptiste de l'Ontario en 1964. La proposition consistait alors en une adaptation du Carillon-Sacré-Cœur – le drapeau national des Canadiens français durant la première moitié du xxᵉ siècle[39]. La version créée en 1975 s'inscrit dans le prolongement de ce mouvement. Il s'agissait de délimiter un espace spécifique aux Canadiens français de l'Ontario, susceptible de leur restituer une certaine intégrité culturelle et de susciter leur adhésion.

---

36. Stéphanie St-Pierre, « Le drapeau franco-ontarien : "Puissent ses couleurs nous rallier dans une nouvelle amitié et fraternité", 1975-1977 », dans Guy Gaudreau (dir.), Le drapeau franco-ontarien, Sudbury, Éditions Prise de parole, 2005, p. 15.

37. Le comité du drapeau était composé, à ses débuts, de Michel Dupuis, Gaétan Gervais, Donald Obonsawin, Normand Rainville, Jacline England et Yves Tassé (Ibid., p. 15).

38. André Dumont, « Le drapeau franco-ontarien fête ses 30 ans : un symbole né dans la plus grande discrétion », Le Droit, 24 septembre 2005, p. 10.

39. St-Pierre, « Le drapeau franco-ontarien », p. 25.

Retenons d'abord ici la signification du drapeau comme indice d'un rapport changeant à l'espace vécu. Au premier coup d'œil, l'étendard se démarque effectivement par sa « charge territoriale » révélée non seulement par la présence, juxtaposée à la fleur de lys, du trille blanc, emblème officiel de la province ontarienne, mais aussi par ses couleurs – le vert et le blanc, toutes deux censées évoquer les forêts de l'Ontario[40]. Ces références au territoire ontarien, dans sa forme concrète et juridique, couplées à une valorisation de ses attributs esthétiques indiquent la formation d'un espace référentiel spécifique à l'Ontario et non plus intégré dans un espace plus vaste qui serait celui de la nation canadienne-française[41]. La dynamique de cette provincialisation identitaire ne doit cependant pas être confondue avec la sortie définitive du Canada français, pas plus d'ailleurs qu'elle ne se traduit par la formation d'un territoire propre aux Franco-Ontariens. Elle a plutôt pour but de les rapatrier sur le territoire social de l'État ontarien, qui devient alors, avec le Secrétariat d'État fédéral, le principal soutien de la minorité franco-ontarienne, notamment dans les sphères artistique et culturelle.

Pour l'historien sudburois, l'inscription du sentiment d'identité des Franco-Ontariens dans une logique « ontaroise » n'autorisait pas forcément la rupture avec l'ancienne identité canadienne-française. Au contraire, la brisure du vieux Canada français nécessitait, à ses yeux, que l'on en actualise de plus belle certaines des dimensions essentielles, à commencer par le principe de la dualité nationale selon lequel le fédéralisme canadien tirerait sa source d'un pacte entre deux nations fondatrices. Ce principe politique, formulé par l'élite nationaliste canadienne-française à la fin du XIXe siècle et enraciné dans la pensée des Henri Bourassa, Lionel Groulx et André Laurendeau, tirait sa légitimité de l'ancienneté de la présence française en Amérique et de la vocation missionnaire qui avait guidé son expansion sur le territoire. Rappelons également que c'est ce principe qui fut à l'origine non seulement de la fondation de grandes institutions canadiennes comme Radio-Canada, le Conseil des Arts, l'Office national du film, mais aussi de la mise sur pied des grands congrès patriotiques sur la langue française au XXe siècle, de la Commission royale d'enquête sur

---

40. *Ibid.*, p. 14.
41. Sur les aspects géographiques et territoriaux du nationalisme canadien-français, voir Marc Brosseau, « La géographie et le nationalisme canadien-français », *Recherches sociographiques*, vol. 33, n° 3 (1992), p. 407-428.

l'avancement des arts, des lettres et des sciences (commission Massey) et de la Commission royale d'enquête sur le bilinguisme et le biculturalisme (commission Laurendeau-Dunton)[42].

C'est dans le prolongement de cette tradition de pensée qu'il faut ins-crire le déploiement du drapeau franco-ontarien, du moins lorsque l'on s'en remet aux motivations de ses créateurs. Pour s'en convaincre, il suffit de relire un extrait du discours que Gervais a coécrit avec Michel Dupuis, un étudiant de science politique de l'Université Laurentienne, à l'occa-sion de la levée inaugurale du drapeau. La première partie de l'allocution situe l'événement dans une trame historique plus vaste, redonnant aux 360 ans d'enracinement français sur le territoire de l'Ontario toute son épaisseur historique et sa légitimité culturelle :

> La présence française en Ontario date de 360 ans : c'est en 1615 que Samuel de Champlain, ayant remonté la rivière des Outaouais et celle de Mattawa, traversa le lac Nipissing et descendit la rivière des Français pour se rendre à la baie Georgienne. Cette route de canot devint la grande voie de pénétration du continent durant tout le régime français : les missionnaires, les explorateurs et les commer-çants ont tous emprunté cette route qui passe à une quarantaine de milles du point où nous sommes. C'est dire l'ancienneté de la présence française en Ontario. [...] Aux XIXe et XXe siècles, des mil-liers de Canadiens-Français vinrent s'établir en Ontario : venus pour travailler dans les forêts ou pour cultiver la terre, ils se sont établis dans l'est puis dans le nord de la province, ajoutant leur nombre aux petits qui survivaient depuis le régime français. Au début du siècle, le nord de la province était même considéré comme une région à dominance française. Longtemps oubliés par le gouvernement onta-rien, brimés et marginalisés, et disons-le, persécutés, nous conti-nuons, malgré des progrès dans certains secteurs, d'être défavorisés économiquement et politiquement[43].

La référence à Champlain renvoie ici à un imaginaire de la fondation, dans lequel est mis en récit le sens premier des origines de l'Ontario français

---

42. Joseph Yvon Thériault, « L'épuisement des sources endogènes du fédéralisme canadien », dans Pierre Hamel et Jean-Michel Lacroix, *Les relations Québec-Canada : arrêter le dialogue de sourds ?*, Bruxelles, Les Éditions Peter Lang, 2013, p. 79-90.
43. Cité dans St-Pierre, « Le drapeau franco-ontarien », p. 17.

dans son raccordement à la figure de la nation française. C'est ici moins l'affirmation d'une nouvelle identité franco-ontarienne, en rupture avec son passé, que la nécessaire jonction de celle-ci avec une mémoire longue qui est exprimée. Comment ne pas voir aussi dans cette filiation revendiquée avec le « père » fondateur de l'Amérique française une réponse aux historiens qui en ont fait le héros d'une aventure proprement québécoise ? L'esprit de ce discours est aussi à mettre en relation avec le contexte de politisation des débats publics sur la langue et l'identité des années 1970, alors que plusieurs membres des milieux associatifs franco-ontariens et de la Fédération des francophones hors Québec (FFHQ) refusent publiquement de se conformer à la logique du multiculturalisme canadien (adopté formellement par une loi fédérale en 1971) au motif que celle-ci porterait atteinte à la thèse des « deux peuples fondateurs »[44]. Notons aussi le choix, peu anodin, de confier la lecture du discours inaugural à Yvonne Lemieux, la veuve de Camille Lemieux, rédacteur en chef du journal *L'Ami du peuple* et figure importante du nationalisme canadien-français dans le Nord de l'Ontario au xxe siècle[45].

La suite du discours porte sur la nécessité de créer un espace économique proprement franco-ontarien, autre signe de l'influence que Gervais a pu exercer sur sa rédaction :

> Aujourd'hui nous déployons notre drapeau, mais demain nous déploierons la force économique et politique nécessaire à notre épanouissement. Sans ces pouvoirs, nous n'avons pas d'avenir : notre programme d'action doit comporter en premier lieu l'acquisition de ces pouvoirs économiques et politiques[46].

Encore ici, le succès du projet identitaire franco-ontarien repose sur sa capacité à s'inscrire durablement dans la réalité et à prendre forme dans un espace institutionnel qui ne soit pas réductible à celui de la sphère étatique. En ce sens, le drapeau fournit une clé de lecture supplémentaire

---

44. Stéphane Savard, *« Je t'aime, moi non plus » : réceptivité et identités des membres des élites franco-ontariennes vis-à-vis du gouvernement Trudeau, 1968-1984*, thèse de maîtrise (histoire), Québec, Université Laval, 2005, p. 82-90.

45. Serge Dignard, *Camille Lemieux et l'Ami du peuple, 1942-1968*, Sudbury, Société historique du Nouvel-Ontario, coll. « Documents historiques », n° 80, 1984.

46. Cité dans St-Pierre, « Le drapeau franco-ontarien », p. 17.

pour comprendre le positionnement idéologique de Gaétan Gervais par rapport au mouvement contre-culturel du Nouvel-Ontario qui s'affirme au même moment. De fait, la création d'un drapeau n'est pas un geste neutre, qui plus est lorsque celui-ci est replacé dans le contexte universitaire sudburois de l'époque. Voyons ce que dit l'historien Guy Gaudreau, un ancien collègue de Gervais, sur ce point:

> Un drapeau, ça reste quelque chose d'assez traditionnel. Je pense que ces jeunes-là [ceux de la contre-culture] rêvent à autre chose, à une autre culture. Ce n'est pas leur référence. Ils sont très mondialistes dans leurs revendications, dans leur mouvement de contre-culture. Je pense que le drapeau représente [à leurs yeux] quelque chose de plus élitiste. Ça fait vieux jeu... dans leur lecture des choses, les drapeaux ont amené des guerres. Ils n'y voient pas un symbole heureux. Ça ne s'inscrit pas dans la mouvance contre-culturelle de l'époque[47].

Ce bref rappel du contexte entourant la création du drapeau franco-ontarien et des motivations oubliées derrière celle-ci illustre très bien la perspective précédemment évoquée de Gervais. Dans l'esprit de ses fondateurs, le drapeau visait moins à confirmer la formation d'une nouvelle identité franco-ontarienne, en rupture avec ce qui l'avait précédée, qu'à en adapter les contours aux nouvelles réalités sociales et institutionnelles, sans pour autant tourner le dos à la mémoire du Canada français. Face à une jeunesse «qui connaît si mal son passé, qui souffre d'un sentiment de vivre en *exil* dans son pays[48]», il s'agissait d'amener la communauté franco-ontarienne à se doter d'une représentation globale et cohérente d'elle-même qui puisse s'articuler dans une synthèse entre la «nouvelle» identité franco-ontarienne provincialisée et l'ancienne identité canadienne-française. C'est en vertu de cet objectif – celui d'une représentation et d'une appartenance spécifiques et d'une plénitude identitaire – qu'il convient d'interpréter l'initiative qui a mené à la création du drapeau.

---

47. Guy Gaudreau, Entrevue, Montréal, 30 janvier 2012.
48. Gaétan Gervais, « *L'Ontario français historique* (de Robert Choquette) et *Atlas de l'Ontario français* (de Gaëtan Vallières et Marcien Villemure) », *Revue du Nouvel-Ontario*, n° 4 (1982), p. 115-118. (Nous soulignons.)

Le rapport Gervais

Durant les années 1970, Gaétan Gervais n'adopte pas immédiatement la posture d'interprète de l'histoire de la société franco-ontarienne qu'on lui attribuera dans les décennies subséquentes. « À l'extérieur de cette tâche prenante [d'enseignement], le peu de temps qui reste serait très souvent consacré à l'interaction sociale et politique. [...] Dès le départ, je me voyais donc comme un des animateurs d'une communauté avec comme porte d'entrée l'enseignement et la recherche[49] », explique-t-il. En plus de la vie étudiante, dans laquelle il est très engagé, il est amené à participer à l'administration générale de l'Université Laurentienne. Cette contribution représente un aspect important de son parcours, sur lequel nous reviendrons plus loin. Dans son cas, les interventions procèdent généralement d'une même ambition : celle d'affirmer l'existence d'une collectivité en ayant pour principale préoccupation son autonomie et le renforcement de ses assises institutionnelles.

Parmi les nombreux gestes posés en ce sens, il y a la publication, en 1976, du rapport intitulé *Pour une réforme des programmes en français à l'Université Laurentienne*, également connu sous le nom de « rapport Gervais ». Ce document s'inscrit dans le contexte des nombreux débats en vogue à ce moment sur le bilinguisme à l'Université Laurentienne de même que sur la programmation culturelle et académique de langue française. Au tournant des années 1970, le visage de l'Université se remodèle avec l'expansion de son infrastructure et l'esprit des réformes administratives amorcées au mitan des années 1960. Les belles perspectives d'avenir s'assombrissent toutefois rapidement à cause de la baisse des inscriptions à l'automne 1971, d'un financement provincial inadéquat et d'une crise de la gouvernance[50]. Cette année-là, J. G. Hagey, ancien recteur du Waterloo College et spécialiste en relations publiques, est mandaté par l'Université Laurentienne pour effectuer une évaluation en profondeur de sa gouvernance interne. Le rapport, déposé plusieurs mois plus tard, fait le constat d'une structure universitaire déficiente et sous-développée. Parmi les suggestions de redressement proposées, il recommande l'établissement d'un collège français au sein de l'Université

---

49. Cité dans Arsenault, *Gaétan Gervais : le « gardien du dépôt »*, p. 32.
50. Matt Bray, « Une ère de transition, 1972-1985 », dans Matt Bray *et al.*, *L'Université Laurentienne : une histoire*, Montréal, McGill-Queen's University Press, 2010, p. 59.

Laurentienne. Cette idée est toutefois rejetée par le Conseil des gouverneurs, qui estime qu'elle « annulerait les efforts faits depuis dix ans pour rendre la Laurentienne véritablement bilingue[51] ». Pourtant, au tournant de la décennie, le taux d'assimilation est en hausse chez les Franco-Ontariens[52]. C'est ainsi qu'en 1971, la question scolaire se pose à nouveau et que le Comité des citoyens de l'ACFO de Sudbury propose que deux sections indépendantes soient établies à l'intérieur de la Laurentienne, chacune pouvant bénéficier d'une autonomie dans les secteurs académique, administratif, des services et dans la gestion de son budget[53]. L'année suivante, lors de son assemblée générale annuelle, l'Association s'engage à étudier « le besoin et les moyens de fonder une université francophone en Ontario » et à demander « la création d'une commission de coordination francophone pour le niveau postsecondaire[54] ». La même année, la Commission sur l'éducation postsecondaire en Ontario (le rapport Wright), dresse un sombre tableau de la situation de l'enseignement postsecondaire en Ontario français : taux de fréquentation de moitié inférieur à celui de la province, insuffisances dans l'enseignement en français au sein des universités, etc.[55]. En 1973, le congrès Franco-Parole, organisé par un groupe d'étudiants dans le but de réfléchir à l'avenir de l'Université Laurentienne et dont découlera, entre autres, la création du festival de musique La Nuit sur l'étang, demande, lui aussi, qu'une administration indépendante francophone et autonome soit créée à l'intérieur de l'Université[56]. En

---

51. Donald Dennie, « Historique du bilinguisme à l'Université Laurentienne (Le rapport Dennie) », *Revue du Nouvel-Ontario*, n° 7 (1985), p. 115-116.

52. Voir Groupe d'étude des arts dans la vie franco-ontarienne, *Cultiver sa différence : rapport sur les arts dans la vie franco-ontarienne, présenté au Conseil des arts de l'Ontario*, [s. l.], Groupe d'étude des arts dans la vie franco-ontarienne, 1977, p. 13, 20 et 70. Membres du Groupe d'étude: Pierre Savard, Rhéal Beauchamp et Paul Thompson.

53. *Ibid.*, p. 116.

54. « L'Université de langue française en Ontario, chronologie et bibliographie annotée », Toronto, Conseil de l'éducation et de la formation franco-ontariennes, 19 juin 1996, p. 1.

55. Commission sur l'éducation postsecondaire en Ontario, *La société s'épanouit : rapport de la Commission sur l'éducation postsecondaire en Ontario*, Toronto, ministère des Services gouvernementaux, 1972. Président: Douglas Wright.

56. Dennie, « Historique du bilinguisme à l'Université Laurentienne », p. 116.

réponse à ces nombreuses revendications autonomistes émanant de la communauté universitaire élargie, le Sénat de la Laurentienne décide de créer le Comité des affaires francophones (CAF) – auquel Gervais siégera à titre de membre et, au cours de l'année 1975-1976, à titre de président. L'une des principales activités de ce comité consiste à demander des cours et des services en français. Chez les étudiants, on met sur pied, en 1974, l'Association des étudiants de langue française (l'AEF), parallèle à l'association bilingue existante, la Student's General Association (SGA). Pour Gaétan Gervais, qui participe à la rédaction de la première constitution de l'AEF aux côtés d'Yves Tassé et de Jean-Claude St-Amant, « le principe fondamental [de cette nouvelle association,] c'est que les étudiants de langue française [doivent] gérer leur propre association étudiante[57] ».

L'enthousiasme des groupes francophones pour l'autonomisation de leurs structures n'a toutefois d'égal que la réticence de l'administration universitaire, qui préfère continuer de mener une politique de bilinguisme institutionnel. Dans certains départements, on remet même en question la nécessité de tenir compte des besoins de la population étudiante de langue française. Tel est d'ailleurs le cas du Comité de direction du Département d'histoire auquel siège Gaétan Gervais. Dans un document qui doit être déposé au comité de planification académique, le directeur de l'unité scolaire, J. L. Black, écrit, le 3 avril 1973 :

> *The History Department has long time dropped the concept of parallel course, and we have a number of courses which were introduced specifically for our francophone students. However, we are tired of the vaguely but often put suggestion that North Eastern Franco-Ontarians have completely different needs and desires than the North Eastern Anglo-(Slavic, Finnish, Italian, etc.) Ontarians. [...] Our own feeling is that this is a sentiment relied upon certain faculty members for reasons known only to themselves — a little empirical evidence should be presented before this argument is used again[58].*

---

57. Marie-Josée Beaudry et Michèle Riou, « Extraits d'entrevue avec Gaétan Gervais », hiver 1996, AUL, Fonds Guy Gaudreau, P143/5.

58. « Memorandum – Academic Planning committee : Preliminary Report », 3 avril 1973, p. 5, AUL, Fonds History Department, F70, Departmental meetings 1966-1978, boîte 1, dossier « 1972-1973 ».

Cette citation témoigne éloquemment de la profondeur du fossé qui sépare alors les représentants de la communauté universitaire francophone et certains membres de l'administration, pour qui le français, du fait de sa situation minoritaire, ne détiendrait aucun statut particulier à l'intérieur de l'institution. L'année suivante, une politique de bilinguisation intégrale de l'administration universitaire est tout de même adoptée par les autorités de l'institution. Rapidement, toutefois, cette politique montre ses limites puisqu'en avril 1975, des postes de la haute direction universitaire seront pourvus par deux unilingues anglais[59]. Ces reculs s'ajoutent à un bilan déjà peu reluisant en matière de bilinguisme dans les départements, où les déséquilibres entre les différentes unités sont on ne peut plus frappants[60]. Les cours en français n'existent alors que dans quelques facultés et départements de sciences sociales, d'humanités, de français ainsi que dans les programmes de l'Université de Sudbury[61].

C'est dans ce contexte institutionnel plutôt défavorable aux Franco-Ontariens que Gaétan Gervais rédige, en avril 1976, à la demande du Comité de bilinguisme et du Comité des affaires francophones de l'Université, un rapport de huit pages aux fins de discussion lors d'une journée de rencontre de l'Assemblée des professeurs francophones. Gervais est bien au fait des dossiers concernant les structures universitaires de la Laurentienne, siégeant lui-même à près d'une dizaine de comités étudiants et académiques[62]. Ce rapport tente de cerner les faiblesses des programmes destinés aux étudiants francophones de l'institution d'enseignement et propose des solutions à la fois théoriques et pratiques

---

59. Guy Gaudreau, «Les années 1971 à 1984: faire sa place», dans Bray *et al.*, *L'Université Laurentienne: une histoire*, p. 235-237.

60. *Ibid.*, p. 238.

61. Groupe d'étude des arts dans la vie franco-ontarienne, *Cultiver sa différence*, p. 71.

62. Les principaux comités auxquels siège Gaétan Gervais au cours de la décennie 1970 sont les suivants: Comité central de CULON (Canayens de l'Université Laurentienne, Ontario Nord), Comité des affaires francophones (dont il sera le président de 1975 à 1976), Comité du service d'animation, Conseil des sciences sociales, Comité des programmes, Comité consultatif de l'École des sciences de l'éducation, Comité pour la structuration du fait francophone, Comité *ad hoc* de l'Association étudiante de langue française, Comité organisateur de la Franco-Fête Laurentienne.

pour les atténuer. Selon Guy Gaudreau, le rapport, en raison de sa visée réformatrice, «détonne de toute la masse des autres déposés au Sénat [durant cette période][63]». Il déplore, entre autres, l'absence de planification globale dans le domaine de l'enseignement en français et, surtout, l'absence d'un responsable attitré pour la mener à bien ; la défaillance de la structure actuelle où la prise en charge des étudiants de langue française par les départements est perçue comme un fardeau ; le manque criant de professeurs de langue française et l'absence d'une masse critique de francophones en raison du faible taux d'admission.

Face à cette situation, Gervais avance diverses solutions, inspirées du principe de l'autonomie institutionnelle. Sur le plan des objectifs, il propose que l'Université concède à sa minorité française une autonomie en matière de programmation et de planification. Concrètement, cette proposition doit se traduire, explique-t-il, par la mise en place d'un programme en français pour un enseignement de qualité, la formation d'unités d'enseignement de langue française homogènes et autonomes, la création de cours pluridisciplinaires, etc. Il propose ainsi de scinder les unités d'enseignement en deux groupes : d'un côté, les disciplines théoriques (comprenant les humanités, les sciences sociales et les sciences naturelles) et, de l'autre, les programmes de formation professionnelle (comprenant le développement d'écoles de pédagogie, de commerce, de communication, de service social, d'animation, de criminologie, etc.). L'ambition peut paraître disproportionnée, mais elle est à la mesure de la situation précaire des programmes en français, tout particulièrement en matière de formation professionnelle dont l'offre est singulièrement faible[64].

En somme, en dépit du fait que ses recommandations ne seront pas reprises par le Comité de bilinguisme du Sénat, le rapport Gervais témoigne du climat qui règne à l'Université Laurentienne. L'Association des étudiants de langue française s'inspirera d'ailleurs de ce rapport pour présenter au Sénat, quelques années plus tard, un manifeste sur le bilinguisme, demandant, entre autres choses, l'établissement d'un Sénat

---

63. Gaudreau, «Les années 1971 à 1984 : faire sa place», p. 239.
64. «Pour une réforme des programmes en français à l'Université Laurentienne», Sudbury, 22 avril 1976, 8 p., AUL, Fonds G. Gervais, P187, boîte 61,18.3, dossier «Association des professeurs francophones 75-76».

bicaméral (l'un anglais et l'autre français)[65]. Le rapport, dans sa formulation, fait également état d'une pensée en action qui commence à faire sa marque dans le milieu universitaire sudburois. Elle traduit l'insatisfaction manifeste de Gervais à l'endroit des structures d'enseignement bilingues existantes, insatisfaction qui ne tarira pas dans les années à venir lorsqu'il prendra la direction du Conseil de l'enseignement en français. Par ailleurs, le contenu du rapport met en évidence l'un des éléments structurants de la pensée de son auteur et de sa manière d'envisager le passé et l'avenir de l'Ontario français, soit la lutte pour l'autonomie institutionnelle.

L'esquisse d'un projet historiographique

Reprenons notre thèse de départ: à titre de témoin privilégié et d'acteur de la recomposition de l'espace symbolique, institutionnel et idéologique de l'Ontario français, Gaétan Gervais s'est fait l'un des principaux agents d'une dynamique référentielle à l'intérieur de la collectivité franco-ontarienne. L'intention de sa démarche peut être comprise comme une volonté d'actualiser une référence franco-ontarienne autonome, située dans la continuité du projet national canadien-français. La création du drapeau franco-ontarien, l'un des principaux symboles constitutifs de cette collectivité, procède de cette même intention. Elle s'incarne aussi, comme nous venons de le voir, dans la revendication d'une structure institutionnelle universitaire autonome, proposition qui figure au cœur du rapport Gervais.

Nous l'indiquions plus haut, la référence d'une collectivité s'institue à travers des modalités de représentations discursives, que Fernand Dumont associait à la littérature, aux idéologies ainsi qu'à l'historiographie (ou au savoir, de manière générale). Ces trois niveaux de représentations sociales par lesquels s'institue une référence forment un creuset identitaire particulier. Il ne nous appartient pas, dans la présente section ni dans cet ouvrage, de faire une étude exhaustive de la constitution d'une « référence » franco-ontarienne, un projet qui attend toujours ses historiens. Tout au plus, tenterons-nous, dans les pages qui suivent, de décrire les conditions qui ont permis l'émergence d'une historiographie franco-ontarienne en rapport avec la redéfinition des cadres de référence

---

65. Gaudreau, « Les années 1971 à 1984: faire sa place », p. 239.

identitaire de la collectivité au cours de la décennie 1970. Nous insisterons sur le rôle particulier joué par Gaétan Gervais à l'intérieur de ce processus, en examinant sa contribution au développement du savoir historique en/sur l'Ontario français et, par extension, en étudiant une période clé de son itinéraire intellectuel, au cours de laquelle il esquisse les fondements de son projet historiographique sur la francophonie ontarienne.

Vers une historiographie proprement franco-ontarienne

Le développement des connaissances scientifiques dans le domaine de l'histoire franco-ontarienne qui a cours dans les années 1970 est en partie tributaire de l'essor qui touche le milieu universitaire au Canada français depuis les années 1960. L'histoire franco-ontarienne est aussi issue d'une longue tradition historiographique canadienne-française qui remonte au XIXᵉ siècle, produite, pour l'essentiel, à l'extérieur des murs de l'université, dans les milieux cléricaux surtout, de la fonction publique et des sociétés d'histoire[66]. La création d'un tel espace de production et de diffusion spécifique à l'histoire en Ontario français doit aussi être mise en rapport avec l'édification plus large d'un espace réflexif proprement franco-ontarien. Sur ce point, l'historienne Marie LeBel rappelle, à juste titre, le rôle novateur de la littérature, qui « semble avoir agi comme une rampe de lancement à partir de laquelle il a été plus aisé d'acquérir la maturité et l'autonomie intellectuelles pour les acteurs du champ intellectuel ». Une fois l'assurance acquise grâce à la prise de parole littéraire, « les interprétants collectifs des disciplines autres que la littérature [comme ceux de l'histoire] p[urent] finalement prendre le relais des littéraires pour

---

66. Pour une étude plus détaillée de l'historiographie franco-ontarienne avant les années 1970, voir Gaétan Gervais, « L'historiographie franco-ontarienne : à l'image de l'Ontario français », dans Jacques Cotnam, Yves Frenette et Agnès Whitfield (dir.), *La francophonie ontarienne : bilan et perspectives de recherche*, Ottawa, Le Nordir, 1995, p. 123-134 ; Robert Choquette, « L'histoire des Franco-Ontariens : bilan de la recherche », dans *Actes du colloque sur la situation de la recherche sur la vie française en Ontario, tenu à l'Université d'Ottawa les 28 et 29 novembre 1974*, Ottawa, Association canadienne-française pour l'avancement des sciences et Centre de recherche en civilisation canadienne-française de l'Université d'Ottawa, 1975, p. 65-78.

étudier et dire la communauté d'appartenance[67] ». Ainsi, comme le font remarquer Danielle Juteau et Lise Séguin-Kimpton, la naissance d'un discours scientifique propre à la réalité franco-ontarienne participe, à sa manière, de « l'éveil d'une affirmation et d'une revendication proprement franco-ontariennes[68] ».

L'émergence et la multiplication des études franco-ontariennes, tout particulièrement en histoire, profitent aussi de la modernisation et de l'autonomisation des structures universitaires en Ontario de même que de la professionnalisation de plusieurs champs disciplinaires. Cette évolution s'effectue, principalement, autour de trois pôles de recherche : Ottawa, en partie grâce au Centre de recherche en civilisation canadienne-française (CRCCF), fondé en 1958, et à la *Revue de l'Université d'Ottawa*, qui existe depuis 1931 ; Toronto, à la suite de la création en 1972 d'une section franco-ontarienne à l'Institut d'études pédagogiques de l'Ontario, qui deviendra sept ans plus tard, le Centre de recherches en éducation franco-ontarienne (CREFO) ; et Sudbury, où en 1970 la *Revue de l'Université Laurentienne* voit le jour. Gaétan Gervais contribue à la publication de la cette dernière à partir de 1973, non pas à titre de rédacteur, mais de conseiller et membre du comité de rédaction. Deux ans plus tard, Germain Lemieux fonde à l'Université de Sudbury le Centre franco-ontarien de folklore. En 1976, un premier regroupement de chercheurs voit le jour : le Groupe interuniversitaire pour les études des Franco-Ontariens (GIEFO). Ce rassemblement de professeurs, animé par René Dionne, de l'Université d'Ottawa, contribue à la création des premiers cours universitaires sur l'Ontario français en histoire, en linguistique et en littérature. Dans les années suivantes, Gervais se joint à cinq professeurs de diverses disciplines pour fonder l'Institut franco-ontarien (IFO). Installé au pavillon des sciences de l'éducation, l'Institut a pour but de « créer un milieu, de fabriquer un outil, capable de promouvoir la recherche dans le domaine

---

67. Marie LeBel, *Le discours comme patrie : les intellectuels franco-ontariens comme interprétants de la condition historique et identitaire de l'Ontario français*, thèse de doctorat (histoire), Québec, Université Laval, 2009, p. 232.
68. Danielle Juteau et Lise Séguin-Kimpton, « La collectivité franco-ontarienne : structuration d'un espace symbolique et politique », dans Cornelius J. Jaenen (dir.), *Les Franco-Ontariens*, Ottawa, Les Presses de l'Université d'Ottawa, 1993, p. 277.

nouveau des études franco-ontariennes[69] ». Rassemblant une communauté de chercheurs, l'Institut a pour tâche de recueillir des documents sur les Franco-Ontariens, de mettre en œuvre des projets de recherche sur la collectivité franco-ontarienne et de diffuser des connaissances sur l'Ontario français par la publication de rapports, d'actes de colloques, d'essais, etc. Gervais est tour à tour directeur, directeur adjoint, responsable de la documentation, de la recherche et des publications ainsi que trésorier de l'IFO entre 1976 et 2001, avec quelques années d'interruption[70]. Il signe, par ailleurs, l'une des premières ententes de collaboration de l'Institut avec la Société historique du Nipissing, dont découlera, en 1980, la publication d'une première étude historique intitulée *La colonisation française et canadienne du Nipissingue (1610-1920)*. Gervais est aussi l'un des principaux collaborateurs dans de nombreux autres secteurs d'activité de l'IFO, que ce soit la constitution de collections d'archives sur l'Ontario français, la mise en œuvre de divers projets de publication et le développement de programmes de recherche, l'organisation de colloques et de conférences ou la préparation de rapports de recherche[71].

Au cours des années 1970, la Société historique du Nouvel-Ontario, dépassée par la croissance des universités, ébranlée par le mouvement de laïcisation et de décléricalisation et l'effritement du Canada français traditionnel, est obligée de cesser ses activités. Le décès, en 1976, de son fondateur et principal animateur, Lorenzo Cadieux, marque la fin d'une époque. La société renaît cependant de ses cendres l'année suivante grâce à l'initiative d'un nouveau groupe d'universitaires dirigé par Gaétan Gervais, qui décide de poursuivre la publication des documents historiques de la Société[72]. Cette dernière trouve aussi en la *Revue du Nouvel-Ontario* une initiative complémentaire grâce au regard plus critique et savant qu'elle vient jeter sur l'Ontario français[73]. Fondée en 1978 par

---

69. Georges Bélanger, « L'Institut franco-ontarien (IFO) », dans René Dionne (dir.), *Quatre siècles d'identité canadienne*, Montréal, Bellarmin, 1983, p. 131.

70. Voir Donald Dennie et Annette Ribordy, « Les vingt-cinq ans de l'Institut », *Revue du Nouvel-Ontario*, n° 25 (2001), p. 9-44.

71. Arsenault, *Gaétan Gervais : le « gardien du dépôt »*, p. 64.

72. Daniel Bouchard, *La Société historique du Nouvel-Ontario de 1942 à 1976*, Sudbury, Société historique du Nouvel-Ontario, coll. « Documents historiques », n° 94, 1997, p. 170-171.

73. LeBel, *Le discours comme patrie*, p. 9.

l'IFO, cette revue a pour principal mandat de diffuser de la documentation inédite en français sur la collectivité franco-ontarienne de même que la recherche surtout issue du domaine littéraire, mais aussi linguistique, historique, politique et sociologique. Gaétan Gervais est directeur adjoint de la revue à sa première année et y reste impliqué jusqu'au début des années 1990, notamment à titre de directeur pendant l'année 1980-1981. Plusieurs de ses premiers textes portant sur l'Ontario français figurent dans les pages de cette publication, dont il devient l'un des principaux collaborateurs au cours des années 1980.

L'avènement d'une historiographie proprement franco-ontarienne doit être interprété comme le corollaire de cette autonomisation de l'espace scientifique franco-ontarien. Il est aussi indissociable de l'éclatement du projet national canadien-français et de l'évolution identitaire plus large de l'Ontario français. L'émergence de la « nation québécoise » comme sujet politique et nouveau référent identitaire provoque certains bouleversements dans la production scientifique au Canada français, et ce, particulièrement chez les historiens. Comme l'indique Paul-André Linteau, sa génération intellectuelle – celle formée dans la seconde moitié des années 1960 – aura été marquée notamment par le « passage de l'histoire des Canadiens français à l'histoire du Québec[74] ». Autrement dit, il ne s'agissait plus de penser la nation canadienne-française à l'intérieur du cadre canadien comme peuple fondateur, mais de confirmer le Québec dans son nouveau statut de « société globale » ou d'État-nation potentiel[75]. « L'objet d'étude n'est plus un groupe ethnique, mais la population d'un territoire, ce qui signifie que l'on tient compte non seulement de l'ethnie, mais également d'autres phénomènes comme les structures économiques, les classes sociales, le monde urbain plus cosmopolite[76] », explique Linteau. Ces nouvelles approches, qui ouvriront la voie, entre autres, à l'histoire sociale au Québec, souhaitaient mettre

---

74. Paul-André Linteau, « La nouvelle histoire du Québec vue de l'intérieur », *Liberté*, vol. 25, n° 3 (juin 1983), p. 44.

75. L'expression « société globale » a été introduite par le sociologue Marcel Rioux pour permettre un déplacement du cadre analytique de la société canadienne-française vers la société québécoise. Voir, à ce sujet, Gilles Bourque, Jules Duchastel et André Kuzminski, « Les grandeurs et les misères de la société globale au Québec », *Cahiers de recherche sociologique*, n° 28 (1997), p. 7-17.

76. Linteau, « La nouvelle histoire du Québec vue de l'intérieur », p. 44-45.

en relief des catégories trop longtemps marginalisées par l'historiographie canadienne-française pour laquelle la nation avait constitué le principal objet de recherche. En mettant davantage l'accent sur la dimension sociale, ces historiens contribuaient à remettre en cause la valeur scientifique de l'histoire politique nationale traditionnelle, jugée trop élitiste et laissant dans l'ombre les groupes laissés pour compte[77].

Ce glissement de la perspective « canadienne-française » vers la perspective « québécoise » dans le champ d'analyse des historiens condamnait les minorités françaises à tomber dans l'oubli et l'omission ou à se voir assimilées, malgré elles, à la figure honteuse d'un Canada français traditionnel dont il fallait troquer l'héritage pour une vision civique, pluraliste et multiculturelle de la nation[78]. Il ne serait pas exagéré de dire que ce recentrement du discours historien sur le territoire du Québec, son détachement de la mémoire canadienne-française et l'oubli des minorités françaises qui s'en est suivi ont été autant de motifs à l'origine du projet historiographique de Gaétan Gervais en Ontario français. L'histoire à écrire en est venue, en quelque sorte, à se lier au projet d'une histoire à faire et d'une conscience historique à ressaisir. Dans le compte rendu d'un ouvrage publié en 1975 sur la situation de la recherche sur la vie française en Ontario, Gaétan Gervais met en relief cette réalité en soulignant la carence d'études historiques sérieuses sur l'Ontario français et en écorchant au passage le laxisme des universités bilingues de la province :

> Souvent dissimulée comme une chose presque honteuse, la vie franco-ontarienne sort peu à peu de l'ombre. [...] ce qui frappe le lecteur du livre, c'est à quel point le bilan des recherches est maigre : partout, on aligne des questions pour lesquelles, souvent, il n'existe pas même d'éléments de réponse. Cette faiblesse de la documentation et la carence des recherches expliquent sans doute l'absence de débats de fond : il n'existe pas d'interprétation générale susceptible de susciter des discussions sur l'ensemble de la vie franco-ontarienne. En ajoutant que nous pouvons compter sur les doigts d'une main les véritables spécialistes de l'Ontario français,

---

77. François Charbonneau et Martin Nadeau, « Introduction », dans François Charbonneau et Martin Nadeau (dir.), *L'histoire à l'épreuve de la diversité culturelle*, Bruxelles, Les Éditions Peter Lang, 2008, p. 15.
78. Michel Bock, *Quand la nation débordait les frontières : les minorités françaises dans la pensée de Lionel Groulx*, Montréal, Hurtubise HMH, 2004, p. 31.

on comprend le peu d'avancement obtenu jusqu'à ce jour: les deux universités «bilingues» de l'Ontario commencent à peine à s'intéresser à ces questions, et elles doivent porter une partie de la responsabilité pour la situation actuelle[79].

Par son implication active dans la production de la *Revue de l'Université Laurentienne* et de la *Revue du Nouvel-Ontario* de même qu'au sein de la gestion et du rayonnement de l'Institut franco-ontarien, Gaétan Gervais a fortement contribué à donner un nouveau souffle et de nouvelles assises scientifiques à la recherche historique en milieu franco-ontarien. Cette recherche se veut alors plus analytique, critique et scientifique que l'historiographie traditionnelle et nationaliste de la Société historique du Nouvel-Ontario. Pour Gervais, cette mutation est aussi associée à une prise de parole proprement franco-ontarienne et s'insère dans le mouvement d'affirmation identitaire, initialement associé aux milieux artistiques et littéraires. L'émergence d'une historiographie proprement franco-ontarienne marque plus largement, à ses yeux, une inscription de la culture du groupe dans l'espace public, ne limitant plus sa présence aux lieux immatériels et invisibles du discours et des représentations:

> Pour moi, un des grands bienfaits de l'Institut franco-ontarien […] c'est d'amener la question franco-ontarienne sur la place publique, et donc de la sortir encore un peu plus de la marginalisation ou de l'oubli ou de l'indifférence. À cause de l'IFO, plus possible de nous ignorer ou de dire que nous sommes sans intérêt. Toutes les activités de l'IFO vont dans le sens de l'affirmation publique d'une communauté en évolution et en redéfinition d'elle-même[80].

La carence évidente des recherches sur le passé des francophones en Ontario incite Gervais à développer divers outils à caractère documentaire pour aider les chercheurs potentiels. Ainsi, au début des années 1980, il entame une collaboration de dix ans avec Ashley Thompson et Gwenda Hallsworth pour la publication de huit ouvrages bibliographiques pour

---

79. Gaétan Gervais, «*Actes du colloque sur la situation de la recherche sur la vie française en Ontario, tenu à l'Université d'Ottawa les 28 et 29 novembre 1974* (recension)», *Revue d'histoire de l'Amérique française*, vol. 30, n° 1 (juin 1976), p. 110-111.

80. Cité dans Arsenault, *Gaétan Gervais: le «gardien du dépôt»*, p. 64.

le compte de l'Ontario Historical Society ainsi que pour la Société historique du Nouvel-Ontario[81]. Ces bibliographies d'histoire ontarienne fournissent un précieux matériau pour stimuler le développement de la recherche et d'un enseignement spécialisé en histoire franco-ontarienne. Dans le même esprit, Gervais publie avec Fernand Dorais, en 1984, une *Liste des bibliographies pour l'étude de l'Ontario français*[82], projet qu'il poursuivra seul en 2001 avec la constitution d'une bibliographie des études franco-ontariennes publiées au cours des années 1990[83]. En 1978, Gervais se joint à Serge Dignard pour lancer un ambitieux projet d'histoire orale sur le Nouvel-Ontario[84] de même qu'un dictionnaire biographique des personnalités de la région sudburoise à l'été 1979. Toujours au chapitre des ressources documentaires, Gervais publie un petit document historique sur la toponymie française de l'Ontario d'après les cartes

---

81. Gaétan Gervais et Ashley Thompson, *Bibliographie annuelle d'histoire ontarienne 1980 = Annual Bibliography of Ontario History 1980*, Sudbury, Société historique de l'Ontario, 1981, 87 p. ; Gaétan Gervais et Ashley Thompson, *Bibliographie annuelle d'histoire ontarienne 1981 = Annual Bibliography of Ontario History 1981*, Sudbury, Société historique de l'Ontario, 1982, 89 p. ; Gaétan Gervais et Ashley Thompson, *Bibliographie annuelle d'histoire ontarienne 1982 = Annual Bibliography of Ontario History 1982*, Sudbury, Société historique de l'Ontario, 1984, 107 p. ; Gaétan Gervais et Ashley Thompson, *Bibliographie annuelle d'histoire ontarienne 1984 = Annual Bibliography of Ontario History 1984*, Sudbury, Société historique de l'Ontario, 1985, 168 p. ; Gaétan Gervais et Ashley Thompson, *Bibliographie annuelle d'histoire ontarienne 1985 = Annual Bibliography of Ontario History 1985*, Sudbury, Société historique de l'Ontario, 1985, 172 p. ; Gaétan Gervais, Ashley Thompson et Gwenda Hallsworth, *Bibliographie d'histoire du nord-est de l'Ontario = Bibliography of History of North Eastern Ontario*, Sudbury, Société historique du Nouvel-Ontario, coll. « Documents historiques », n° 83, 1985, 112 p. ; Gaétan Gervais, Ashley Thompson et Gwenda Hallsworth, *Bibliographie annuelle d'histoire ontarienne 1986 = Annual Bibliography of Ontario History 1986*, Sudbury, Société historique de l'Ontario, 1986, 119 p. ; Gaétan Gervais, Ashley Thompson et Gwenda Hallsworth, *Bibliographie annuelle d'histoire ontarienne = Annual Bibliography of Ontario History 1976-1986*, Toronto, Oxford, Dundurn Press, 1989, 605 p.

82. Gaétan Gervais et Fernand Dorais, *Liste des bibliographies pour l'étude de l'Ontario français*, Sudbury, Université Laurentienne, 1984, 48 p.

83. Gaétan Gervais, « Les études franco-ontariennes : bibliographie (1990-2000) », *Revue du Nouvel-Ontario*, n° 25, 2001, p. 99-183.

84. Gaétan Gervais et Serge Dignard, « Le projet d'histoire orale de l'Institut franco-ontarien », *Journal of Canadian Oral History Association = Journal de la Société canadienne d'histoire orale*, vol. 5 n° 1 (1981-1982), p. 45-57.

anciennes (1985), un guide de rédaction en histoire locale (1995) de même qu'un imposant dictionnaire sur les écrits de l'Ontario français (2010).

Dans un article paru en 1977 et intitulé « Les sources de l'histoire des Franco-Ontariens du Nouvel-Ontario », Gervais propose un bref tour d'horizon des quelques dépôts d'archives existants susceptibles d'encourager des chercheurs à entreprendre de nouvelles études sur l'histoire des Franco-Ontariens. Il y discute du lien crucial qu'il perçoit entre l'avancement des connaissances historiques sur l'Ontario français et la question du renforcement de ses assises identitaires comme collectivité distincte:

> Parler des sources, des archives ou des instruments de recherche disponibles pour étudier les Franco-Ontariens du nord-est de l'Ontario, c'est-à-dire du Nouvel-Ontario, c'est un peu poser la question de l'identité culturelle de cette communauté et des éléments qui la définissent. Conservées le plus souvent par les institutions qui encadrent la vie franco-ontarienne, les archives sont un reflet des secteurs où les Franco-Ontariens ont été le plus actifs: d'où cette relation évidente entre le type d'archives conservées et la définition culturelle des Franco-Ontariens. On ne s'étonnera pas, par conséquent, de constater l'importance, je dirais presque l'hypertrophie, des secteurs de l'éducation et de la religion, ces deux pôles traditionnels de la francophonie ontarienne qui nous rappellent en même temps l'atrophie des autres secteurs[85].

L'historien sudburois établit ici un rapport entre le développement de la recherche historique sur l'Ontario français et la construction d'un sentiment d'identité proprement franco-ontarien. Son propos laisse filtrer l'esquisse d'un projet historiographique qui atteste un mariage entre une nouvelle ambition scientifique – celle de la recherche sur des dimensions inédites de l'histoire franco-ontarienne – et la quête d'un sentiment historique renouvelé. C'est en ce sens qu'il faut voir dans les travaux d'histoire de Gervais une intention non seulement de développer la connaissance historique à proprement parler, mais aussi d'insuffler à sa

---

85. Gaétan Gervais, « Les sources de l'histoire des Franco-Ontariens du Nouvel-Ontario », dans Gérald Thomas *et al.* (dir.), *Actes du colloque sur les archives et recherches régionales au Canada français tenu à l'Université d'Ottawa les 17 et 18 février 1977*, Ottawa, Centre de recherche en civilisation canadienne-française et ACFAS, 1977, p. 99.

encore l'idée (non-nommée) d'appartenance...

communauté d'appartenance un «sentiment d'historicité», c'est-à-dire
la capacité de faire sa propre histoire et de s'en représenter l'origine et
le mouvement dans le temps[86]. Il serait donc insuffisant de dire de la
production historiographique de Gervais portant sur l'Ontario français
qu'elle a pour unique fonction de restituer les faits et gestes du passé. Elle
est aussi productrice de sens dans un contexte d'incertitude et d'indéter-
mination identitaires.

À maints égards, le positionnement de Gaétan Gervais dans le champ
historiographique ontarien à compter des années 1970 est représentatif d'une orientation nouvelle dans l'historiographie franco-ontarienne.
On dénote, d'abord, le désir de faire connaître l'histoire d'une collectivité située dans le temps et l'espace à partir de nouvelles sources et de
ressources documentaires plus riches. Il s'agit aussi de combler certaines
insuffisances en s'attardant à d'autres facettes du passé, que ce soit l'histoire des populations franco-ontariennes, leurs origines géographiques,
les caractéristiques de leur colonisation, la nature des institutions qu'elles
ont développées, etc. Ces insuffisances sont également illustrées par la
rareté des grandes synthèses historiques sur l'Ontario français, un projet
auquel se consacreront Gaétan Gervais et Michel Bock et qui aboutira
à la publication, en 2004, d'un manuel scolaire sur l'Ontario français.
Ainsi, la recherche historique sur la collectivité franco-ontarienne qui se
met en branle durant les années 1970 participe de l'émergence d'une
nouvelle référence identitaire qui, pour l'historien sudburois, procède
d'une dynamique d'enracinement.

La mise sur pied des premiers cours d'histoire de l'Ontario français et d'histoire régionale du Nouvel-Ontario

C'est aussi pendant ces années d'effervescence sur le plan scientifique que
les universités bilingues de la province commencent à accorder une place
aux études franco-ontariennes dans leurs programmes, d'abord en littérature et en histoire par la suite. D'après les annuaires consultés, l'Université d'Ottawa est la première institution postsecondaire en Ontario
à donner un cours sur l'histoire de l'Ontario français. En 1974-1975,

---

86. Jean-Paul Hautecoeur, *L'Acadie du discours : pour une sociologie de la culture acadienne*, Québec, Les Presses de l'Université Laval, 1975, p. 101.

le Département d'histoire, alors sous la direction de Jacques Monet, propose un nouveau cours intitulé «L'histoire des Franco-Ontariens», donné par Robert Choquette, qui examine la constitution du groupe franco-ontarien, son identité de même que les conflits qui l'opposèrent à la majorité anglo-protestante et aux catholiques anglophones[87]. Du côté de l'Université Laurentienne, il faudra attendre l'année scolaire 1978-1979 pour que soient offerts ces cours. Cette année-là, Gaétan Gervais dépose sa thèse de doctorat et devient professeur adjoint. Dès son entrée en fonction comme chargé de cours, il développe et donne un cours sur l'histoire des entreprises au Canada. Il est également affecté à l'enseignement d'un cours d'histoire de l'Ontario[88]. L'histoire de la francophonie ontarienne ayant été jusque-là peu présente dans les programmes de l'Université Laurentienne, Gervais s'attache à mettre sur pied et à donner les premiers cours d'histoire franco-ontarienne dans cette institution. La série est inaugurée par un cours interdisciplinaire de 3e année faisant intervenir l'histoire, la science politique et la sociologie. L'annuaire nous indique que le cours visait à effectuer un examen pluridimensionnel du passé franco-ontarien, non plus limité seulement à la sphère religieuse ou à la question scolaire:

> [...] la population franco-ontarienne dans le temps et dans l'espace. L'histoire du groupe. L'éducation et les luttes scolaires. La question linguistique. La sociologie de la religion. La situation économique. Les groupes sociopolitiques organisés. Les élites traditionnelles et les nouvelles élites. La vie politique. Le folklore franco-ontarien. Les idéologies et le devenir des Franco-Ontariens[89].

La création de ce cours survient à un moment où la composante française du programme d'histoire connaît des années plutôt difficiles. En effet, le choix de cours est plutôt limité pour les étudiants francophones de premier cycle, alors que le programme de maîtrise en français est à peine viable puisqu'il souffre d'une carence en personnel de langue française. En 1977, le Comité du budget de l'Université Laurentienne propose même que soit éliminé le troisième poste de professeur francophone

---

87. Archives de l'Université d'Ottawa, *Annuaire officiel de l'Université d'Ottawa*, 1974-1975.
88. Arsenault, *Gaétan Gervais: le «gardien du dépôt»*, p. 36.
89. AUL, *Annuaire officiel de l'Université Laurentienne*, 1978-1979.

au Département, proposition à laquelle ce dernier s'oppose à la suite de la vive recommandation de Gervais[90].

La même année, le Département accepte que soit inclus dans son programme un cours de 3ᵉ année en français sur l'histoire du Nouvel-Ontario[91]. Ce nouveau cours, qui n'apparaît toutefois dans les annuaires qu'à compter de 1985, est proposé par Gervais lui-même et se veut une introduction à l'histoire du nord-est de l'Ontario depuis l'époque des premiers occupants jusqu'à l'époque moderne[92]. Dans l'un des documents qu'il dépose au Département d'histoire, Gervais propose non seulement la création de ce cours d'histoire régionale, mais il insiste aussi sur son importance, en soulignant qu'il relève de la responsabilité sociale de l'institution :

> Le plus étonnant, c'est qu'après vingt années d'existence, il n'existe pas encore de cours d'histoire régionale dans une université qui prétend posséder une vocation régionale, et qui, de surcroît, est la seule institution universitaire habilitée à dispenser un tel enseignement. Il n'est pas nécessaire de rappeler ici comment, durant ces années, des professeurs en mal des grandes institutions de haut savoir, cachaient leur mépris pour la région du Nord en repoussant tout ce qui, à leurs yeux, s'inspirait d'un esprit de clocher, d'une étroitesse de vue, de préoccupations locales. Il est nécessaire d'enseigner l'histoire de la région, et c'est au département d'histoire qu'il revient de s'en acquitter. Personne ne prétendra jamais pouvoir enseigner cette histoire dans le vide, et il est bien entendu que tous les développements de cette région, depuis l'arrivée des missionnaires et des coureurs de bois jusqu'à l'implantation des services gouvernementaux, tout devra s'insérer dans un cadre ontarien et nord-américain. Vis-à-vis la région, l'université est responsable d'enseigner l'histoire du Nouvel-Ontario[93].

Ces propos traduisent bien les liens étroits que Gervais entrevoit entre la production des connaissances dans une université et le milieu dans

---

90. « Minutes of the History Department Meeting, Tuesday, 20 July 1976, in Room A-254 at 10:45 am », AUL, Fonds History Department, F70, boîte 1, dossier « Departmental minutes 1966-1978 ».

91. *Ibid.*

92. « Proposition d'un nouveau cours en histoire et en histoire régionale du Nouvel-Ontario », [s. d.], AUL, Fonds History Department, F70, boîte 2, dossier « Departmental minutes 1966-1978 ».

93. *Ibid.*

lequel elle s'inscrit. Mais plus encore, cet extrait nous renvoie à l'une des raisons profondes de son engagement universitaire, tourné vers le désir de donner à son milieu d'origine et à celui de ses ancêtres une légitimité à la fois culturelle et scientifique. Cette ambition consiste à dire, en quelque sorte, qu'il y aurait une dimension universaliste contenue dans la particularité de l'objet franco-ontarien et de l'objet nord-ontarien. Autrement dit, l'Ontario français peut être envisagé comme un fait social *en soi*, rassemblant toute une série de questionnements à partir desquels il devient possible de formuler une interrogation plus large sur l'espace social ontarien et nord-américain.

℘ ℆

Lors de ses premières années de professorat à la Laurentienne, Gaétan Gervais a émis des réflexions et posé des gestes dont quelques-uns des plus significatifs prennent tout leur sens dans le contexte socioculturel, intellectuel et politique de l'Ontario français des années 1970 de même que dans les remises en question identitaires qui y sont associées. Ses actions montrent, par ailleurs, que son influence allait, déjà à l'époque, au-delà du milieu universitaire pour rejoindre la société franco-ontarienne dans son ensemble. S'il faut voir dans des initiatives comme la création du drapeau franco-ontarien ou la fondation de l'Institut franco-ontarien des éléments qui contribuent à structurer un espace référentiel franco-ontarien, elles apparaissent aussi comme les fondements d'une œuvre future. Considéré dans son ensemble, le parcours de Gervais durant les années 1970 repose sur une dynamique de l'enracinement dans l'espace nord-ontarien, dans ses tensions, ses problématiques et ses particularités. Le lien profond qui rattache Gaétan Gervais à son milieu d'origine est un facteur essentiel pour comprendre l'évolution de sa pensée et de sa carrière. Ainsi, s'il est d'abord un historien de l'économie, formé aux méthodes de l'histoire des années 1960, il choisit peu à peu de se consacrer à l'histoire franco-ontarienne, en partie parce qu'il fait l'expérience de ses insuffisances et de sa précarité. Son œuvre écrite, qu'il commence à ébaucher au cours des années 1980 et que nous explorerons plus en détail au prochain chapitre, ne peut être abordée sans référence au contexte particulier qui l'a vue naître, c'est-à-dire celui d'une collectivité cherchant à se donner un horizon de sens, à se situer dans l'histoire et à développer son propre réseau d'institutions. C'est également dans ce processus d'évolution qu'il faut considérer le rôle primordial joué par Gaétan Gervais dans l'aménagement d'un espace d'encadrement, de concertation, de production et de reconnaissance spécifique à l'histoire des Franco-Ontariens. En contribuant à la création d'institutions et au développement de programmes spécialisés dans ce domaine d'étude, il a concouru à l'autonomisation d'un champ historiographique ancré dans la réalité de sa collectivité et, ce faisant, a été partie prenante d'un mouvement d'affirmation d'une référence identitaire propre à l'Ontario français.

Chapitre 3

Penser et dire la spécificité franco-ontarienne : trois positionnements

*L*ES DIFFÉRENTS LIEUX et modalités d'enracinement de la pensée de Gaétan Gervais font mieux comprendre le sens de son engagement, à la fois comme historien et comme intellectuel, dans son milieu. Nos précédentes analyses ont également permis de voir comment certaines de ses initiatives communautaires et savantes qui se sont concrétisées au cours des années 1970 s'inséraient dans une dynamique de transformations référentielles, à l'intérieur de laquelle se sont opposées diverses conceptions de l'identité franco-ontarienne. On ne peut cependant limiter notre analyse à ces dimensions de son itinéraire puisque c'est aussi à travers son œuvre écrite que Gaétan Gervais a pu communiquer sa conception du passé et de l'avenir de l'Ontario français.

À la fin des années 1970, Gervais est surtout connu comme un historien de l'économie, s'intéressant tout particulièrement au commerce de détail au Canada, à l'histoire entrepreneuriale de même qu'à l'expansion du réseau ferroviaire canadien. La réserve que lui impose la poursuite de sa thèse doctorale le rend plutôt absent des publications émergentes sur l'Ontario français et limite ses contributions à la rédaction de quelques recensions critiques, notices biographiques et comptes rendus bibliographiques. C'est à partir du tournant des années 1980, à la suite du dépôt de sa thèse, qu'il oriente définitivement sa carrière vers l'histoire franco-ontarienne, et principalement au cours des années 1990 et 2000, lorsqu'il fera de la recherche sa priorité, qu'il donnera sa pleine mesure comme historien.

La discipline scientifique n'étant jamais en totale autonomie par rapport au milieu dans lequel elle évolue, la réorientation professionnelle de Gaétan Gervais vers l'histoire franco-ontarienne nécessite quelques analyses supplémentaires de notre part. On peut l'expliquer par sa volonté de donner une légitimité nouvelle à ce champ d'études et, par extension, aux programmes d'enseignement universitaire en français, dont il avait eu l'occasion de mesurer la précarité et les insuffisances durant ses premières années comme professeur. Cette réorientation est aussi liée, nous semble-t-il, à la conjoncture politico-juridique plus large du tournant des années 1980. À l'idée d'un Canada binational, commençait alors à s'opposer celle d'une dualité Québec-Canada, posant le Québec, alors engagé dans sa première démarche référendaire, comme foyer unique du Canada français. Au palier fédéral, une autre vision du pays commençait à s'imposer progressivement pour se voir finalement consacrée dans le nouveau régime constitutionnel de 1982. On le sait, le Canada de Pierre Elliott Trudeau se fondait non pas sur le principe historique de la binationalité, mais plutôt dans l'horizon utopique d'un pancanadianisme libéral et multiculturaliste, dressé contre la consolidation de toute collectivité nationale soutenue par un particularisme historique. Cette redéfinition de l'identité canadienne venait porter un nouveau coup dur à la vieille référence nationale canadienne-française, qui devenait, du même coup, la figure repoussoir d'un nouveau projet national canadien. Il va sans dire que les fondements mémoriels des francophonies minoritaires s'en trouvèrent de nouveau fortement ébranlés – certains allant même jusqu'à poser l'hypothèse d'une rupture symbolique plus forte que celle consacrée par les États généraux de 1969[1]. En témoigne, d'ailleurs, le profond désarroi qu'exprimeront, aux côtés du Québec, les associations représentatives de l'Ontario français et de la francophonie canadienne au lendemain du rapatriement de la Constitution de 1982. Ces dernières, on l'oublie souvent, auraient en effet souhaité que la nouvelle Constitution reconnaisse formellement le principe de la dualité nationale ou des « peuples fondateurs », qui garantissait à leurs revendications une certaine légitimité historique et politique[2].

---

1. Voir, à ce sujet, Michel Bock, « La Fédération des francophones hors Québec devant le gouvernement québécois (1976-1991) : groupe de pression ou compagnon d'armes ? », dans Stéphane Savard et Jérôme Boivin (dir.), *De la représentation à la manifestation : groupes de pression et enjeux politiques au Québec, XIXe et XXe siècles*, Québec, Éditions du Septentrion, 2014, p. 234-274.
2. Voir, à ce sujet, Christiane Rabier, « Les Franco-Ontariens et la Constitution », *Revue du Nouvel-Ontario*, n° 5 (1983), p. 37-49 ; Serge Dupuis, « On prévoyait

On peut ainsi interpréter l'entrée de Gaétan Gervais dans le champ des études franco-ontariennes comme une réponse à cette exigence contextuelle qui, conjuguée au recentrement progressif du discours historien sur l'espace social québécois, visait à redonner une existence cohérente et formelle à l'objet franco-ontarien et à rappeler la singularité culturelle et politique de son expérience historique. C'est ainsi que l'historien sudburois est amené à se consacrer au développement d'une histoire scientifique de l'Ontario français conçue, comme nous le verrons, dans une optique essentiellement nationale. De ce point de vue, il s'imposera comme celui qui, par l'histoire, cherche à rappeler les « constantes » qui ont pris naissance dans le passé canadien-français et qui forment la charpente originelle de l'Ontario français d'aujourd'hui.

Aussi, la pratique historienne de Gaétan Gervais est-elle appelée à s'intéresser aux questionnements de la collectivité franco-ontarienne dans son rapport à elle-même. L'étudier plus en profondeur autorise la rencontre entre l'individu, dans sa particularité, et le contexte politico-intellectuel canadien plus large, travaillé notamment par les grands débats constitutionnels, un climat d'austérité budgétaire, la montée de l'individualisme et la judiciarisation croissante de la question linguistique. L'importance de ces enjeux au lendemain du premier référendum sur la souveraineté du Québec nous semble d'ailleurs expliquer, en partie, pourquoi Gervais délaisse progressivement la question économique au cours des années 1980. Il suivait en cela la réorientation du mandat de l'ACFO, qui prenait à la fois conscience de l'importance de la réforme constitutionnelle de Pierre Trudeau et de son impuissance relative à fédérer la sphère économique franco-ontarienne en raison, notamment, des tensions régionales qui existaient à l'intérieur du réseau des caisses populaires[3].

C'est dans cette perspective que nous nous attacherons, au cours des prochaines pages, à analyser les principales caractéristiques du discours historien de Gaétan Gervais et à comprendre comment se présente chez lui la spécificité franco-ontarienne. Il s'agira, plus exactement, de répondre à la question suivante : qu'est-ce que l'Ontario français pour

le déluge ! La résistance franco-ontarienne au rapatriement de la Constitution canadienne : 1977-1982 », *Revue du Nouvel-Ontario*, n° 33 (2008), p. 7-39.

3. Michel Bock, « Une association nouvelle pour une ère nouvelle : l'Association canadienne-française de l'Ontario (1969 à 1982) », dans Michel Bock *et al.*, *Histoire de l'ACFEO-ACFO-AFO*. (À paraître.)

Gaétan Gervais et à partir de quel point de vue réfléchit-il sur son objet d'étude? Nous nous proposons d'examiner trois positionnements qui, ensemble, forment la charpente de son œuvre : 1) son positionnement *épistémologique*, c'est-à-dire sa conception de l'histoire et le rapport qu'il en vient à instituer avec son objet d'étude ; 2) son positionnement *idéologique*, composé des facettes dominantes de sa pensée ; 3) son positionnement *historiographique*, c'est-à-dire sa situation dans le paysage historiographique canadien-français et franco-ontarien, ainsi que les thématiques privilégiées dans sa production savante.

Positionnement épistémologique : réfléchir « à partir » de l'Ontario français

Selon Françoise Demaizière et Jean-Paul Narcy-Combes, l'épistémologie renvoie à l'ensemble des méthodes et des démarches de la pensée qui relèvent du domaine scientifique. Elle appelle une « réflexion sur la construction et la gestion du savoir dans un domaine donné et dans son rapport avec les autres domaines de la réflexion scientifique[4] ». Tout travail de recherche implique une pratique réflexive particulière, elle-même fortement influencée par le lieu d'appartenance du chercheur. Cette pratique réflexive se définit par la manière dont celui-ci se saisit du réel et par le choix d'une méthodologie de recherche. Ainsi, pour rendre compte de la manière dont Gaétan Gervais conçoit l'Ontario français, il importe, dans un premier temps, de bien cerner son positionnement épistémologique en tant que chercheur. Pour ce faire, nous nous proposons, tout d'abord, d'examiner sa conception de l'histoire. Cet examen nous éclairera sur le rapport singulier qui lie l'historien sudburois à son objet d'étude. Finalement, puisqu'il s'agit d'examiner un « positionnement », nous situerons ce dernier par rapport aux autres voies théoriques qui s'affirment au même moment dans le domaine scientifique des années 1980.

Sur la définition de l'histoire chez Gaétan Gervais, il nous semble que cette dernière repose sur deux propositions complémentaires : 1) l'histoire comme agent d'une mémoire collective ; 2) l'histoire comme vecteur

---

4. Françoise Demaizière et Jean-Paul Narcy-Combes, « Du positionnement épistémologique aux données de terrain », *Les Cahiers de l'Acedle*, n° 4 (2007), p. 4.

d'une référence identitaire. Cette double déclinaison s'appuie elle-même sur une conviction centrale chez lui selon laquelle il existerait une dimension *spécifique* à l'expérience historique franco-ontarienne qui se doit d'être restituée et mise en valeur. Pour ce faire, l'historien sudburois pose son objet d'étude comme une entité autosuffisante et non comme une composante, parmi tant d'autres, de la société canadienne. Comme nous le verrons, ces postulats épistémologiques ne font pas l'économie d'un souci de vérité historique, qui demeure un principe au cœur de ses préoccupations.

Dans un premier temps, on peut relever à plusieurs endroits dans ses écrits une association entre l'histoire et la mémoire, quoique la distinction entre les deux concepts ne soit jamais vraiment explicitée. Les deux notions sont effectivement envisagées dans une relation plutôt étroite, l'une alimentant l'autre: «Comme la mémoire, l'histoire est un dialogue permanent du présent avec le passé. Elle exprime, à un moment donné, l'ordre que la raison introduit dans la masse des faits historiques[5].» Ce dialogue opère néanmoins dans un sens précis, puisque c'est à l'histoire que revient la tâche de construire et d'ordonner de manière cohérente la mémoire collective. En entrevue avec François-Xavier Chamberland en 1999, Gervais dit:

> Je compare toujours une communauté à une personne. La grande tragédie qui peut arriver à une personne, c'est la maladie d'Alzheimer, parce que c'est la perte de la mémoire. Et quand on perd la mémoire, on perd sa personnalité. Et c'est la même chose pour une communauté. Une communauté qui n'a pas de mémoire ne peut pas exister. Alors si on parle de l'Ontario français, il est extrêmement important qu'il connaisse d'où il vient, qu'il connaisse ses origines donc, qu'il possède sa mémoire. Et l'histoire, c'est ça que ça apporte à une communauté: de savoir d'où on vient, comment on en est venu au point où on en est [...][6].

---

5. Gaétan Gervais, «L'historiographie franco-ontarienne: à l'image de l'Ontario français», dans Jacques Cotnam, Yves Frenette et Agnès Whitfield (dir.), *La francophonie ontarienne: bilan et perspectives de recherche*, Ottawa, Le Nordir, 1995, p. 123.

6. «Gaétan Gervais», dans F.-X. Chamberland, *L'Ontario se raconte: de A à X: entrevues radiophoniques*, Toronto, Éditions du GREF, 1999, p. 304-305.

Ce rapprochement entre le destin d'une personne et celui de la collectivité franco-ontarienne revient à quelques reprises dans les écrits de Gervais. Il rappelle le modèle conceptuel «organiciste» que l'on retrouve dans l'édifice intellectuel du nationalisme traditionnel canadien-français au XXᵉ siècle, en particulier chez Lionel Groulx, qui concevait la nation et la société comme des entités vivantes, des «corps» formés de «membres». Cette vision «intégrée» du social procédait chez Groulx d'une correspondance, inspirée de la théologie paulinienne, entre le corps humain et le corps mystique du Christ, grâce à laquelle pouvaient être réconciliées les sphères temporelle (la nationalité) et spirituelle (la Providence)[7]. Sur le plan politique, l'organicisme suppose, selon Frédéric Boily, «que les sociétés sont des entités dotées d'une volonté qui leur est propre et qui poursuivent aussi leurs propres objectifs». Contrairement au libéralisme, elle considère les diverses sociétés comme des «totalités sociales organiques, ces "touts" étant plus importants que les individus qui les composent[8]». Bien sûr, Gervais ne se réclame pas explicitement de cette posture intellectuelle, mais il semble que sa pensée n'ait pas totalement rompu avec cet aspect du traditionalisme canadien-français.

Revenons à la mémoire et à l'histoire. L'articulation entre ces deux notions, dont nous disions qu'elle caractérise la pratique historienne de Gervais, a fait l'objet d'un important débat dans la littérature scientifique. Un historien comme Pierre Nora estime, par exemple, que ces deux notions sont à dissocier, la mémoire relevant du mythe et l'histoire, d'une émancipation par rapport à celui-ci[9]. D'autres, comme Paul Ricœur et Joseph Yvon Thériault, sont plutôt portés à nuancer cette thèse, voire à postuler la perméabilité de la frontière entre les deux concepts[10]. Dans le cas de Gaétan Gervais, l'association entre mémoire et histoire semble aller

---

7. Patrick Dionne, «Éclaircissements sur les prétendues mauvaises fréquentations littéraires de Lionel Groulx: le cas de Charles Maurras et de l'Action française de Paris», *Études d'histoire religieuse*, n° 74 (2008), p. 23.

8. Frédéric Boily, «Lionel Groulx et l'esprit du libéralisme», *Recherches sociographiques*, vol. 45, n° 2 (mai-août 2004), p. 242.

9. Voir, entre autres, Pierre Nora, «Pierre Nora et le métier d'historien: "La France malade de sa mémoire"», propos recueillis par Jacques Buob et Alain Frachon, *Le Monde 2*, n° 105, 18 février 2006.

10. Pour de plus amples détails sur ce débat, se référer, notamment, à Jacques Le Goff, *Histoire et mémoire*, Paris, Gallimard, 1988; Paul Ricœur, *La mémoire, l'histoire, l'oubli*, Paris, Éditions du Seuil, 2003; Joseph Yvon Thériault, *Critique*

de soi ; elle cadre avec sa conception engagée du savoir. À propos de l'Institut franco-ontarien (IFO), il écrit : « Quant à l'Institut franco-ontarien, il avoue son parti pris en faveur de l'Ontario français. Le savoir qu'il veut encourager doit rester honnête, même s'il devient engagé, comme le sont tous les savoirs[11] ». Selon Michel Bock, ce commentaire concernant l'Institut

> [...] aurait pu s'appliquer à Gaétan Gervais lui-même. Le savoir que génère ce dernier depuis plus de trente-cinq ans, tout en étant scientifique – ou « honnête » –, n'en est pas moins « engagé », en ce sens qu'il contribue puissamment à construire la « société » franco-ontarienne en tâchant d'en rappeler les « raisons communes »[12].

Autrement dit, le savoir, tel qu'il se déploie dans la perspective épistémologique de Gervais, n'est pas qu'une méthode qui propose un accès direct à la Raison universelle. Il se révèle plutôt indissociable de son enracinement singulier avec lequel il est en perpétuelle médiation. C'est par cette condition qu'il accède d'ailleurs à une part d'universalité. La vérité de l'histoire, dont on aime, à tort, faire de l'objectivité l'ultime critère, serait plutôt ici accessible à partir d'une subjectivité de l'appartenance, d'une fidélité première à l'objet.

Ainsi, de la mise en dialogue de l'histoire avec la mémoire, découlerait la possibilité de restituer la « personnalité » collective de l'Ontario français, de lui offrir en héritage la conscience d'une expérience historique singulière. « Si on n'enseigne pas l'histoire, affirme Gervais, l'étudiant ne développera pas le souci du contexte et de la relativité des vérités dites universelles. Il ne possédera pas le sentiment d'appartenir à une communauté spécifique. [...] Car, sans histoire, nous n'héritons de rien[13]. » En souhaitant montrer la spécificité franco-ontarienne par l'histoire, Gervais

---

de l'américanité : mémoire et démocratie au Québec, Montréal, Éditions Québec Amérique, 2005.

11. Cité dans Michel Bock, « Gaétan Gervais, l'Université Laurentienne et l'Ontario français : l'engagement d'un intellectuel historien », conférence d'ouverture du colloque *L'Université Laurentienne : berceau de la culture et de l'identité franco-ontarienne*, 25 mars 2010. (Inédit.)

12. *Ibid.*

13. Gaétan Gervais, « Liminaire : l'enseignement de l'histoire au Canada français », *Éducation et francophonie*, vol. 19, n° 2 (août 1991), p. 2.

cherche indirectement à fonder un sentiment d'identification à celle-ci. La méthode indique une certaine intention politique qui consiste à *justifier* le droit d'existence et de permanence de cette collectivité en tant que « minorité nationale » dans l'ensemble canadien. Intention politique aussi du fait, dirons-nous, qu'il y a en creux de cette conception de l'histoire une visée prospective, où le présent de la condition franco-ontarienne devient un référent important à partir duquel peut être interprété le passé[14].

Dans un second temps, si l'histoire œuvre pour la construction d'une mémoire collective, elle tient un rôle tout aussi important dans la définition de l'identité culturelle d'un groupe donné. Pour Gaétan Gervais, en injectant du sens dans les événements, l'historien établit un certain rapport au passé et propose une construction identitaire. Dans un texte publié dans le premier numéro des *Cahiers Charlevoix* (1996), il écrit :

> Que les historiens contribuent aux définitions identitaires, c'est une pratique qui se retrouve chez presque tous les peuples [...]. L'identité d'une communauté se fonde sur une certaine mémoire de son passé, sur une certaine compréhension de son expérience historique. Ainsi, il existe un lien entre l'histoire, tel que l'interprètent les chefs du groupe auquel on s'identifie, et l'identité qu'on veut mettre de l'avant. L'expérience historique résulte d'événements réels, mais le souvenir qu'on en garde se prête à bien des interprétations. La part du subjectif est donc importante dans la définition d'une identité, les faits et les événements passés étant sans cesse réinterprétés par les communautés[15].

On comprendra qu'en filigrane, c'est toute la question du rapport du chercheur en milieu minoritaire à la construction de son objet d'étude

---

14. Cette introduction du présentisme dans le rapport à l'histoire se vérifie également dans l'œuvre de Léon Thériault, l'une des figures phares du néonationalisme acadien des années 1970 et 1980 et dont les rapprochements avec Gervais, notamment en ce qui a trait au rapport à l'héritage traditionaliste, gagneraient à être approfondis dans le cadre d'une étude comparative. Sur l'historiographie de Thériault et l'évolution de son rapport à l'histoire, on consultera avec profit Julien Massicotte, « Du sens de l'histoire : les historiens acadiens et leur représentation de l'histoire, 1950-2000 », dans Patrick D. Clarke (dir.), *Clio en Acadie : réflexions historiques*, Québec, Les Presses de l'Université Laval, 2014, p. 84-85.

15. Gaétan Gervais, « Aux origines de l'identité franco-ontarienne », *Cahiers Charlevoix 1*, Sudbury, Éditions Prise de parole et Société Charlevoix, 1996, p. 154 et 166.

qui est ici posée. Ce rapport atteste une tension entre deux ordres de réalité : celui, pourrait-on dire, de l'*herméneute*, qui commande une mise à distance de l'objet, et celle de l'*appartenance*, qui suppose une responsabilité dans la construction et la préservation de ce même objet. C'est précisément cette tension qui retient l'attention de François Paré, pour qui son travail d'universitaire en milieu minoritaire francophone est fortement nourri, voire conditionné, par sa propre expérience comme professeur de littérature dans le Sud de l'Ontario : « [...] il est impossible d'être *seulement* universitaire au sein de cultures si vulnérables [...]. » En milieu minoritaire, ajoute Paré,

> [...] on ne peut tout simplement pas réfléchir « dans l'universel », dissocier l'enseignement et la vie quotidienne. On ne peut vaquer paisiblement, le jour, à ses occupations universitaires tout en étant confronté, le soir, aux problèmes aigus de la société où on vit. Il faut créer un lien entre les deux mondes[16].

C'est à l'intérieur de ces paramètres que se déploie toute la spécificité de l'activité intellectuelle en milieu minoritaire. Face au destin historique incertain de ses semblables, l'intellectuel (ou encore l'historien) de la petite société pourrait difficilement se soustraire à une part des responsabilités morales qui lui incombent, dont celle de participer à la définition d'un horizon de sens collectif propre à sa communauté d'appartenance.

Le commentaire de Gervais selon lequel « pour une communauté minoritaire comme l'Ontario français, la connaissance de son histoire est un élément important de son identité et de son affirmation politique[17] » fait état d'une exigence similaire ressentie dans sa propre pratique réflexive. On en trouve un autre exemple probant lorsqu'il se penche sur la participation de la délégation franco-ontarienne aux États généraux du Canada français de 1966 à 1969, dans un texte publié dans les *Cahiers Charlevoix*. À la toute fin de son analyse, l'historien laisse place à l'indignation et à une part d'amertume à l'endroit des représentants du Québec qui, à l'époque, décidèrent de se rallier au principe d'autodétermination de la

16. Marcel Olscamp, « Renoncer à l'identitaire : entretien avec François Paré », *Spirale*, n° 174 (septembre-octobre 2000), p. 20 [En ligne], [http://www.unites.uqam.ca/philo/spi_old/spirale174_16.htm] (20 novembre 2015).

17. Gaétan Gervais, « L'enseignement de l'histoire en Ontario français », *Éducation et francophonie*, vol. 19, n° 2 (août 1991), p. 11.

nation québécoise, sans égard aux préoccupations des minorités françaises et, surtout, sans leur donner la place qui leur revient au chapitre
des discussions sur l'avenir du Canada français :

> Aux États généraux, on tenta de museler les minorités, on les
> empêcha de se prononcer sur les dossiers constitutionnels, on leur
> attribua une place de second rang, on les traita avec condescendance
> et paternalisme. Alors que les minorités prétendaient prendre place
> à la grande table, on leur assigna d'étroits strapontins le long des
> murs. Ainsi, leur dignité commandait aux minorités de se retirer.
> C'est la décision que l'ACFÉO finit par adopter après deux années
> d'hésitations. Car les minorités françaises finirent par reconnaître
> que leur rôle de figurant servait de caution morale à des machina-
> tions politiques orientées vers la séparation du Québec[18].

Cet extrait témoigne éloquemment du positionnement réflexif particulier de Gervais, où le savoir se fait, en quelque sorte, « pratique de solidarité[19] » à l'égard de l'expérience vécue par sa communauté d'appartenance.
La manière de saisir le réel passe aussi par une rhétorique et un ton particulier. Soigné et parfois romantique, le style de Gervais épouse souvent
la forme du récit et donne un mouvement, une originalité au travail historique. Il façonne tant la forme que le fond en ce sens qu'il oriente le
raisonnement et dicte l'imbrication des faits. S'y révèle aussi une identification, une fidélité, une complicité et un sentiment d'appartenance à l'objet
d'étude qu'est l'Ontario français. Le lyrisme qui teinte parfois son écriture
de l'histoire confère d'ailleurs à l'historien sudburois une part de singularité
dans le champ scientifique, en cela qu'il se fait l'héritier d'une tradition
historiographique plus traditionnelle, qui conçoit l'histoire à la fois comme
une science et comme un art. C'est peut-être d'ailleurs ce qui explique le

---

18. Publié à l'origine dans Gaétan Gervais, « L'Ontario français et les "États généraux
    du Canada français" (1966-1969) », *Cahiers Charlevoix 3*, Sudbury, Éditions
    Prise de parole et Société Charlevoix, 1998, puis repris dans Gaétan Gervais,
    Des gens de résolution : le passage du « Canada français » à l'« Ontario français »,
    Sudbury, Éditions Prise de parole, 2003, p. 190.
19. L'expression est de Fernand Dumont et est citée par l'historien Jean Hamelin
    dans « L'histoire des historiens : entre la reconstruction d'une mémoire collective
    et la recherche d'une identité », dans Jacques Dagneau et Sylvie Pelletier (dir.),
    Mémoires et histoires dans les sociétés francophones, Québec, Université Laval,
    CELAT, 1992, p. 71.

peu de dialogue qu'il entretient avec ses collègues chercheurs en sciences sociales, dont on peut aisément supposer qu'il s'est toujours difficilement reconnu dans leur approche méthodique et par trop «distanciée». En effet, si les renvois bibliographiques sont souvent complets et abondants dans les travaux de Gervais, rares sont les occasions où il cherche à se positionner explicitement par rapport aux thèses avancées par d'autres auteurs[20].

Plutôt que de s'extraire de sa propre communauté socioculturelle pour faire œuvre de connaissance, l'historien de Sudbury montre que c'est plutôt par la médiation avec sa propre culture, avec son appartenance communautaire et ses référents, qu'il formule ses questionnements et insuffle à sa société une part de vérité historique. Nous oserons ici à nouveau le parallèle avec Fernand Dumont en disant du positionnement épistémologique de Gaétan Gervais qu'il consiste à réfléchir *à partir* d'une culture et non pas seulement sur une culture[21]. Cette posture implique un choix méthodologique que se donne peut-être de manière distinctive le savant en milieu minoritaire, pour qui la «*mémoire* serait au commencement de la *méthode*[22]». L'histoire porte ici à la fois le souvenir des origines,

---

20. On notera deux exceptions notables: la journaliste Sheila McLeod-Arnopoulos (Gaétan Gervais, «La stratégie de développement institutionnel de l'élite canadienne-française de Sudbury ou le triomphe de la continuité», *Revue du Nouvel-Ontario*, n° 5 (1983), p 67-92) et le professeur Arthur Godbout (Gaétan Gervais, «L'école du fort Frontenac (1676): faits et mythes», *Cahiers Charlevoix 7*, Sudbury, Éditions Prise de parole et Société Charlevoix, 2006, p. 13-84).

21. Ces propos de Dumont ont été relayés par ses principaux commentateurs, notamment Serge Cantin et Jean-Philippe Warren. Ils ont été formulés à l'origine par le sociologue de l'Université Laval lors d'une conversation radiophonique avec Gérard Bergeron et rapportés par celui-ci dans «En souvenir du temps de notre jeunesse», dans Simon Langlois et Yves Martin (dir.), *L'horizon de la culture: hommage à Fernand Dumont*, Sainte-Foy, Les Presses de l'Université Laval; Québec, Institut québécois de recherche sur la culture, 1995, p. 531-534.

22. Fernand Dumont, *Le sort de la culture*, Montréal, Éditions de l'Hexagone, 1987, p. 363. (En italique dans le texte.) La comparaison entre les œuvres de Gaétan Gervais et de Fernand Dumont présente plusieurs limites, tant sur le plan qualitatif que sur le plan quantitatif. Le corpus de l'œuvre de Gervais n'est pas de même nature ni de même ampleur que celui de Dumont, dont les travaux ont touché des thèmes aussi variés que la société québécoise, l'Église catholique, la philosophie des sciences humaines, la culture, l'historiographie, l'économie, la pensée sociale, etc. Notre propos se limite plutôt à faire remarquer que les deux hommes occupent une position similaire dans le champ intellectuel de leur société respective.

la responsabilité d'un héritage, la construction et la préservation d'une culture particulière. Chez Gervais, cette approche est sans doute enrichie par l'héritage de sa propre formation classique, dont l'enseignement de l'histoire, moins porté vers l'objectivation des événements et la neutralité du chercheur, visait surtout la conscientisation de l'élève face au destin de son groupe national et la solidarité avec celui-ci.

Du positionnement épistémologique de Gaétan Gervais découle une manière singulière de légitimer l'objet d'étude, qui suppose un rapport d'identification à celui-ci où l'exercice de la pensée prend la forme d'un engagement envers une collectivité à construire. Cette analyse de sa pratique historienne appelle un questionnement plus large sur ses intentions fondamentales. À tout le moins, on serait en droit de se demander si Gervais tend à mettre l'histoire au service d'une action politico-identitaire, étrangère au savoir scientifique. Autrement dit, sa démarche doit-elle être assimilée à celle de l'« idéologue » qui instrumentalise son savoir à des fins politiques? Le jugement nous apparaît un peu court, si tant est que l'on porte attention au point de départ référentiel de l'historien. Rappelons que Gervais pense et écrit depuis un lieu historique et social particulier, celui de l'Ontario français. C'est à partir de cet espace minoritaire, traversé par les impératifs de la survie culturelle, qu'il échafaude la plupart de ses questionnements. C'est ainsi, dans une certaine mesure, par nécessité qu'il adopte une posture interprétative qui participe de l'expression d'une identité collective axée sur le particulier et la distinction. Cette perspective rejoint ce qui nous semble être l'une des constantes de son œuvre et qui consiste à envisager la construction historique de l'Ontario français dans son mouvement vers l'autonomie. Autrement dit, sous sa plume, l'évolution de l'Ontario français est appréhendée dans une logique sociétale[23], selon laquelle les acteurs et les institutions ont la capacité de façonner leur propre histoire et aspirent à se représenter dans les paramètres d'une société, fût-ce une société inachevée.

En considérant son objet d'étude comme une société ou, à tout le moins, comme une culture autoréférentielle, Gervais inscrit les Franco-Ontariens dans un cadre de référence autonome. Ce faisant, il refuse de

---

23. Sur ce point, nous rejoignons la position de Michel Bock, énoncée dans sa communication (inédite) « Gaétan Gervais, l'Université Laurentienne et l'Ontario français : engagement d'un intellectuel historien ».

percevoir ces derniers comme une simple ethnie à l'intérieur d'un autre espace référentiel, qui serait celui du majoritaire ontarien ou canadien. Autrement dit, l'autoréférentialité de l'Ontario français représente chez lui à la fois un postulat et un objectif à atteindre. C'est donc par rapport à cette exigence épistémologique qu'il faut s'interroger sur le caractère « idéologique » de sa pratique historienne, c'est-à-dire en reconnaissant qu'elle se déploie avec un profond souci – politique, il va sans dire – de justifier le sujet franco-ontarien en tant que réalité sociale distincte.

Cette ambition, où s'unissent histoire et mémoire dans une intentionnalité historique particulière, n'est toutefois pas nécessairement contraire à la vérité scientifique. Inspirée par les grands canons de la méthode historique moderne, la démarche historienne de Gervais conserve, comme nous l'avons déjà mentionné, une forte empreinte empirique et un souci marqué pour la rigueur des démonstrations et la connaissance des faits. Nombreux sont les exemples qui en témoignent. Il suffit, par exemple, de lire son texte sur l'école du fort Frontenac, publié en 2006 dans les *Cahiers Charlevoix*. Traditionnellement présentée comme la première école de l'Ontario français, fondée en 1676, Gervais montre, par un examen rigoureux des sources, que cette école n'a jamais existé sinon comme « mythe de création », la première école ayant plutôt été fondée en 1786 par les demoiselles Adhémar et Papineau à l'Assomption, plus d'un siècle plus tard. « L'école du fort Frontenac, même imaginaire, devint ainsi un modèle de l'école franco-ontarienne, un mythe mobilisateur au service de l'Ontario français et une réponse aux aspirations de la communauté. C'est pourquoi il y a lieu de parler ici d'un *mythe fondateur*[24] », explique Gervais. Cette manière de traiter le mythe comme un objet d'histoire fait bien montre d'une orientation historiographique disposée à « démystifier » l'histoire franco-ontarienne, pour l'aborder plutôt dans une perspective qui respecte les critères minimaux d'objectivité critique et d'impartialité. Ce qu'il prise par-dessus tout et qu'il cultive pour lui-même au risque de malentendus, c'est la combinaison d'un accès rigoureux au passé franco-ontarien avec un discours de l'enracinement dans une expérience historique authentique et incontestable. Autrement dit, le « mythe » n'est pas ici une nécessité. La « vérité » historique suffit amplement, dans son esprit, pour fonder un sentiment d'appartenance. Le désir de *justice* qui motive l'historiographie

---

24. Gervais, « L'école du fort Frontenac (1676) », p. 80.

franco-ontarienne de Gaétan Gervais côtoie donc, sans pour autant s'y opposer, un profond désir de *vérité*. C'est dans l'alternance de ces deux désirs que réside l'une des dimensions essentielles de son discours historien.

Le positionnement épistémologique de Gervais ne va pas nécessairement de soi dans le champ des sciences humaines au tournant des années 1980, alors que s'ouvrent de nouvelles voies théoriques comportant de nouveaux critères de scientificité dans l'étude de la condition minoritaire. On pense entre autres ici à la popularisation du paradigme « révisionniste » en histoire au Québec, dont la prétention allait consister à expliquer le passé canadien-français non plus en fonction de la singularité ou de l'« exceptionnalité » de son expérience historique, mais plutôt en « normalisant » le récit de son accession à la modernité économique et sociale de l'Amérique du Nord[25]. À cela s'ajoute le rayonnement de la pensée marxiste dans les milieux intellectuels et militants du Québec, de l'Acadie et, à moindre échelle mais non moins important, de l'Ontario français[26]. Ces deux modes d'interprétation présentent tantôt une vision matérialiste de l'évolution humaine, tantôt une indifférence (chez les révisionnistes), voire un profond scepticisme (chez les marxistes), à l'égard du fait national comme principe organisateur de l'agir collectif. Il s'agit d'adopter un point de vue exogène au groupe, en vertu duquel la différence culturelle prendrait soudainement la forme d'un handicap ou d'une limitation, plutôt qu'un point de vue endogène qui postulerait la primauté d'une certaine intentionnalité historique, d'un arrière-fond de sens et de mémoire sur la méthode. Cette tendance à départiculariser l'objet étudié s'affirme aussi, au cours des années 1980 et dans les années subséquentes, chez une cohorte de sociologues et d'instituts de recherche en francophonie canadienne que l'on peut regrouper sous la catégorie des « études ethniques ». Ces études, popularisées notamment par des chercheurs comme Monica Heller et Normand Labrie, de l'Université de Toronto, privilégient une lecture postmoderne, relationnelle et constructiviste des groupements humains[27]. Une telle lecture, dans

---

25. Voir Ronald Rudin, *Faire de l'histoire au Québec*, Sillery, Éditions du Septentrion, 1998, p. 199-248.

26. On pense, notamment, aux études de Donald Dennie, sociologue à l'Université Laurentienne.

27. Pour une critique de « l'école de Toronto », se référer à Joseph Yvon Thériault et E.-Martin Meunier, « Que reste-t-il de l'intention vitale du Canada français ? »,

laquelle l'individu devient coproducteur de sa propre identité, résultat de son positionnement sociopolitique, se distingue nettement de la posture holistique de Gaétan Gervais, pour qui la société n'est pas que la somme des interactions entre les individus qui la composent, mais quelque chose qui les transcende et les détermine. Par ailleurs, l'ethnicité, plutôt que d'envisager l'Ontario français comme une collectivité aspirant à l'autonomisation de sa structure institutionnelle et de son univers de représentations en vue de se totaliser en fait social global, renvoie le groupe au statut de fragment d'un ensemble plus grand et diversifié, en l'occurrence la société canadienne. Cette vision se traduit par un rejet des conceptions nationalistes et des discours traditionaliste et autonomiste au profit d'un discours mondialisant qui privilégie une lecture postnationale du fait français, axée sur l'autonomisation individuelle de même que sur l'économie, l'échange, le bilinguisme, la diversification sociale, linguistique et culturelle, la négociation des identités multiples et la participation à une francophonie universelle ou internationale.

Sans pour autant avoir critiqué de front cette approche dans les études sur la francophonie canadienne, Gaétan Gervais ne s'y est jamais vraiment reconnu. De ce point de vue, il ne serait pas erroné d'établir un rapprochement avec la position défendue par les sociologues Joseph Yvon Thériault et E.-Martin Meunier, qui ont eux-mêmes fortement critiqué cette tradition de pensée en lui reprochant, entre autres choses, d'avoir « participé à la dénationalisation de la référence identitaire[28] » des francophones hors Québec. Dans un article qu'ils ont coécrit en 2008, les deux chercheurs postulent que le Canada français procéderait d'une « intention » culturelle particulière, née au mitan du XIXᵉ siècle et visant à « constituer largement en dehors du politique, autour de la langue et du catholicisme, une civilisation française en terre d'Amérique ». Autrement dit, il s'agirait d'une « intention de faire société, de faire nation », qui aurait d'abord trouvé son principe instituant dans l'Église pour, par la suite, être reconduite et réinterprétée dans les mouvances nationalistes du Québec, de l'Acadie et des francophonies minoritaires. L'intention,

---

dans Joseph Yvon Thériault, Anne Gilbert et Linda Cardinal (dir.), *L'espace francophone en milieu minoritaire au Canada : nouveaux enjeux, nouvelles mobilisations*, Montréal, Éditions Fides, 2008, p. 205-238.

28. *Ibid.*, p. 218.

de préciser Thériault et Meunier, n'aurait rien d'un postulat essentialiste ; elle s'entend plutôt comme un double principe de mémoire et d'espérance qui, posé au fondement même de toute organisation sociale, « inscrit dans le présent un groupement humain sur une trajectoire qui part du passé vers l'avenir[29] ».

Ainsi, à une épistémologie du pouvoir, qui poserait l'intention canadienne-française comme le résultat d'un discours élitaire nationaliste conditionné par le capitalisme et les luttes de classes s'y rattachant, Thériault et Meunier opposent une *épistémologie du sens*, par laquelle il s'agirait de rendre raison de l'existence de cette intention fondatrice et d'en comprendre la portée structurante jusqu'à aujourd'hui. Cette seconde inclination éclaire, par extension, le positionnement réflexif de Gervais. Thériault et Meunier eux-mêmes inscrivaient d'ailleurs les travaux de Gervais dans le « paradigme nationaliste » dont l'objectif consiste à « [interpréter] le Canada français hors Québec comme partie intégrante de l'intention nationale du Canada français[30] ».

Cette correspondance entre les deux postures invite aussi à réfléchir, plus particulièrement, au champ d'expérience partagé entre Gervais et Thériault. De fait, bien qu'ils aient été élevés et formés dans des milieux différents (Thériault étant originaire de Caraquet, au Nouveau-Brunswick), ces deux chercheurs, nés à quelques années d'intervalle[31], se trouvent pourtant, en début de carrière, à étudier dans une optique relativement semblable l'identité et l'imaginaire sociopolitique des francophones du Canada. Leurs écrits projettent une inquiétude similaire face à la modernité triomphante, particulièrement en sciences sociales dans l'approche postnationale du Canada français, mais aussi dans les visées contractualiste et individualiste du régime constitutionnel canadien de 1982. Tous deux partagent également, nous semble-t-il, une même espérance qui, face à l'étoile déjà pâlissante de l'orthodoxie marxiste et de son actualisation dans le constructivisme des sciences sociales, rendait possible, au tournant des années 1980, la réhabilitation de certaines dimensions du *sens* et de l'*idéel* dans les démarches de la connaissance. Cette exigence paraissait d'autant plus nécessaire dans le contexte des francophonies minoritaires que, face

---

29. *Ibid.*, p. 224-225.
30. *Ibid.*, p. 220.
31. Gaétan Gervais est né en 1944 et Thériault, en 1949.

au nouveau régime constitutionnel canadien, se posait avec une acuité particulière l'enjeu d'un *possible* politique et culturel pour ces dernières[32]. Ces rapprochements entre les deux auteurs ne doivent toutefois pas faire perdre de vue les écarts substantiels qui les différencient, à commencer par leur lecture critique des initiatives fédérales à l'endroit des minorités, nettement plus importante chez Thériault que chez Gervais. Les deux auteurs ne semblent pas non plus s'accorder sur la question du Québec : si, selon Thériault, les francophonies minoritaires doivent abandonner leur position encourageant la rupture culturelle avec le Québec et arrimer plutôt leur projet autonomiste à ce dernier, Gervais semble, quant à lui, persister dans un certain ressentiment envers le nationalisme québécois, ce qui ne l'incite pas vraiment à réfléchir aux conditions qui pourraient favoriser un rapprochement et une solidarité renouvelée.

Positionnement idéologique : entre traditionalisme et nationalisme

Il va sans dire que la perspective épistémologique de Gaétan Gervais est influencée par diverses orientations idéologiques. Par idéologie, nous entendons ici, à la suite de Guy Rocher,

> [...] un système d'idées et de jugements, explicite et généralement organisé, qui sert à décrire, expliquer, interpréter ou justifier la situation d'un groupe ou d'une collectivité et qui, s'inspirant largement de valeurs, propose une orientation précise à l'action historique de ce groupe ou de cette collectivité[33].

---

32. Si Gaétan Gervais n'a jamais fait montre d'une sympathie particulière à l'endroit du marxisme, s'employant même à critiquer l'application de sa grille d'analyse en contexte minoritaire, Thériault a été, en revanche, très marqué par ce courant de pensée durant sa jeunesse. Le sociologue prendra toutefois ses distances du marxisme dans un ouvrage paru en 1985 (*La société civile ou la chimère insaisissable*) dans lequel il reproche à l'auteur du *Capital* de restreindre le concept de société civile au domaine de l'économie et de refuser de considérer l'importance des rapports politiques et culturels dans l'explication du monde social. Pour en savoir davantage sur l'itinéraire intellectuel de Joseph Yvon Thériault, le lecteur pourra se référer à la thèse de maîtrise de Stéphanie Chouinard, *Comment «faire société» en Acadie du Nouveau-Brunswick : la société civile dans l'œuvre de Joseph Yvon Thériault*, thèse de maîtrise (science politique), Ottawa, Université d'Ottawa, 2010.

33. Guy Rocher, *Introduction à la sociologie générale*, 3ᵉ éd., Montréal, Les Éditions Hurtubise, 2010, p. 124-125.

Nous reprenons cette définition, car elle a le mérite de poser l'idéologie comme un fait de culture en la dégageant de toute connotation péjorative ou de tout jugement normatif. Les objets idéologiques nous apparaissent irréductibles à une stricte fonction d'illusion ou de domination. Ils possèdent leur propre logique et structure internes, leur propre consistance et spécificité susceptibles d'orienter les possibilités d'une action commune au sein d'un groupe[34]. C'est de cette façon qu'ils doivent être compris ici.

Traditionalisme et critique du trudeauisme

L'un des traits marquants des écrits de Gaétan Gervais réside dans leur sensibilité conservatrice. Nous employons le terme « sensibilité » à dessein puisque son conservatisme ne présente pas une dimension idéologique clairement énoncée. En effet, difficile de trouver dans ses écrits la posture d'un réactionnaire de droite, encore moins celle d'un néolibéral ou d'un pourfendeur de l'État-providence, qu'il a plutôt tendance, au contraire, à percevoir comme un bienfaiteur pour l'épanouissement culturel des minorités nationales. À aucun moment, il n'exprime d'affiliation à un parti politique ou un mouvement social en particulier. Gervais demeure un penseur indépendant. Son conservatisme serait davantage d'ordre philosophique et identitaire plutôt que social ou moral. Parmi les traits saillants de ce conservatisme, nous retiendrons son traditionalisme intellectuel, sa critique de l'hybridité identitaire et sa méfiance envers l'horizon idéel du trudeauisme.

Dans un numéro de la *Revue du Nouvel-Ontario* paru en 1983 à l'occasion du centenaire de la ville de Sudbury, Gaétan Gervais publie un article que l'on peut qualifier d'inaugural dans sa carrière d'historien et d'intellectuel. Proposant une réflexion sur « la stratégie de développement institutionnel de l'élite canadienne-française de Sudbury », ce texte permet de dégager un attribut fondamental de sa pensée et de son approche de l'histoire, qui se caractérise par le souci constant de mettre en évidence les éléments de permanence et de continuité dans le temps. Il s'agit là d'une préoccupation qui oriente fortement sa perspective sur le Canada français et, plus particulièrement, l'Ontario français. Rien n'exprime

---

34. Fernand Dumont, « Notes sur l'analyse des idéologies », *Recherches sociographiques*, vol. 4, n° 2 (1963), p. 160.

mieux cette tendance chez lui que la manière dont il envisage la notion de rupture dans les processus historiques. Pour s'en convaincre, relisons le passage suivant :

> L'évolution des sociétés et de leurs élites ne se comprend que dans le long terme où les structures économiques et sociales se transforment ; il se passe moins de choses significatives dans le court terme de la conjoncture. En histoire, la question des ruptures, des révolutions si l'on veut, est importante. Où trouver les grands tournants, les points de rupture ? Pour répondre à cette question, il faudra toujours tenir compte de l'infrastructure économique qui détermine largement la manière dont les sociétés s'organisent. La vie en société comprend de nombreux secteurs d'activités (l'économie, l'organisation sociale, l'idéologie, la technologie, le savoir, les relations urbaines-rurales, etc.) qui évoluent chacun à une vitesse différente selon le secteur, selon les régions et selon les époques. Tout ne change pas à la même vitesse. Mais quand, à certains moments critiques, de nombreux changements surviennent, rapides et simultanés, les discontinuités l'emportent sur les continuités et on peut alors parler de révolutions, comme celles de France en 1789 ou de Russie en 1917. À ces moments critiques, le nombre de changements (la quantité) a provoqué une transformation qualitative. Autrement, c'est par analogie qu'on utilise le mot « révolution ». C'est en tout cas par abus qu'on décrit chaque changement culturel comme une révolution. En vieillissant, chaque génération, éprouvant un sentiment grandissant d'éloignement de la nouvelle génération, saute vite aux conclusions ; elle exagère les différences qui la séparent des jeunes. Aussitôt, c'est la révolution-ci, la révolution-ça. Mais sommes-nous bons juges des événements que nous vivons de si près[35] ?

Cette citation est à replacer dans le cadre de sa réflexion plus générale sur le discours contre-culturel des années 1970. Nous l'avons vu au chapitre précédent, Gervais s'éloigne de l'imaginaire contestataire des jeunes artistes de la contre-culture franco-ontarienne, qui tend à vouloir se désaffilier d'un monde passé et à rejeter toute définition traditionaliste de l'autorité, de l'élite et du principe d'institution. On peut penser que c'est à eux qu'il s'adresse ici, en tâchant de leur rappeler qu'ils sont aussi les héritiers

---

35. Gervais, « La stratégie de développement institutionnel de l'élite canadienne-française de Sudbury ou le triomphe de la continuité », p. 68-69.

d'un univers qui les précède et qu'il est faux de prétendre que les Franco-Ontariens ne sont plus des Canadiens français. Une juste appréhension du monde et de l'existence ne peut, selon Gervais, se limiter à l'effervescence de l'événement. L'événement correspond plutôt chez lui à quelque chose de *situé* dans la durée. Il porte le témoignage de mouvements de profondeur qu'une conception instantanéiste du temps ne peut révéler.

Difficile de ne pas faire le lien entre cette vision des choses et l'esprit des Annales, célèbre école de pensée historique française dont Gervais avait beaucoup étudié les écrits durant sa formation doctorale[36]. Durant la période de l'entre-deux-guerres, sous l'action combinée de Lucien Febvre et de Marc Bloch, ce courant historiographique avait opéré un renversement épistémologique majeur à la faveur d'une nouvelle forme d'histoire, marquée par un déplacement de l'objet d'étude depuis l'événementiel, le singulier, vers l'ambition d'une « histoire totale », qui situait les « conjonctures » et les « structures » socioéconomiques au cœur de l'historicité. Selon François Dosse, cette « volonté totalisatrice, globalisante d'embrasser le réel » traduit un nouveau rapport au temps, où le présent prend une valeur heuristique dans la compréhension du passé.

> L'une des innovations, essentielle, des *Annales* de l'époque [celle de la première génération des Marc Bloch et Lucien Febvre] est de rompre avec la conception purement passéiste du discours historique, de mettre en corrélation passé et présent en construisant une histoire qui a pour champ d'études, non plus seulement le passé, mais la société contemporaine[37].

Pour Fernand Braudel, figure phare de la seconde génération des historiens annalistes, la discipline historique devait se renouveler dans une valorisation de la « longue durée » contre le temps court, « la plus

36. En entrevue, Gervais nous confiait avoir éprouvé une admiration particulière pour Fernand Braudel durant sa jeunesse. Pour plus de détails sur l'influence de l'école des Annales au Québec, consulter Alfred Dubuc, « L'influence de l'école des Annales au Québec », *Revue d'histoire de l'Amérique française*, vol. 33, n° 3 (décembre 1979), p. 357-386. Pour le cas acadien, se référer à Naomi Griffiths, « L'école des Annales et l'histoire de l'Acadie », *Études canadiennes = Canadian Studies*, n° 13 (décembre 1982), p. 113-118.
37. François Dosse, *L'histoire en miettes : des* Annales *à la « nouvelle histoire »*, Paris, La Découverte, 2010, p. 60.

capricieuse, la plus trompeuse des durées». Il s'agissait d'être mieux à même de saisir les «forces de profondeurs» de la réalité historique dans lesquelles, ajoutait-il, «la part de liberté humaine est très faible[38]».

Il est donc tentant d'établir un parallèle entre l'approche épistémologique privilégiée par les Annales, plus particulièrement l'élargissement temporel proposé par Braudel, et la manière dont Gervais envisage son rapport à la temporalité en histoire. Plus généralement, on peut aussi soutenir que la perspective continuiste des Annales avait trouvé un allié objectif dans le conservatisme de Gervais, qui se présente sous la forme d'un traditionalisme intellectuel. Cette orientation, nous la définirons à la manière dont l'entendait Pierre Trépanier, c'est-à-dire non pas comme une «culture de la nostalgie [ou un] romantisme de la réaction», mais plutôt comme une «conscience de la continuité historique», dont la voie est celle d'«une méthode pour aborder la dialectique du moment et de la durée[39]». Cette conception du traditionalisme s'exprime au mieux chez Gervais par une combinaison du passé avec le présent, où il est convenu que le premier doit ordonner et orienter le second. Dans un article paru en 1991 et portant sur l'enseignement de l'histoire, il écrit à propos du Canada français:

> Durer et innover, conserver en s'adaptant, inscrire le développement futur dans la continuité de son expérience historique, tel est le défi du Canada français. Il importe pour une communauté de maintenir, d'une génération à l'autre, la mémoire de son passé, le souvenir des grandes étapes de son évolution, les moments importants et les grands noms qui l'ont façonnée. Bref, une communauté tire de son passé les leçons qui lui permettent de se situer dans le temps et dans l'espace, de se faire une idée de sa place sur terre[40].

Persévérer dans l'être tout en se renouvelant, infléchir l'avenir par l'autorité du passé, tel est ce qui résume la manière dont Gervais appréhende le devenir du Canada français et de l'Ontario français. Ainsi, le passé,

---

38. Fernand Braudel, débat à la FNAC organisé par *Les nouvelles littéraires*, 7 mars, 1980, «Y a-t-il une nouvelle histoire?», cité dans *Ibid.*, p. 98.
39. Pierre Trépanier, «Qu'est-ce que le traditionalisme?», causerie-débat tenue à Montréal, 8 juin 2002, *Club du 3 juillet*, p. 10.
40. Gervais, «Liminaire: l'enseignement de l'histoire au Canada français», p. 2.

plutôt que de se présenter comme un ensemble de strates fossilisées, apparaît comme une source de sens dans le présent et le futur du groupe. Il serait malaisé de réduire cette posture à une forme de «passéisme» replié ou à une attitude réfractaire au progrès. Cette dernière est plutôt le fait d'une disposition sceptique et critique face à la nouveauté qui aspire, pour le dire à nouveau à la suite de Trépanier, à «une modernisation sans modernité philosophique[41]». Autrement dit, il ne s'agit pas de refuser le progrès des sociétés, loin de là, mais plutôt de le «dompter», de le maîtriser, par souci d'une évolution progressive et prudente du monde.

Nous l'indiquions précédemment, cette insistance sur la continuité dans le discours de Gervais ne nous semble pas non plus étrangère au contexte particulièrement mouvementé du début de la décennie 1980, alors que la francophonie hors Québec doit composer avec un ensemble de mutations politiques, culturelles et économiques susceptibles de redéfinir ses orientations futures et, accessoirement, son rapport au passé. Sur le plan national, on s'emploie à «refonder» la nation canadienne sur de nouvelles bases constitutionnelles. La crise politique entourant le rapatriement de la Constitution en 1982 a plusieurs conséquences sur les minorités françaises, particulièrement en éducation, avec l'inclusion de l'article 23 dans la nouvelle *Charte canadienne des droits et libertés*. Nombre de dirigeants d'associations et de leaders d'opinion déplorent, pour leur part, l'échec de l'Ontario français dans sa tentative de faire reconnaître des droits additionnels, en particulier la reconnaissance de la dualité nationale fondatrice et du bilinguisme officiel en Ontario[42]. Toujours à l'aube de la décennie 1980, l'une des plus importantes récessions économiques de l'histoire frappe le pays. La montée en force du discours néolibéral et individualiste vient modifier profondément les allocations de financement public, devenues du coup moins généreuses pour les institutions culturelles de la collectivité franco-ontarienne. Simultanément, on assiste à un important effort de repositionnement

---

41. Pierre Trépanier, «Lionel Groulx, conférencier traditionaliste et nationaliste (1915-1920) – 1ère partie», *Encyclopédie de l'Agora*, 2013, [En ligne], [http://agora.qc.ca/documents/lionel_groulx_conferencier_traditionaliste_et_nationaliste_1915_1920_1ere_partie] (17 septembre 2014).

42. Voir, à ce sujet, Marcel Martel et Martin Pâquet, *Langue et politique au Canada et au Québec: une synthèse historique*, Montréal, Éditions du Boréal, 2010, p. 245-271.

de certaines institutions. L'ACFO provinciale décide, par exemple, en 1982, d'entreprendre une ronde de consultations en vue de mettre en place son nouveau «plan de développement global». Il en va de même pour l'ACFO du Grand Sudbury qui, de son côté, s'apprête à devenir une société autonome sans but lucratif[43]. Sur un autre plan, l'accentuation considérable du flux d'immigration francophone en Ontario au cours des années 1980 et 1990, fruit d'une libéralisation des politiques d'immigration canadiennes, vient poser le défi de la diversité ethnoculturelle[44]. L'apport de nouveaux arrivants francophones venus des quatre coins de la planète n'est pas sans provoquer certaines remises en question fondamentales, notamment au chapitre de la transmission de la mémoire collective. Est-il toujours envisageable pour la collectivité franco-ontarienne de se définir par son appartenance à une histoire et à un passé communs, sans pour autant exclure les francophones d'ailleurs qui n'en sont pas issus? Comment concilier l'ouverture à la diversité ethnoculturelle avec l'affirmation d'une culture et d'une histoire communes? Autrement dit, comment réactualiser une certaine ambition nationale franco-ontarienne, héritée du passé canadien-français, qui permettrait de reconduire sa part de spécificité historique dans l'édifice juridique et politique canadien?

Dans un tel contexte, on peut penser qu'il était nécessaire pour Gervais de rappeler en quoi l'Ontario français participe toujours d'une histoire longue et du mouvement de la binationalité canadienne, idée centrale du nationalisme canadien-français traditionnel. Une entreprise de reviviscence s'imposait : plutôt que de voir le Canada français comme une simple catégorie historique ou comme une curiosité de musée, il s'agissait de montrer en quoi ce dernier persiste en tant qu'interlocuteur légitime, actif dans les discours et les représentations des communautés francophones de même que dans la définition de leurs projets[45]. À ce propos, il écrit, en 1983 :

---

43. Voir, à ce sujet, Michel Bock, «L'ACFO du Grand Sudbury Inc., 1982-1987», dans Guy Gaudreau (dir.), *Bâtir sur le roc : de l'ACFEO à l'ACFO du Grand Sudbury (1910-1987)*, Sudbury, Éditions Prise de parole et Société historique du Nouvel-Ontario, «Documents historiques», n° 92, 1994, p. 131-190.

44. Gaétan Gervais et Michel Bock, *L'Ontario français : des Pays-d'en-Haut à nos jours*, Ottawa, Centre franco-ontarien de ressources pédagogiques, 2004, p. 12.

45. Joseph Yvon Thériault, «Le Canada français comme trace», dans E.-Martin Meunier et Joseph Yvon Thériault (dir.), *Les impasses de la mémoire*, Montréal, Éditions Fides, 2007, p. 215.

> Quand les Franco-Ontariens disent «nous», ils n'éprouvent aucune difficulté à se reconnaître. Ils appartiennent à un groupe historique, le Canada français. Aucune solution de continuité ne trouble le lien qui les relie aux premiers colons français venus au Canada au début du XVIIᵉ siècle. Ainsi, ce «nous» traverse toute l'histoire du pays depuis quatre siècles[46].

Pour Gervais, c'est à la *culture* que revient d'abord la tâche de mettre en mouvement cette dialectique entre le passé et le présent. Elle est aussi ce qui, avec l'histoire, fonde l'identité franco-ontarienne dans sa dimension spécifique. En 1993, dans une note de service préparée avec Serge Dignard, Gaétan Gervais, alors président du Conseil de l'éducation franco-ontarienne (CEFO), commente le contenu de deux documents sur les écoles françaises et l'animation culturelle. Dans ce document, sa conception de la culture, qu'il applique au cas franco-ontarien, est développée en détail. Elle y est décrite à la fois comme une mémoire, un héritage, un projet d'avenir, un marqueur de continuité et d'adaptation. La culture est, tout d'abord, «mémoire» et «héritage» parce qu'elle est, selon Gervais, «ce que nous ont transmis les générations précédentes (le patrimoine, l'histoire, l'expérience du passé, la compréhension de la vie, l'interprétation de l'univers, les valeurs qui permettent à la vie de continuer, les ressources qui supportent ses institutions)». Elle est en même temps «projet d'avenir», car «une société confronte continuellement son avenir. Elle doit fournir à ses membres les moyens de préparer l'avenir. À cet égard, elle est donc projet». Par ces fonctions, elle assure la «continuité», c'est «le volet héritage, histoire, patrimoine, expérience, mémoire, valeurs, appartenance, c'est tout ce qui rend la vie en communauté possible». D'un autre côté, estime-t-il, la culture permet l'«adaptation», qui constitue «le volet dynamique, ouvert sur l'avenir, par lequel une communauté se donne les moyens de durer, de continuer tout en tenant compte des nouvelles réalités politiques, scientifiques, économiques, politiques, sociales et autres[47]». En somme, jamais achevée et

---

46. Gervais, «La stratégie de développement institutionnel de l'élite canadienne-française de Sudbury ou le triomphe de la continuité», p. 70.

47. «Note de service de Gaétan Gervais et Serge Dignard adressée à Monsieur Richard Gauthier, Directeur, Direction de l'Éducation en langue française», 30 juin 1993, Toronto, Archives publiques de l'Ontario (ci-après APO), Fonds Council for Franco-Ontarian Education operational files, RG2-200, boîte 5,

toujours en mouvement vers le devenir, la culture chez Gervais serait, pour reprendre la formule dumontienne consacrée, ce «projet sans cesse compromis» qui se constitue «comme une vision du monde explicite à l'*horizon* de l'ensemble des individus[48]».

En creux de cette vision de la culture chez Gervais et de la sensibilité traditionaliste qui le caractérise, s'exprime, pourrait-on dire, une critique de la dynamique induite par la postmodernité. Cette dynamique, qui conjugue la montée en force de l'individualisme, la fragmentation sociétale et la diffusion d'une rationalité universalisante et instrumentale, tendrait à se couper de certaines catégories propres à la modernité elle-même, à commencer par les «subjectivités particularisantes, substantielles» auxquelles peuvent lui être rattachées les identités collectives, nationales ou encore l'affirmation des communautés d'histoire et de mémoire[49]. Sur cet autre point, la pensée de Gervais se rapproche à nouveau de celle de Thériault, pour qui la possibilité de «faire société» en Acadie du Nouveau-Brunswick s'est exprimée comme un projet adapté à la condition minoritaire aujourd'hui confrontée, peut-être plus qu'ailleurs, aux processus individualisants et déstructurants caractéristiques de la modernité politique[50].

Dans cette optique, le propos de Gervais, tout comme celui de Thériault, nous rappelle en quoi l'expérience humaine, *a fortiori* celle des cultures minorisées comme l'Ontario français, qui n'ont pas de territoire proprement défini ni la possibilité de transformer leur sentiment national en une pleine autonomie politique, ne peut se dégager de la référence minimale à un ordre transcendant. Chez Gervais, ces figurations transcendantes sont plutôt difficiles à nommer ou, du moins, elles ne sont pas explicitement indiquées. Elles se condensent

---

«CEFO: Correspondances reçue et envoyée 1993 – Conseil de l'éducation franco-ontarienne».

48. Cité dans Simon Langlois et Yves Martin (dir.), *L'horizon de la culture: hommage à Fernand Dumont*, Sainte-Foy, Les Presses de l'Université Laval; Québec, Institut québécois de recherche sur la culture, 1995, p. 7. (Nous soulignons.)

49. Thériault, *Critique de l'américanité*, p. 167-174.

50. Stéphanie Chouinard, «Mémoire et communauté politique acadienne: l'influence de Fernand Dumont sur l'œuvre de Joseph Yvon Thériault», *Revue internationale d'études canadiennes = International Journal of Canadian Studies*, n° 45-46 (2012), p. 127-140.

tantôt dans la mémoire propre à une communauté d'histoire, tantôt dans une certaine tradition institutionnelle. Non sans se refuser tout accès à la modernité et aux conditions nouvelles – la culture « doit faire place au changement, à l'avenir, ce qui est la part de l'adaptation », rappelle Gervais – la société franco-ontarienne doit, en revanche, composer avec sa propre tradition, elle-même garante « du sentiment humain le plus fort », celui de l'appartenance[51]. Selon cette perspective, l'identité, comme cadre d'appartenance, doit tendre vers un idéal de plénitude et fixer un horizon de sens collectif pour surmonter, de dire Gervais, le « grand mal de notre temps », celui de « l'insatiable recherche des identités spécifiques (sociales, culturelles, ethniques, sexuelles)[52] ». La parenté idéologique avec le sociologue Jacques Beauchemin, autre penseur du nationalisme québécois, est ici frappante. Sans le dire explicitement, Gervais semble partager avec Beauchemin cette même préoccupation fondamentale pour le « vivre-ensemble » solidaire et cohésif des sociétés démocratiques, que ce dernier a exploré de manière approfondie dans son ouvrage *La société des identités*. Plus exactement, cette préoccupation renvoie à celle du maintien des sociétés contemporaines comme sujets collectifs, capables de se reconnaître et d'agir en commun à l'heure de la « radicalisation de la modernité » dont la multiplication des revendications à fondements identitaires et différentialistes constituerait l'un des principaux symptômes[53]. Beauchemin soutient d'ailleurs, à propos de la figure du « conservateur » dans le Québec contemporain, qu'il désigne celui ou celle qui se porte à la défense d'un « monde commun ». Il se

---

51. Gaétan Gervais, « Le Canada-Français : un phare illuminé sur mille citadelles », *Francophonies d'Amérique*, n° 4 (1994), p. 164.

52. Gaétan Gervais, « Les droits du français en Ontario : l'argumentation traditionnelle des élites à l'époque du Canada français », dans Marc Cousineau (dir.), *La communauté franco-ontarienne : un peuple, ses droits et son destin : actes du colloque tenu à Ottawa le 11 août 2000*, Sudbury, Institut franco-ontarien, 2001, p. 49.

53. Jacques Beauchemin, *La société des identités : éthique et politique dans le monde contemporain*, Montréal, Athéna éditions, 2005. La brève mention que nous faisons ici de cet ouvrage ne saurait en aucun cas rendre justice à sa portée philosophique. Notre intention est plutôt de relever chez les deux auteurs la similitude des préoccupations intellectuelles. Le lecteur intéressé d'en savoir davantage sur les réflexions de Beauchemin sur le politique et l'éthique dans les sociétés de la « modernité avancée » pourra également se référer au dossier que lui a consacré la revue *Argument* dans son numéro d'automne 2005-hiver 2006 (vol. 8, n° 1).

traduit concrètement dans « une attitude qui est favorable au maintien de ce qui fait l'unité de la société et qui examine sans les écarter les forces du changement[54] ». Tel est le sens auquel nous semble souscrire la posture conservatrice de Gervais et qui fonde une attitude directement traduisible dans sa démarche historiographique.

On comprend mieux, dès lors, pourquoi Gervais ne souscrit pas aux thèses sur l'« hybridité » identitaire des Franco-Ontariens. On en trouve un autre exemple convaincant dans la critique qu'il propose en 1983 d'un ouvrage intitulé *Hors du Québec, point de salut?*, paru l'année précédente aux éditions Libre Expression sous la plume de Sheila McLeod-Arnopoulos. Pendant dix-huit mois, cette journaliste anglo-québécoise a enquêté sur les conditions sociales, culturelles, économiques et identitaires des francophones de la région de Sudbury, alors en pleine « révolution tranquille ». Fascinée par l'univers biculturel français et anglais du Nord de l'Ontario, McLeod-Arnopoulos s'est intéressée à la manière dont les Franco-Ontariens arrivent à négocier les frontières de leur « double personnalité », leur « identité dédoublée ». Selon elle, il ne fait pas de doute que « les Franco-Ontariens manifestent une orientation biculturelle[55] » et que « par la force des choses, [ils] sont des hybrides, surtout s'ils tiennent à préserver leur culture française tout en participant à la vie de la majorité[56] ». En prenant pour exemple les succès de CANO et d'une élite d'entrepreneurs franco-ontariens, dont Paul Desmarais et Robert Campeau, la journaliste estime que de plus en plus de Franco-Ontariens savent désormais profiter de cette double exigence culturelle comme aucune élite traditionnelle n'avait su le faire auparavant.

Manifestement irrité par les conclusions de l'auteure, Gervais critique vertement le cœur de la prémisse de la journaliste qui confond, selon lui, bilinguisme et biculturalisme. Alors que le bilinguisme se présente comme une habileté, « [l]a possession de deux cultures [est] un fantasme […] », de dire l'historien sudburois. « Cette idée de biculturalisme, discréditée partout, ne sera qu'un masque pour déguiser l'acculturation, mot

---

54. Jacques Beauchemin, « Le conservatisme à la défense d'un monde commun », *Argument*, vol. 14, n° 1 (automne 2011-hiver 2012), p. 16.
55. Sheila McLeod-Arnopoulos, *Hors du Québec, point de salut?*, Montréal, Libre Expression, 1982, p. 30.
56. *Ibid.*, p. 32.

savant pour décrire le processus d'assimilation[57].» Sur ce point, Gervais
devançait en quelque sorte la thèse développée par le sociologue Roger
Bernard selon laquelle l'«identité bilingue», concept de plus en plus valo-
risé dans les représentations identitaires de la francophonie canadienne,
ne serait en fait que le reflet d'un transfert progressif de la culture française vers la culture anglaise[58]. Ainsi, de dire le professeur d'histoire, «les
"biculturels" sont absents de la communauté franco-ontarienne, ils ne
participent pas à ses institutions, ils ont de moins en moins le sentiment d'en faire partie[59]». Autrement dit, ils ont abandonné l'espoir de
construire une société «globale» franco-ontarienne.

À la lumière de ce qui vient d'être décrit, on devine aussi l'écart qui
a pu exister entre la pensée de Gaétan Gervais et la nouvelle conception
du pays défendue par Pierre Trudeau, plus précisément dans ses versants
individualiste et multiculturaliste. Les critiques que formule l'historien
sudburois à propos de l'encadrement politique du gouvernement fédéral
depuis la fin des années 1960 sont toutefois plutôt diffuses dans ses écrits.
Cela est possiblement dû, comme nous le mentionnions, au fait qu'il
a toujours perçu d'un œil assez favorable l'aide financière accordée par
les gouvernements aux minorités francophones hors Québec. Véritable
«bénédiction», à certains égards, les politiques d'aide du Secrétariat
d'État «ont favorisé le développement et la diversification des institutions de l'Ontario français[60]», écrit Gervais. Selon lui, face à l'abandon
des élites nationalistes traditionnelles de Québec et de Montréal, «il était
inévitable que les minorités se tournent à la fois vers Ottawa et vers leur
gouvernement provincial respectif où elles ont cherché, et heureusement
trouvé, de nouveaux appuis». Car, ajoute-t-il, «en politique, ce ne sont

---

57. Gervais, «La stratégie de développement institutionnel de l'élite canadienne-
    française de Sudbury ou le triomphe de la continuité», p. 86.
58. Voir, à ce sujet, Roger Bernard, «Du social à l'individuel: naissance d'une iden-
    tité bilingue», dans Jocelyn Létourneau (dir.), *La question identitaire au Canada
    francophone: récits, parcours, enjeux et hors-lieux*, Sainte-Foy, Les Presses de l'Uni-
    versité Laval, 1994, p. 155-163.
59. Gervais, «La stratégie de développement institutionnel de l'élite canadienne-
    française de Sudbury ou le triomphe de la continuité», p. 87.
60. Gaétan Gervais, «L'histoire de l'Ontario français (1610-1997)», dans Joseph
    Yvon Thériault (dir.), *Francophonies minoritaires au Canada: l'état des lieux*,
    Moncton, Éditions d'Acadie, 1999, p. 158.

pas les motivations qui comptent, mais les résultats[61]». À défaut d'avoir été l'objet central de ses critiques, l'horizon idéel du trudeauisme semble plutôt prendre chez Gervais les allures d'une figure repoussoir, d'un contre-modèle qui, sans le nommer explicitement, lui a tout de même permis de présenter sa définition du statut politique des minorités françaises au Canada.

Ce n'est qu'au début des années 1990 que la retenue dont il a jusque-là fait preuve laisse place à une critique plus ciblée de la *Loi sur les langues officielles* et du Secrétariat d'État. Gervais leur reproche notamment d'avoir participé, sur le long terme, à une dégradation de l'identité des minorités françaises par la substitution du terme « francophone » au terme «canadien-français». Cette mutation discursive symbolise à ses yeux tout ce que l'héritage du trudeauisme a pu avoir de réducteur:

> D'abord terme linguistique diffusé par le Secrétariat d'État, suite à la Loi sur les langues officielles, l'adjectif «francophone», qui ne décrivait au départ qu'une compétence linguistique, en est venu à définir, dans certains milieux, toute une communauté qui n'a plus rien de spécifique. Fini le Canada-Français. Finie l'Acadie. Fini l'Ontario français. On nage partout dans la «francophonie», terme si peu significatif qu'il peut à la fois décrire un Chinois parlant le français au Caire (c'est un «francophone» puisqu'il parle français) qu'un Indien parlant le français au Brésil. Réduire tout le Canada-Français à une «collection francophone», c'est lui proposer une image de lui-même aliénante, ancrée ni dans le temps ni dans l'espace, c'est en somme nier, dans sa spécificité même, l'existence de la communauté historique et française qui vit au Canada depuis quatre siècles[62].

Gaétan Gervais n'attribue pas la cause de cette mutation sémantique uniquement au Secrétariat d'État. L'accusation se fait tout aussi vigoureuse – sinon davantage – à l'endroit du mouvement nationaliste québécois qui, par le rayonnement de ses intellectuels, son influence sur la presse écrite, l'édition et le système scolaire, aurait lui aussi contribué à bannir le terme «canadien-français»[63]. L'historien n'a pas de mots plus tendres

---

61. Gervais, *Des gens de résolution*, p. 204.
62. Gervais, «Le Canada-Français: un phare illuminé sur mille citadelles», p. 165.
63. Gervais, «Aux origines de l'identité franco-ontarienne», p. 158.

à l'endroit de la Société Radio-Canada qui, par la concentration de ses
effectifs à Montréal, aurait également participé à ce jeu de substitution
en usant à satiété du terme «québécois» et «francophone». Conjuguée
au nouveau lexique identitaire diffusé par le gouvernement canadien,
la «québécisation» de l'univers discursif radio-canadien aurait favorisé,
estime-t-il, l'émergence de l'expression «francophone hors Québec»,
«terme d'aliénation traduisant bien une double dépossession[64]». C'est
dans cette optique que Gervais s'insurgera, au même moment, contre la
décision de rebaptiser le Centre des jeunes de Sudbury, fondé par le père
Regimbal en 1950, le «Carrefour francophone». Dans la préface qu'il
signe d'un ouvrage publié par la Société historique du Nouvel-Ontario
soulignant le quarantième anniversaire de l'institution, il écrit :

> L'emploi du terme «francophone» pour décrire le Centre, est
> troublant. Ce qu'il y a de plus profond chez la personne, c'est le
> sentiment d'appartenance à une communauté spécifique, située
> dans le temps et dans l'espace. Et si l'affirmation de la personne,
> chez le jeune, passe par l'approfondissement de la culture, com-
> ment la réduction de cette «culture» à une simple entreprise lin-
> guistique, fût-elle «francophone», peut-elle favoriser l'identité
> du jeune et augmenter sa capacité à devenir un «leader» dans
> sa communauté? Dépouillé de toute connotation spécifique, le
> mot «francophone» trahit l'aliénation culturelle d'une commu-
> nauté dont on attaque l'identité en la privant de son nom propre,
> canadien-français ou franco-ontarien. Quel genre de leadership
> nous prépare-t-on avec une telle conception de la culture, de la
> personne et de l'identité[65]?

Pour Gervais, «le choix des mots n'est ni innocent, ni indifférent[66]».
L'emploi du terme «francophone» sous-tend, selon lui, l'expression d'un
nouveau projet identitaire visant à faire des Franco-Ontariens un groupe
d'intérêt comme les autres. Plus que cela, il révélerait l'essence même du

---

64. Gaétan Gervais, «Réflexion: Canadien-Français ou Franco-Ontarien?», *Fleur de
    trille*, n° 10 (décembre 1993), p. 4.
65. Gaétan Gervais, «Préface», dans Guy Gaudreau (dir.), *Du Centre des jeunes au
    Carrefour francophone 1951-1990 : quarante ans de vie communautaire et culturelle
    à Sudbury*, Sudbury, Société historique du Nouvel-Ontario, coll. «Documents
    historiques», n° 90, 1992, p. 9-10.
66. Gervais, «Réflexion: Canadien-Français ou Franco-Ontarien?», p. 4.

processus d'assimilation qui, petit à petit, rogne la spécificité culturelle des minorités françaises. Aux yeux de Gervais, les Franco-Ontariens formeraient plutôt, insiste-t-il, un «groupe multifonctionnel», c'est-à-dire un groupe composé d'un ensemble complexe de réseaux d'appartenance et de liens (à l'image d'une entité substantielle comme la nation ou la société), par opposition à un «groupe unifonctionnel», dont les membres seraient unis entre eux par un seul lien (à l'image d'un club de chasse, par exemple, où les affinités groupales sont plus ponctuelles)[67]. Or le processus d'assimilation se résume, de dire Gervais, à «l'évolution par laquelle un groupe multifonctionnel minoritaire deviendrait un groupe unifonctionnel dans la société globale[68]». Tel est le cas, selon lui, des «Canadiens français» devenus «francophones», désormais liés par leur seule appartenance linguistique:

> La différence culturelle est alors réduite à un seul aspect, «l'origine», l'appartenance culturelle ou nationale n'étant plus qu'un fossile et ne survivant que dans un folklore desséché qui n'implique plus une vie culturelle autonome capable d'évolution[69].

Au terme «francophone», Gervais préfère celui de «Canadien-Français». Dans le rapport de la Commission nationale d'étude sur l'assimilation rendu public en 1992, commission commandée par la Fédération des jeunes Canadiens français (FJCF)[70] et dont Gervais a assuré la coprésidence avec Aline Taillefer-McLaren, il a même été proposé que ce terme soit réintroduit dans le discours public[71]. Par ce choix, précise Gervais, la

---

67. Gervais, «La stratégie de développement institutionnel de l'élite canadienne-française de Sudbury ou le triomphe de la continuité», p. 90. La notion de «groupe multifonctionnel» pour qualifier la collectivité franco-ontarienne est empruntée au sociologue d'origine russe Pitrim Sorokin, reconnu notamment pour sa théorie des systèmes de stratification sociale, qu'il a développée dans son maître ouvrage *Social and Cultural Dynamics* (New York, Bedminster Press, 1962). Sorokin demeure l'un des premiers auteurs auxquels Gaétan Gervais s'est initié durant les premières années de son baccalauréat à l'Université Laurentienne.

68. Gaétan Gervais, «Le minoritaire culturel», *Revue du Nouvel-Ontario*, n° 11 (1989), p. 178.

69. *Ibid.*

70. Aujourd'hui, la Fédération de la jeunesse canadienne-française (FJCF).

71. Voir Gaétan Gervais, avec la collaboration des membres de la Commission, *L'avenir devant nous: la jeunesse, le problème de l'assimilation et le développement des communautés canadiennes-françaises: rapport de la Commission nationale*

Commission « voulait [...] marquer sa volonté de mettre l'appartenance culturelle, plutôt que linguistique, au cœur de l'affirmation culturelle ». Il poursuit :

> En choisissant d'unir par un trait d'union les deux parties (Canadiens et Français), la Commission renouait non seulement avec un usage traditionnel, mais elle entendait surtout souligner l'unité des deux termes, en quelque sorte indiquer que le Canada français dans son ensemble possède un <u>caractère distinct</u>, formant une communauté culturelle autonome dont les membres sont plus que des Canadiens accidentellement « français »[72].

À cette raison historique s'ajoute, expliquera Gervais quelques années plus tard, une raison grammaticale : « Le trait d'union entre Canadien et Français indique l'unité lexicale du terme Canadien-Français. Pour la même raison qu'un "sourd-muet" n'est pas un "sourd muet", un "Canadien-Français" n'est pas un "Canadien français"[73]. » Notons aussi l'emploi à dessein des majuscules « C » et « F », un choix que l'on peut considérer comme une tentative de redonner, par le langage, une autonomie de référence commune aux minorités françaises. Cette tendance est d'ailleurs observable dans d'autres de ses écrits, par exemple, dans son étude sur la colonisation française du « Nipissingue », qu'il substitue ici à l'appellation anglaise « Nipissing ».

Ce désaveu de Gervais pour la popularisation du terme « francophone » procède d'une conviction plus profonde selon laquelle la langue, sans raccordement à une culture complexe et substantielle, ne peut fonder un sentiment subjectif d'appartenance suffisamment fort pour surmonter les défis de la condition minoritaire. Autrement dit, la culture d'un groupe ne peut se réduire, selon lui, à sa stricte dimension linguistique : « Définir la culture par la langue, c'est une métonymie[74] », souligne-t-il. La culture ⟩

---

d'étude sur l'assimilation, Livre 4, Ottawa, Fédération des jeunes Canadiens français Inc., 1992 , p. 17.

72. Gervais, « Réflexion : Canadien-Français ou Franco-Ontarien ? », p. 4. (Souligné dans le texte.)

73. Gervais, « Aux origines de l'identité franco-ontarienne », p. 137.

74. Gaétan Gervais et Serge Dignard, « Note de service adressée à Monsieur Richard Gauthier, Directeur, Direction de l'Éducation en langue française », 30 juin 1993, Conseil de l'éducation franco-ontarienne, APO, Fonds Council for Franco-Ontarian Education operational files, RG2-200, boîte 5, dossier

et la langue doivent plutôt être envisagées dans leur commune indissocia-
bilité, l'une ne pouvant survivre sans l'autre :

> L'usage du français n'a finalement de sens que comme moyen
> d'expression d'un ensemble de valeurs, de croyances, de pratiques,
> d'attitudes. C'est dire que la langue est un élément de la culture et
> que l'assimilation linguistique n'est que le symptôme d'un problème
> beaucoup plus fondamental. Car il faut examiner la question du
> français dans son contexte général. On ne sauvera pas le français
> tout seul, si l'on ne parvient pas à maintenir la culture qui en justifie
> l'emploi[75].

On comprend dès lors sans mal que Gervais ait réagi défavorablement
au multiculturalisme d'État, dont les promoteurs se contentent trop souvent, selon lui, de réduire la culture à « des festivals de danse ou [...] à
l'exotisme des cuisines ethniques[76] ». À ce propos, il écrit, en 1994, qu'« il
serait suicidaire de favoriser un multiculturalisme qui, comme un che-
val de Troie, traduirait la volonté de nier la communauté historique que
constitue le Canada-Français[77] ». Gaétan Gervais figure parmi les intellectuels qui, au cours des années 1990, tenteront de réinsuffler une dose de
légitimité à la matrice historique des deux peuples fondateurs. Toujours
en 1994, l'année précédant la tenue du second référendum québécois, il
écrit :

> La dualité linguistique est un principe qui reconnaît l'existence
> de deux communautés au Canada, de deux « nations » selon la ter-
> minologie d'autrefois. Le Canada-Français représente un des deux
> peuples fondateurs de 1867 ; il constitue une réalité culturelle enra-
> cinée dans quatre siècles d'histoire que les événements des deux der-
> nières décennies ont ébranlés sans faire disparaître[78].

Selon Gervais, ce statut sied à la minorité franco-ontarienne et
fonde un ensemble de « droits collectifs », parmi lesquels figure le droit

---

« CEFO. Correspondances reçue et envoyée 1993 – Conseil de l'éducation
franco-ontarienne ».

75. Gervais, « Le Canada-Français : un phare illuminé sur mille citadelles », p. 163.
76. Gervais, « Les droits du français en Ontario », p. 49.
77. Gervais, « Le Canada-Français : un phare illuminé sur mille citadelles », p. 166.
78. *Ibid.*, p. 168.

d'employer sa langue et de disposer des moyens nécessaires pour établir et maintenir un réseau d'institutions homogènes et autonomes[79].

Cette représentation englobante de la culture franco-ontarienne, couplée au statut historique et juridique qui lui revient, confère à l'Ontario français un statut de société d'accueil à part entière. C'est d'ailleurs pourquoi dans les écrits de Gervais, la collectivité franco-ontarienne est aussi définie comme une «communauté culturelle de lieu» (ou de sol) plutôt que comme une «communauté de sang»[80]. C'est qu'il n'y aurait pas, selon lui, de distinction maladroite à établir entre les gens «de souche» et ceux des divers autres groupements ethnoculturels. L'historien sudburois se contente plutôt de rappeler que «[l]a communauté franco-ontarienne a toujours accueilli des personnes qui arrivaient de l'extérieur (la France au XVIIe siècle et XVIIIe siècle, l'Acadie, l'Europe, plus récemment les autres régions du monde». À ce propos, il ajoute:

> Il ne faut pas leur demander de se comporter chez eux comme s'ils étaient un groupe d'immigrants récents. C'est par là que passe l'affirmation culturelle. Dans la mesure où ses propres assises culturelles seront plus fortes, l'Ontario français sera encore plus en mesure d'accueillir ses nouveaux membres, de les intégrer, de profiter et d'encourager leur pleine participation à la vie franco-ontarienne[81].

Ainsi, sous sa plume, l'Ontario français apparaît comme un lieu de convergence culturelle, où les modalités d'intégration des nouveaux arrivants s'effectuent moins dans le sens d'une reconnaissance des appartenances diverses de chacun que par le ralliement de tous autour d'un tronc culturel et mémoriel commun.

---

79. *Ibid.*, p. 165. Voir aussi Gaétan Gervais, «La discrimination contre les Franco-Ontariens», 26 juillet 1989, p. 7, APO, Fonds Council for Franco-Ontarian Education operational files, RG2-200, boîte 16, dossier «Financement Colleges (4 Folders) TO Gervais Gaetan – La discrimination contre les franco-ontariens [sic]».

80. Gervais, «L'historiographie franco-ontarienne», p. 125.

81. Gaétan Gervais et Serge Dignard, «Note de service adressée à Monsieur Richard Gauthier, Directeur, Direction de l'Éducation en langue française», 30 juin 1993, Conseil de l'éducation franco-ontarienne, APO, Fonds Council for Franco-Ontarian Education operational files, RG2-200, boîte 5, dossier «CEFO. Correspondances reçue et envoyée 1993 – Conseil de l'éducation franco-ontarienne».

Nationalisme, institutionnalisation et volontarisme

En inscrivant les Franco-Ontariens comme héritiers de la nation française en Amérique du Nord, c'est davantage du côté de la figure identitaire nationale que Gaétan Gervais envisage l'identité franco-ontarienne. Nous avons également montré qu'à rebours de l'horizon idéel trudeauiste, qui tend à faire de l'individu la mesure de toute chose et auquel doivent lui être subordonnées les appartenances collectives, Gervais envisage plutôt l'Ontario français en tant que partie de l'un des deux peuples fondateurs du Canada, c'est-à-dire dans ses dimensions collectives et particularisantes (son histoire, sa culture, sa mémoire). Pour ces raisons, la minorité détiendrait, selon lui, toute la légitimité d'aspirer à la reconnaissance de ses droits collectifs et à son autonomie.

Ces prises de position s'inscrivent dans les paramètres intellectuels du nationalisme tel que l'ont envisagé plusieurs représentants du nationalisme traditionnel canadien-français au XXe siècle, parmi lesquels on compte Henri Bourassa, Omer Héroux, François-Albert Angers, Esdras Minville et, bien évidemment, Lionel Groulx[82]. Et pourtant, à aucun endroit dans le corpus de textes étudiés, Gervais ne se réclame explicitement de cette tradition de pensée nationaliste. Encore moins entend-il désigner l'Ontario français d'après les années 1960 comme une « nation » à proprement parler. Que traduit cette ambiguïté? Comment peut-on qualifier son nationalisme? C'est ce qu'il nous reste à expliciter.

L'effritement des structures traditionnelles du Canada français et de la solidarité sociale que lui procuraient ses unités fondamentales – la paroisse et la famille –, conjugué aux transformations de l'économie ontarienne d'après-guerre et à la montée de l'État-providence avaient conduit les minorités à redéfinir les cadres de leur identité collective. Pour Gervais, un tel bouleversement avait contraint les minorités à devoir transiger de plus en plus avec l'espace politique et économique structuré en grande partie par la majorité anglophone. Dès lors, lui revenait la tâche d'œuvrer pour le projet d'une intégration différenciée dans les structures globales de l'État ontarien (et canadien):

---

82. Xavier Gélinas, *La droite intellectuelle québécoise et la Révolution tranquille*, Québec, Les Presses de l'Université Laval, 2007, p. 26-27.

> [...] le grand défi qu'une minorité culturelle doit surmonter,
> c'est de réconcilier la nécessité de s'intégrer à la société globale d'une
> part et sa volonté de maintenir sa propre identité d'autre part. [...]
> Puisque la minorité franco-ontarienne ne peut pas, ne veut pas,
> vivre en isolement, il est donc impérieux de définir les conditions
> qui peuvent assurer à la minorité les moyens de s'épanouir[83].

Gervais est tout à fait en mesure d'admettre que l'Ontario français
contemporain ne recoupe pas un espace homogène, d'où le défi d'y reconduire le projet autonomiste et nationaliste du Canada français dans sa forme
historique. C'est là, nous semble-t-il, la grande difficulté qu'affronte toute
proposition néonationaliste en contexte minoritaire après les années 1960.
Compte tenu des aléas de l'histoire et de la géographie, la possibilité de
décrire la référence franco-ontarienne en termes «nationaux», c'est-à-dire
dans une mise en forme politique et sociétale qui s'inscrit entre l'individu et
l'État, devient une tâche éminemment laborieuse. On soupçonne d'ailleurs
que cette difficulté est plus grande pour l'Ontario français, dont l'éparpil-
lement géographique des francophones est loin de faciliter son ralliement
autour d'une centralité culturelle forte. La comparaison avec l'Acadie du
Nouveau-Brunswick est, de ce point de vue, fort éloquente; moins nombreux, mais plus concentrés sur un territoire mieux localisé au nord et à
l'est de la province, les Acadiens ont toujours fait preuve d'une plus grande
capacité à s'organiser, à s'identifier comme groupe national, à affirmer leur
unité et à se doter d'institutions conformément à leurs aspirations.

À certains moments, Gaétan Gervais témoigne de cette incertitude
entourant la définition de l'Ontario français selon les paramètres du sujet
national. Parmi les exemples dont on pourrait faire état, citons cette précision typologique qu'il établit en 1993:

> En sociologie, la distinction entre «collectivité» et «commu-
> nauté» a autrefois suscité de grands débats que nous ne devrions
> pas reprendre ici. Le terme approprié ici [en parlant de l'Ontario
> français], est communauté, à cause de tout ce qui est partagé: une
> culture, un passé, une langue, une mémoire, un projet d'avenir[84].

---

83. Gaétan Gervais, «Le problème des institutions en Ontario français», *Revue du Nouvel-Ontario*, n° 8 (1986), p. 10.
84. Gaétan Gervais et Serge Dignard, «Note de service adressée à Monsieur Richard Gauthier, Directeur, Direction de l'Éducation en langue française», 30 juin

On comprend donc que la notion de « collectivité » est insuffisante, selon Gervais, puisqu'elle renverrait à un groupement dont la nature de l'association est moins étroite et solidaire que celle de la « communauté », qui supposerait un nombre plus élevé de référents, de pratiques et de sentiments. Cela dit, on peut se demander dans quelle mesure l'investissement symbolique dans la « communauté » rend compte de la réalité nationale du groupe. Tout compte fait, n'est-elle pas réductrice en regard de la prétention sociétale que l'historien sudburois semble vouloir attribuer aux Franco-Ontariens ? L'ambiguïté du vocabulaire est, à tout le moins, révélatrice du difficile cheminement identitaire de l'Ontario français, dont la représentation nationale paraît de moins en moins affirmée.

C'est ainsi qu'entre la difficulté d'envisager le maintien du projet national canadien-français dans sa forme historique et la difficulté de concevoir la constitution d'une nation politique proprement franco-ontarienne, Gaétan Gervais défend une vision de l'Ontario français qui repose sur un idéal de continuité mémorielle, d'unité normative du corps social et d'autonomie des structures et des représentations identitaires. De cette vision découle, nous le soulignions, le droit à la création d'institutions autonomes et homogènes françaises. Pour Gervais, l'autonomie institutionnelle reste un principe qui doit s'inscrire dans le « paradigme politique » de l'égalité entre les deux peuples fondateurs, paradigme hérité de la « crise traversée par la Confédération durant les deux décennies précédant la révision constitutionnelle de 1982[85] ». L'historien n'est d'ailleurs pas le seul à faire le pari de l'autonomie au regard des minorités françaises parmi les chercheurs et commentateurs de la collectivité franco-ontarienne. Les années 1980 laissent effectivement place à de nombreux questionnements sur l'autonomie des communautés francophones en situation minoritaire, notamment dans le champ sociologique[86].

1993, Conseil de l'éducation franco-ontarienne, APO, Fonds Council for Franco-Ontarian Education operational files, RG2-200, boîte 5, dossier « CEFO. Correspondances reçue et envoyée 1993 – Conseil de l'éducation franco-ontarienne ». (Souligné dans le texte.)

85. Gervais, « Le problème des institutions en Ontario français », p. 11.

86. Pensons, notamment, aux travaux pionniers de Raymond Breton sur la notion sociologique de « complétude institutionnelle » que découvriront nombre d'analystes de la francophonie ontarienne durant ces années. Selon cette théorie, la survie d'une population minoritaire passe par le développement et la gestion de

Dans cette réflexion, les institutions occupent une place primordiale, comme en témoignent les écrits de Gervais, où elles constituent un référent théorique majeur. Pour lui, les institutions en contexte minoritaire sont d'un apport crucial, puisque ce sont elles qui sont appelées à forger puis à entretenir les « relations permanentes entre les personnes. [...] Elles englobent toutes les formes de relations, depuis celles que la famille entretient jusqu'aux activités les plus banales[87] ». Parce qu'elles sont fonction du lien social qui unit les membres d'une communauté entre eux, leur santé et leur force représentent, selon Gervais, une condition de la cohésion et de la permanence de cette même communauté[88]. « Privée de ses institutions, une société se désintègre parce qu'elle ne se composerait plus alors que d'individus sans liens permanents entre eux[89] », estime l'historien. Aussi, permettent-elles une « adaptation à la modernité » en assurant « la continuité des valeurs et de la culture d'une part, et [l]'adaptation, par des emprunts ou des changements, aux conditions nouvelles d'autre part[90] ». Ainsi, l'institutionnalisation se présente à ses yeux comme le principal moyen de prévenir l'acculturation, « car l'assimilation culturelle est essentiellement la dé-structuration d'une société[91] ».

Si, pour le Gervais des années 1970, le nerf de la guerre résidait avant tout dans l'établissement de structures économiques propres à la minorité, c'est surtout dans l'école, par la suite, qu'il semble fonder ses espoirs. L'historien estime que celle-ci assure au groupe la « transmission, d'une génération à la suivante, de sa culture, de son expérience, de ses valeurs,

---

ses propres institutions. À ce sujet, lire Raymond Breton, « L'intégration des francophones hors Québec dans des communautés de langue française », *Revue de l'Université d'Ottawa*, vol. 55, n° 2 (1985), p. 77-98. Lire aussi Linda Cardinal, Jean Lapointe et Joseph Yvon Thériault, « La vie politique: autonomie et participation », dans *État de la recherche sur les communautés francophones hors Québec (1980-1990)*, Ottawa, Centre de recherche en civilisation canadienne-française, 1994, p. 109-123.

87. Gervais, « Le Canada-Français: un phare illuminé sur mille citadelles », p. 166.
88. Gervais, « La stratégie de développement institutionnel de l'élite canadienne-française de Sudbury ou le triomphe de la continuité », p. 72.
89. *Ibid.*, p. 72.
90. Gervais, « Le Canada-Français: un phare illuminé sur mille citadelles », p. 166.
91. Gaétan Gervais, « Les Franco-Sudburois », *Polyphony: Bulletin of the Multicultural History Society of Ontario*, vol. 5, n° 1 (printemps 1983), p. 21-29.

de ses manières d'être[92] ». Aussi souscrit-il à une conception républicaine de la formation scolaire où l'élève est amené à s'émanciper de ses attaches communautaires premières pour s'« élever » à une référence nationale partagée qui favorise la construction du lien social[93].

Sa préoccupation pour les enjeux relatifs à l'institutionnalisation de la minorité franco-ontarienne n'est pas sans lien avec la délicate question de l'assimilation des francophones hors Québec. Cette dernière prendra une place plus importante dans son parcours professionnel lorsqu'il coprésidera, au début des années 1990, la Commission nationale d'étude sur l'assimilation chargée de se pencher sur le problème de l'assimilation chez les jeunes. Le projet, qui conduira les coprésidents à visiter l'ensemble des communautés francophones au pays, comporte un important volet quantitatif, en vue de proposer un éclairage statistique sur le problème, et la préparation d'un rapport détaillant une série de mesures pour contrer l'assimilation. Dans un article-bilan sur sa tournée pancanadienne, Gervais renouvelle sa foi dans l'autonomisation des institutions françaises :

> Le projet d'avenir du Canada-Français doit avoir comme moyen d'intervention, à court terme, la mise sur pied d'institutions françaises dans tous les secteurs d'activité dans toutes les régions, partout où la chose est possible. Construire l'avenir du Canada-Français, c'est lui donner les structures dont il aura besoin pour se développer et participer pleinement à la vie du pays[94].

Il poursuit en insistant sur la nécessaire réactualisation d'une référence à un espace canadien-français plus vaste qui, héritière de l'idéologie nationaliste du Canada français, devrait transcender les particularismes provinciaux de la francophonie minoritaire d'aujourd'hui :

---

92. Gaétan Gervais et Serge Dignard, « Note de service adressée à Monsieur Richard Gauthier, Directeur, Direction de l'Éducation en langue française », 30 juin 1993, Conseil de l'éducation franco-ontarienne, APO, Fonds Council for Franco-Ontarian Education operational files, RG2-200, boîte 5, dossier « CEFO. Correspondances reçue et envoyée 1993 – Conseil de l'éducation franco-ontarienne ».

93. Au sujet de la distinction entre « l'école d'en haut » et « l'école d'en bas », voir Joseph Yvon Thériault, « De l'école de la nation aux écoles communautaires ou de l'école d'en haut à l'école d'en bas », dans *Faire société : société civile et espaces francophones*, Sudbury, Éditions Prise de parole, 2007, p. 191-209.

94. Gervais, « Le Canada-Français : un phare illuminé sur mille citadelles », p. 166.

> [...] la remise en place d'un sentiment pancanadien d'appartenance, de complémentarité a donc semblé de toute première importance. Il faut résister aux replis identitaires [provinciaux] qui, partout, minent les solidarités et augmentent les sentiments d'aliénation. [...] Le nouveau Canada-Français, de préférence avec le Québec comme participant majeur, doit proposer aux jeunes un projet d'avenir où ils pourront s'épanouir[95].

Ces citations, qui font intervenir pour la première fois le terme et l'orthographe (en majuscules) de «Canada-Français» sous sa plume, laissent penser qu'une prise de conscience importante s'opère chez Gervais au début des années 1990. Comme jamais auparavant, l'historien revient à l'idée du Canada français et à son actualité. Au même moment, il précise aussi sa conception d'un Québec responsable de l'éclatement du Canada français, une évolution importante dans sa pensée. À ce moment, Gervais est sorti de son contexte nord-ontarien, sudburois et laurentien depuis plus de trois ans. De 1987 à 1989, il avait accepté un prêt de service à Toronto au ministère des Collèges et Universités où il travaillait, au côté du sous-ministre adjoint responsable des universités, à divers dossiers en éducation franco-ontarienne. Cette expérience l'amène à s'investir dans de nouveaux projets, tout particulièrement la création d'institutions postsecondaires homogènes françaises dans la province. Selon Robert Arsenault, l'expérience de la Commission nationale d'étude sur l'assimilation, mise sur pied par la Fédération des jeunes Canadiens français, transforme sa vision de la francophonie canadienne. La lecture de plus de 250 mémoires, les nombreuses rencontres avec des jeunes et moins jeunes de même que la visite de plusieurs communautés francophones à travers le pays «résultent en la confrontation chez lui entre une connaissance jusque-là largement livresque du phénomène et les multiples réalités de ce dernier, rencontrées dans des milieux très différents les uns des autres[96]». L'expérience est marquante et favorise un élargissement des horizons. En même temps, elle semble venir renforcer sa conviction profonde que le Canada français hors Québec fait preuve de résilience. Sur cet épisode de sa vie, il confie à Arsenault l'une des principales leçons qu'il a retenues:

---

95. *Ibid.*, p. 167.
96. Robert Arsenault, *Gaétan Gervais: le «gardien du dépôt»*, Ottawa, Centre franco-ontarien de ressources pédagogiques, 2012, p. 70.

> S'il y a de nombreuses raisons de pleurer [...], il y en a aussi d'espérer. L'assimilation est presque venue à bout de certaines communautés qui ont quand même réussi à se maintenir envers et contre tout. De nos jours, ces communautés ont à leur disposition des outils de développement totalement inédits par le passé, ce qui fait qu'une amélioration de leur sort est envisageable. Des progrès deviennent possibles. L'avenir prend tout à coup une couleur nouvelle[97].

Fort de cette conviction, et dans un élan pour le moins lyrique inspiré d'un vers du poème *Les Phares* de Charles Baudelaire, il poursuit, dans un texte de 1994:

> *L'Avenir devant nous* [...] il est à la mesure de nos rêves, de ce que nous voulons devenir. Notre démarche s'inscrit dans une lutte séculaire pour maintenir notre communauté. Pour tout résumer, empruntons des images saisissantes de Baudelaire qui, en parlant des poètes, écrivit:
>
> > C'est un cri répété par mille sentinelles,
> > Un ordre renvoyé par mille porte-voix,
> > C'est un phare allumé sur mille citadelles.
>
> Ce dernier vers, surtout, me fournit l'image que j'ai rapportée de cette riche expérience à travers le Canada-Français. Les communautés françaises ont souvent l'allure de citadelles sur lesquelles les phares de la culture française illuminent les environs. Le grand projet historique du Canada-Français continue[98].

Il est pour le moins intéressant de relever ce retour à l'idée d'une référence canadienne-française dans la pensée de Gervais au moment même où les grandes associations délibérantes de la francophonie canadienne semblent vouloir s'en éloigner. Rappelons qu'en 1991, la Fédération des francophones hors Québec (FFHQ) décidait de changer son nom pour la Fédération des communautés francophones et acadienne du Canada (FCFA), signifiant par là que ses associations membres ne souhaitaient plus se définir par rapport au Québec. Selon Michel Bock, cette distance qui s'installe entre la Fédération et le Québec attesterait un double

---

97. Cité dans *Ibid.*, p. 71.
98. Gervais, «Le Canada-Français: un phare illuminé sur mille citadelles», p. 168-169.

phénomène : d'abord, l'abandon graduel de l'argumentaire nationaliste traditionnel en vertu duquel le Québec et les minorités françaises partageraient une même expérience et un même destin et, ensuite, le ralliement des francophones hors Québec à l'ordre symbolique et juridique canadien[99]. On en trouvera un autre indice dans l'affirmation progressive, au tournant des années 1990, d'une « francophonie canadienne » ou encore dans la décision prise par la FCFA, quelques années plus tard, d'abandonner toute référence explicite au principe des deux peuples fondateurs, au motif que celui-ci recèlerait une compréhension trop culturelle et historique du groupe, peu attrayante aux yeux des nouvelles générations[100].

Ce sentiment d'assister à une « nouvelle rupture » avec le Québec, au début des années 1990, s'exprime aussi chez un groupe de professeurs francophones de l'Université d'Ottawa au lendemain de l'entente constitutionnelle de Charlottetown. Dans une lettre publiée dans *Le Devoir* le 15 septembre 1992, ces professeurs déploraient que « le Québec a[it] été "ethnicisé" par la formulation restrictive de société distincte » contenue dans l'entente. La portée symbolique de la désignation contribuait, selon eux, à réduire la société distincte à la langue, à la culture et au droit civil sans pour autant s'accompagner de pouvoirs lui permettant « d'assumer son rôle comme foyer d'une société particulière ». Cette mutation devait marquer, selon eux, la fin définitive d'un « mouvement social » proprement canadien-français : « Depuis les accords du 7 juillet 1992, une partie du peuple francophone d'Amérique a perdu la possibilité de se reconnaître politiquement dans une entité distincte, tout en s'intégrant à l'espace plus large de la société politique canadienne. Le Canada français devenu le Québec serait peut-être en train de disparaître[101]. »

---

99. Voir Michel Bock, « Des braises sous les cendres : l'Ontario français et le projet national canadien-français au lendemain des États généraux (1969-1991) », dans Jean-François Laniel et Joseph Yvon Thériault (dir.), *Retour sur les États généraux du Canada français : continuités et ruptures d'un projet national*, Québec, Les Presses de l'Université du Québec, 2016, p. 167-231.

100. Linda Cardinal, « La notion de peuple fondateur, *plus qu'une marque de commerce !* », *Liaison*, n° 99 (novembre 1998), p. 41-42.

101. Linda Cardinal *et al.*, « La francophonie canadienne comme peau de chagrin : le "Canada français" devenu Québec serait en train de disparaître ? », *Le Devoir*, 15 septembre 1992, p. 13. Les signataires de la lettre sont Linda Cardinal, M. Cano, J. Harvey, François Houle, Marie-Blanche Tahon et Joseph Yvon Thériault.

Ainsi, il est possible de penser que l'insistance chez Gervais à réaffirmer l'existence d'un Canada français *a mari usque ad mare* répond, à ce moment, à une crainte similaire ressentie face à un possible étiolement de la logique nationaliste du Canada français. Sans être en mesure de les lier hors de tout doute, plusieurs indices nous portent à croire que ses écrits pourraient refléter une telle préoccupation. Cela expliquerait peut-être aussi pourquoi il trouve, durant cette même période, à s'insurger plus vigoureusement contre le durcissement du nationalisme québécois, dont la critique à l'endroit du passé traditionnel canadien-français se fera, on le sait, encore plus insistante après l'échec référendaire et la déclaration malheureuse de Jacques Parizeau sur « l'argent et les votes ethniques[102] ».

Les éléments précédemment discutés sont significatifs et témoignent d'une pensée indiscutablement inscrite dans le paradigme nationaliste. En se proposant d'aborder les francophonies minoritaires à travers le prisme de l'autonomie institutionnelle et en se réclamant de la mémoire nationale de l'Ontario français, Gervais refuse, en quelque sorte, la réduction de cette culture au statut de minorité ethnique pour l'élever plutôt au rang de minorité nationale. Comme nous l'avons souligné précédemment, cette perspective, visant à resituer l'enjeu linguistique dans l'optique plus large de ses fondements sociohistoriques et culturels, rejoint, à maints égards, celle du sociologue Joseph Yvon Thériault. Elle consiste, plus particulièrement, à témoigner de la persistance de la prétention politique à « faire société », c'est-à-dire à réaffirmer « une constante et une originalité dans l'aventure des francophonies d'Amérique du Nord[103] ». Cette constante se représenterait, chez Thériault, sous la figure d'une « trace[104] », voire d'une « mémoire vivante », c'est-à-dire « quelque chose d'indéfini qui nous vient d'une expérience historique particulière, mais dont nous devons continuellement chercher, interpréter, le sens[105] ». La persistance de l'ambition de faire société dans l'identité et l'imaginaire

---

102. Voir Éric Bédard, « La trudeauisation des esprits : souveraineté et hypermodernité », dans Alain-G. Gagnon (dir.), *D'un référendum à l'autre : le Québec face à son destin*, Québec, Les Presses de l'Université Laval, 2008, p. 143-168 ; Jacques Beauchemin, *L'histoire en trop : la mauvaise conscience des souverainistes québécois*, Montréal, VLB éditeur, 2002.
103. Thériault, « Introduction », dans *Faire société*, p. 8-9.
104. Voir Thériault, « Le Canada français comme trace ».
105. Thériault, « Introduction », dans *Faire société*, p. 13.

politiques des minorités françaises modèlerait chez ces dernières un comportement que l'auteur de *Critique de l'américanité* qualifie de « nationalitaire », c'est-à-dire campé entre ceux de l'ethnie et de la nation[106].

Cette proposition rejoint directement la pensée de Gervais, au sens où l'Ontario français est également envisagé chez lui comme un groupement intermédiaire situé entre la nation, à laquelle, nous le disions, il aspire sans pouvoir prétendre la rejoindre totalement, et l'« ethnie », catégorie dont il préfère s'éloigner, puisqu'elle suppose une intégration indifférenciée à la culture et aux institutions de la société dominante. En effet, pour Gervais, si la minorité ne peut, pour des raisons évidentes, s'isoler complètement de la société majoritaire, elle doit, à tout le moins, limiter le plus possible sa situation de dépendance face à celle-ci pour éviter d'être « réduite » au statut de « société subalterne[107] ». Le groupe est ainsi appréhendé à travers un processus d'autonomisation sur le plan référentiel – par la filiation identitaire avec une expérience historique singulière, en l'occurrence celle du Canada français –, élément qui appelle une aspiration à l'autonomie institutionnelle sur le plan politique. Relisons, sous cet éclairage, ce passage que nous citions précédemment : « "l'identité franco-ontarienne", comme "l'identité québécoise", et malgré des ruptures profondes, ne sera jamais que le prolongement de "l'identité canadienne-française", elle-même le prolongement de "l'identité française"[108]. » Par la référence à l'Europe, Gervais réitère quelque chose de la profonde singularité du modèle d'intégration sociétal canadien-français et franco-ontarien dans l'univers culturel nord-américain. Elle traduit aussi, subsidiairement, le refus de consentir à l'idée d'un strict destin continental pour les francophones du Canada ; ces derniers projetteraient plutôt une expérience culturelle et mémorielle qui s'inscrit dans celle de la grande tradition culturelle française. En poussant l'analyse un peu plus loin, il serait tentant d'y voir un rejet – anticipé – de la thèse de l'américanité, qui fera l'objet d'un important débat au Québec au cours des années 2000[109].

---

106. Lire, à ce sujet, Joseph Yvon Thériault, « Entre la nation et l'ethnie : sociologie, société et communautés minoritaires francophones », *Sociologie et sociétés*, vol. 26, n° 1 (printemps 1994), p. 15-32.

107. Gervais, « Les droits du français en Ontario », p. 65.

108. Gervais, « Aux origines de l'identité franco-ontarienne », p. 168.

109. Pour une synthèse de ce débat, se référer à Gérard Bouchard et Yvan Lamonde (dir.), *Québécois et Américains : la culture québécoise aux XIXe et XXe siècles*, Montréal, Éditions Fides, 1995 ; Thériault, *Critique de l'américanité*.

En dernière instance, si la promotion d'une autonomie référentielle et institutionnelle pour les Franco-Ontariens représente une dimension centrale de la logique nationaliste de Gervais, son *volontarisme* à propos de la sauvegarde de leur langue et de leur culture en est une autre composante fondamentale. Sur ce point, il est possible d'établir une autre filiation avec certains penseurs du nationalisme traditionnel canadien-français du XXe siècle. C'est notamment le cas de Groulx, pour qui l'existence de la nation canadienne-française ne pouvait se limiter au partage d'un ensemble de traditions et de caractéristiques culturelles communes. Encore fallait-il que ses adhérents aient la volonté, le « vouloir-vivre collectif », pour donner à cette dernière le souffle et le dynamisme nécessaires à sa survie dans le temps[110]. On pourrait dire que Gervais partage une conception similairement volontariste de l'histoire, au sens où par-delà son fondement objectif – l'existence d'une communauté de culture – il existe un principe subjectif qui implique la *conscience* de la communauté et la volonté d'en perpétuer l'existence[111]. N'est-il pas d'ailleurs lui-même saisi d'enthousiasme devant l'agir des grands hommes de l'Histoire, à commencer par le général de Gaulle, dont il a toujours admiré le courage et la vision du monde puissamment articulée[112]? Il suffit également, pour s'en convaincre, de se reporter à cette phrase qu'il énonce en ouverture de l'introduction de la huitième livraison de la *Revue du Nouvel-Ontario* : « L'Ontario français, c'est le nom d'un combat[113]. » À travers cette formule, résonne l'écho des luttes scolaires, religieuses et politiques passées, lesquelles, non sans avoir laissé de profondes cicatrices, autorisent tout de même une certaine foi en un possible ressaisissement et, peut-être encore, un élan d'optimisme face à l'avenir. C'est d'ailleurs avec ce même regard optimiste que l'historien sudburois pourfend, en 2004, la pensée « misérabiliste » de son collègue professeur, Fernand Dorais, éminence grise du mouvement contre-culturel sudburois, à qui il reproche de ne pas avoir su reconnaître dans ses propres travaux les « progrès majeurs » accomplis en Ontario français depuis 1969, que ce soit sur les plans scolaire, juridique

---

110. Trépanier, « Lionel Groulx, conférencier traditionaliste et nationaliste (1915-1920) ».

111. Pierre Trépanier, « Richard Arès », *L'Action nationale*, vol. 82, n° 2 (février 1992), p. 184.

112. Gaétan Gervais, Entrevue, Sudbury, juillet 2011.

113. Gervais, « Le problème des institutions en Ontario français », p. 9.

ou culturel[114]. Cette critique éloigne également Gervais du regard pessimiste d'un Patrice Desbiens ou des textes souvent sombres d'un André
Paiement, tous deux représentatifs d'un discours identitaire fondé sur le
déni d'un avenir possible pour la collectivité franco-ontarienne[115]. Elle
ne rejoint pas non plus le pessimisme lucide d'un Roger Bernard, dont
l'armature théorique des travaux, empruntée pour beaucoup à la sociologie des relations ethniques et à la théorie wébérienne de l'action sociale,
mène à l'exposition d'un réel pour le moins désenchanté[116].

Sans pour autant céder aux complaisances vitalistes, Gervais est très
souvent porté à rappeler, de manière plutôt heureuse, les grands acquis
de l'Ontario français[117]. Certains verront peut-être dans cette attitude un
héritage, parmi d'autres, de la philosophie jésuite qu'on lui a transmise au
collège, philosophie dont la doctrine, révélée durant les grandes querelles
avec le jansénisme, a toujours inspiré un certain optimisme devant la
nature humaine et la foi en la liberté de l'homme en quête de son salut.
Le parallèle, pour tentant qu'il soit, est sans doute un peu trop audacieux
pour que l'on s'y risque davantage, Gervais ayant lui-même fait assez peu
commerce de son rapport à la religion. Comme nous le verrons plus loin,
ce postulat volontariste qui anime l'engagement intellectuel de Gervais
se répercute jusque dans son approche de l'histoire, où le rôle des élites
et autres minorités actives, dévouées et charismatiques, occupe une place
importante.

---

114. Gaétan Gervais, « Fernand Dorais en son contexte franco-ontarien 1969-
1994 », dans Gratien Allaire et Michel Giroux (dir.), *Fernand Dorais et le
Nouvel-Ontario : réflexions sur l'œuvre et sur l'influence d'un provocateur franco-
ontarien : actes du colloque tenu à Sudbury les 25 et 26 novembre 2004*, Sudbury,
Institut franco-ontarien, 2007, p. 15-29.

115. François Paré, « Les Franco-Ontariens ont-ils droit au discours identitaire ? »,
dans Simon Langlois (dir.), *Identité et culture nationales : l'Amérique française en
mutation*, Sainte-Foy, Les Presses de l'Université Laval, 1995, p. 171.

116. Voir, notamment, Roger Bernard, *De Québécois à Ontarois*, Ottawa, Le Nordir,
1996, p. 11-14.

117. Un ancien étudiant de Gaétan Gervais nous écrit : « J'ai le souvenir d'une phrase
prononcée par Gaétan Gervais lors d'un cours de fin de session de troisième ou
de quatrième année à l'Université Laurentienne : "L'important dans la vie, c'est
de reconnaître le bon, le beau et le vrai". »

Positionnement historiographique : perspectives et thématiques historiques

Le principal objet d'étude de Gaétan Gervais est, bien sûr, l'Ontario français, plus particulièrement la période canadienne-française du passé de l'Ontario français. Il s'agit pour lui de cerner la part distinctement franco-ontarienne des enjeux et faits du passé pour donner à cette collectivité une existence propre dans l'espace public. Par-delà les différentes thématiques abordées dans ses travaux, on peut dire de son entreprise interprétative qu'elle cherche aussi à présenter la formation et la construction, dans le temps et l'espace, d'une société canadienne-française à part entière. Cette histoire s'incarne dans des moments forts et symboliquement très significatifs, lesquels constituent bien souvent l'objet central de ses propres analyses. Que ce soit les États généraux du Canada français, le Règlement 17, les jumelles Dionne, les congrès patriotiques, l'école du fort Frontenac, le rôle des paroisses françaises dans la survivance en Ontario, la participation des Canadiens français au commerce des fourrures à l'époque du Régime anglais, l'historiographie franco-ontarienne, l'enracinement des sociétés d'histoire en Ontario français, la contribution scientifique de Germain Lemieux ou, encore, la première foulée de Samuel de Champlain et d'Étienne Brûlé en terre ontarienne, ces faits et moments de l'histoire franco-ontarienne qu'il explore dans ses travaux constituent autant d'empreintes qui confirment la pérennité et la permanence de l'enracinement français dans la province. Sous sa plume, l'Ontario français devient une réalité historique formelle et cohérente. En lui restituant ainsi un parcours historique propre, son historiographie participe des nombreux discours sociaux qui contribuent à organiser, mouler et meubler la référence à un imaginaire et à un espace géographique particulier à partir desquels il devient possible pour cette même collectivité de se définir.

Il serait difficile, dans le cadre de la présente étude, de mesurer avec précision l'influence qu'a pu avoir la production savante de Gaétan Gervais sur la mémoire collective franco-ontarienne. Toujours est-il que, selon Jocelyn Létourneau, les constructions savantes des historiens peuvent trouver refuge dans les mémoires individuelles à condition que celles-ci soient «réutilisées par certains organes de diffusion plus mobilisateurs, repris dans certains lieux de socialisation plus efficaces, ou accaparées par certains réseaux du savoir plus large[118]». Il ne fait aucun doute que ces trois conditions ont été réunies au cours de la carrière de Gaétan Gervais. Considérons, tout d'abord, les principaux organes de diffusion. À ce chapitre, Marie LeBel note que l'historien sudburois est l'auteur ayant le plus grand nombre d'entrées bibliographiques dans le corpus de publications franco-ontariennes qui couvre la période de 1970 à 1995. Hormis les ouvrages et les chapitres de livres, l'historien sudburois a publié dans divers journaux et revues savantes, tels que le journal *Le Voyageur*, la revue *Liaison*, la *Revue du Centre d'étude du Québec*, *Recherches sociographiques*, *Ontario History*, la *Revue d'histoire de l'Amérique française*, *Langue et société*, *Éducation et francophonie*, *Francophonies d'Amérique*, le *Journal de la Société canadienne d'histoire orale* et *Fleur de trille*. Rappelons, toutefois, que c'est dans la *Revue du Nouvel-Ontario* et les *Cahiers Charlevoix* – publication qu'il a fondée en 1994 avec Jean-Pierre Pichette et Fernand Dorais – que Gervais s'est le plus démarqué en y publiant plus d'une douzaine de textes critiques et d'études assez substantielles entre 1983 et 2006, certaines ayant été reprises dans ses ouvrages. À cette masse documentaire s'ajoutent de nombreuses interventions médiatiques à la chaîne de télévision franco-ontarienne TFO de même qu'à la télévision et à la radio de Radio-Canada, où, en plus des entrevues données chaque année, Gervais a été régulièrement appelé à commenter l'actualité, à présenter des chroniques littéraires et historiques et à participer à certaines séries radiophoniques[119].

S'agissant des lieux de socialisation où l'influence de Gervais a pu s'étendre, on compte, bien évidemment, la salle de classe et le séminaire, lieux de rencontres, de discussions et de confrontations par excellence. Il s'y révèle en professeur très compétent et méthodique, dont les cours

---

118. Jocelyn Létourneau, «Historiens, sociogrammes et histoire: l'interaction complexe entre mémoire collective, mémoire individuelle, passé construit et passé vécu», dans Jacques Mathieu (dir.), *Étude de la construction de la mémoire collective des Québécois au XXᵉ siècle: approches multidisciplinaires*, Cahiers du CELAT, n° 5 (novembre 1986), p. 106.

119. À ce propos, on consultera Gaétan Gervais et Robert Toupin, *Les Jésuites en Ontario*, entretiens colligés et édités par Serge Dupuis et Jean Lalonde, Sudbury, Société historique du Nouvel-Ontario, coll. «Documents historiques», n° 102, 2014. Ces entretiens ont originellement fait l'objet d'une série radiophonique sur l'histoire des Jésuites en Ontario, diffusée au réseau national FM et AM de la Société Radio-Canada, de juin à septembre 1990.

sont toujours bien préparés et riches en contenu. À cela s'ajoutent aussi les réseaux de savoir franco-ontariens, qu'il a personnellement contribué à institutionnaliser. Mentionnons, à cet égard, la publication en 2004, en collaboration avec Michel Bock, d'un manuel scolaire d'histoire franco-ontarienne, vecteur par lequel il a pu diffuser ses idées auprès des élèves et des instituteurs des écoles secondaires. Ce manuel, sur lequel nous reviendrons plus loin, lui avait été commandé par le Centre franco-ontarien de ressources pédagogiques, signe du capital symbolique accumulé par l'historien. Soulignons également les dizaines de conférences données à l'extérieur du milieu universitaire, auprès d'élèves du secondaire, de groupes d'aînés, d'associations franco-ontariennes de toutes sortes, de sociétés historiques locales[120] et dans le cadre de plusieurs autres activités patrimoniales. Il faut aussi ajouter à cette liste la direction de plus d'une vingtaine de mémoires et thèses de maîtrise et de doctorat, qui lui a donné l'occasion d'initier et de sensibiliser plusieurs étudiants à sa grille d'interprétation historique. Tous ses étudiants, à l'exception de quelques-uns, traitent d'ailleurs d'une façon ou d'une autre d'histoire franco-ontarienne, certains ayant même publié des ouvrages sur le sujet[121]. Les nombreux honneurs et distinctions reçus par Gervais[122] de

120. On retient, notamment, la Société historique du Nouvel-Ontario, dont Gervais assure la direction et la présidence de façon intermittente au début de la décennie 1980. Il siège également au comité de rédaction de la Société au cours des années 1990 et 2000.

121. Pensons, entre autres, à André Bertrand, *L'éducation classique au Collège Sacré-Cœur*, Sudbury, Société historique du Nouvel-Ontario, coll. « Documents historiques », n° 86, 1988 ; Michel Bock, *Quand la nation débordait les frontières : les minorités françaises dans la pensée de Lionel Groulx*, Montréal, Hurtubise HMH, 2004 ; Donald Dennie, *La paroisse Sainte-Anne-des-Pins de Sudbury (1883-1940) : étude de démographie historique*, Sudbury, Société historique du Nouvel-Ontario, coll. « Documents historiques », n° 84, 1986 ; Serge Dignard, *Camille Lemieux et* l'Ami du peuple*, 1942-1968*, Sudbury, Société historique du Nouvel-Ontario, coll. « Documents historiques », n° 80, 1984 ; Daniel Bouchard, *La Société historique du Nouvel-Ontario de 1942 à 1976*, Sudbury, Société historique du Nouvel-Ontario, coll. « Documents historiques », n° 94, 1997.

122. Voici une liste non exhaustive des honneurs et distinctions reçus par Gaétan Gervais au cours de sa carrière : Personnalité franco-ontarienne de l'année à Sudbury (1983) ; Ordre du mérite franco-ontarien (1994) ; Prix du CRCCF (2004) ; diplôme honorifique en sciences humaines du Collège Boréal de

même que les abondantes sollicitations professionnelles qu'il reçoit à l'extérieur de ses tâches de professeur[123] confirment, par ailleurs, la réception plutôt positive de ses idées et de sa contribution au sein de la collectivité franco-ontarienne.

Voyons maintenant d'un peu plus près ce qui caractérise la production savante de Gervais eu égard à son positionnement dans le paysage historiographique canadien-français et franco-ontarien.

Un historien de la question nationale

La démarche historiographique de Gaétan Gervais rejoint surtout l'approche défendue par l'histoire nationale. Cette approche devient dominante dans ses travaux au tournant des années 1980, lorsqu'il décide d'orienter sa carrière vers l'histoire franco-ontarienne. Par histoire nationale, nous entendons ici une approche méthodologique qui, pour celui qui la pratique, consiste à se préoccuper, d'abord et avant tout, du fait national, c'est-à-dire des dimensions du réel qui fondent l'unité, la cohésion et le maintien d'une collectivité donnée dans le temps. Son objet de prédilection est tantôt la « communauté », tantôt la « nation », tantôt le « peuple », dont il s'agit de faire la genèse des composantes fondamentales en vue d'en dégager un *sens* et d'éclairer un *destin*. Dans la tradition historiographique canadienne-française, ce genre est présent notamment dans les œuvres d'historiens comme François-Xavier Garneau ou Lionel Groulx, qui en

Sudbury (2004); membre du « Cercle Horace-Viau » (2005); chevalier de l'Ordre de la Pléiade (2005); membre, Compagnie des Cent-Associés francophones (2005); plaque de l'ACFO du Grand Sudbury – 30ᵉ anniversaire du drapeau franco-ontarien (2005); doctorat honorifique de l'Université Laurentienne (2011); inauguration de l'école secondaire Gaétan-Gervais à Oakville (2012); Ordre du Canada (2013).

123. Mentionnons, à cet égard, la direction du Conseil de l'enseignement en français (CEF) à l'Université Laurentienne, de 1981 à 1987; sa nomination à titre de membre de la Commission consultative du bicentenaire de l'Ontario (1983); son prêt de service auprès du ministère des Collèges et Universités de l'Ontario, de 1987 à 1989; la coprésidence de la Commission nationale d'étude sur l'assimilation, de 1990 à 1992; sa participation à titre de membre et de coprésident du Conseil consultatif d'orientation (CCO) du Conseil du Secrétariat permanent des peuples francophones (Québec), de 1990 à 1992; la présidence du Conseil de l'éducation et de la formation franco-ontariennes (CEFFO), de 1991 à 1994.

furent les deux principaux représentants. Il trouve aussi un relais dans les travaux et les thèses des historiens de l'école de Montréal. Il faut savoir que, dans le domaine de l'historiographie depuis les années 1960 et 1970, le cadre interprétatif privilégié par l'histoire nationale au Canada français a été, en quelque sorte, déclassé par celui de l'histoire sociale et économique, moins axée sur une explication globale des sociétés et davantage portée vers le fractionnement des objets étudiés. Au Québec, cette historiographie s'est traduite, chez plusieurs de ses praticiens, par le recours à une interprétation libérale de la société québécoise, selon laquelle il s'agissait surtout de mettre en valeur sa longue marche vers la modernité[124]. Dans le cas de Gervais, en quoi, précisément, son entreprise historienne est-elle associée au cadre analytique proposé par l'histoire nationale?

De prime abord, sous la plume de Gervais, l'Ontario français n'est jamais présenté sous l'angle de sa fragmentation ou de ses divisions sociales. En effet, à aucun moment il ne s'intéresse, par exemple, aux différentes catégories sociales franco-ontariennes susceptibles d'avoir été marginalisées par un récit national, qu'il s'agisse de conflits sociaux, d'inégalités liées au genre, à l'ethnie ou encore aux différences intergénérationnelles. Ces thèmes, qui interpellent davantage les historiens du social, Gervais y accorde assez peu d'attention. Il importe toutefois de préciser que sa tendance à relativiser certains enjeux ou le parcours de certains acteurs et groupes à l'intérieur de la collectivité ne signifie pas pour autant qu'il s'en désintéresse ou encore qu'il en nie l'existence. Ce sont plutôt, faut-il le rappeler, les éléments de continuité qui intéresse l'historien sudburois, ce qui se traduit par un souci particulier pour le «commun» et la nécessité de dégager un sens de la multitude des intérêts sociaux et des conflits. Chez Gervais, la collectivité minoritaire est envisagée comme un sujet collectif, historiquement circonscrit dans le temps long, animé par une intention historique singulière et engagé dans des rapports de pouvoir permanents avec la majorité anglaise. L'accent est ainsi régulièrement mis sur la fraternité, par exemple, lorsqu'il évoque, à quelques reprises, la «grande famille canadienne-française[125]», expression

---

124. Voir, à ce sujet, Rudin, *Faire de l'histoire au Québec*, p. 199-248.

125. Gervais, *Des gens de résolution*, p. 22; Gervais, «Les droits du français en Ontario», p. 50. Voir aussi Gervais, «L'histoire de l'Ontario français (1610-1997)», p. 157.

largement utilisée par les penseurs nationalistes des générations précédentes. De la même manière, ce sont davantage les grands événements au cours desquels s'est jouée l'existence de l'Ontario français en tant que « communauté » qui le préoccupent et auxquels il consacre ses principaux travaux. On en trouve un autre exemple éloquent dans son étude sur l'Ontario français et les grands congrès patriotiques lorsqu'il explique en quoi, selon lui, ces rassemblements ont constitué un moment privilégié pour apprécier l'unité du projet national canadien-français :

> L'unité de la pensée canadienne-française se traduisit de nombreuses façons, certes, mais se manifesta rarement avec plus d'éclats que lors des dizaines de congrès, tant patriotiques que religieux, qui ponctuèrent l'histoire de la nation canadienne-française. Ces rassemblements solennels fournirent aux élites, tant religieuses que laïques, l'occasion de se retrouver, de se concerter, de proclamer publiquement les hauts principes qui les inspiraient. [...] Ainsi, les congrès devinrent eux-mêmes des « symboles », de véritables structures de signification, représentatives de l'ensemble du Canada français[126].

Cette insistance sur la dimension collective (et unitaire) des Franco-Ontariens apparaît aussi dans son texte portant sur les régionalismes en Ontario français. Si, *a priori*, un tel sujet d'étude appelle une mise en lumière du caractère éclaté du groupe entre ses diverses régions physiographiques, géographiques, de peuplement, et ses divers pôles institutionnels d'influence, Gervais tient tout de même à rappeler les « raisons communes[127] » de la communauté :

> [...] peut-on parler de « régions » en Ontario français ? Il semble que l'encadrement le plus significatif de la communauté soit le réseau institutionnel. Celui-ci est plus dense dans certaines villes qui

---

126. Gervais, *Des gens de résolution*, p. 18-19. Voir aussi Gaétan Gervais, « L'Ontario français et les grands congrès patriotiques canadiens-français (1883-1952) », *Cahiers Charlevoix 2*, Sudbury, Éditions Prise de parole et Société Charlevoix, 1997, p. 9-155. Gaétan Gervais, « L'Ontario français dans toutes ses régions », dans Société Charlevoix, *Les régionalismes de l'Ontario français : actes de la table ronde de la Société Charlevoix, dixième Salon du livre de Toronto 2002*, Toronto, Éditions du GREF, 2005, p. 15.

127. Fernand Dumont, *Raisons communes*, Montréal, Éditions du Boréal, coll. « Boréal compact », 1997.

exercent une place centrale dans chacune des trois régions reconnues [Ottawa, Sudbury et Toronto]. Toutefois, leur fonctionnement n'est pas bien connu, pas plus que les caractéristiques qui les distinguent. Les manifestations de patriotisme régional sont rares. Menacés au point de vue culturel, les Franco-Ontariens ont plutôt le sentiment de partager un sort commun[128].

Autre trait saillant de l'histoire nationale : l'élargissement des perspectives par le travail de synthèse, où le sujet collectif tente de devenir l'acteur de sa propre histoire. C'est, à peu de chose près, l'ambition qui sied à l'ouvrage *L'Ontario français : des Pays-d'en-Haut à nos jours*, paru en 2004 et corédigé par Gaétan Gervais et Michel Bock, qui a été l'un de ses étudiants. L'ouvrage, qui se veut, d'abord et avant tout, un manuel scolaire d'histoire franco-ontarienne destiné aux élèves du secondaire[129], présente une grande synthèse des quatre siècles de la présence française en Ontario. L'Ontario français s'y révèle comme une communauté de mémoire et de culture à part entière, distincte de l'ensemble canadien qui la contient et porteuse d'aspirations particulières. Les événements qui marquent son existence sont mis en récit et remontent jusqu'aux origines de la Nouvelle-France. Ce projet donne, par ailleurs, lieu à une série télévisée de douze émissions, *Les vrais Pays-d'en-Haut*, coproduite par TFO, la télévision éducative et culturelle de l'Ontario français, en collaboration avec le Centre franco-ontarien de ressources pédagogiques. Gaétan Gervais y prend part à titre de commentateur, employant ainsi une autre voie pour transmettre le récit et dire la continuité de manière accessible au grand public.

Si Gervais insiste davantage sur le « consensus » dans ses travaux, c'est d'abord parce qu'il réfléchit, comme nous le mentionnions, « à partir » de l'Ontario français et de ses nombreux défis culturels et politiques. Autant sa démarche aspire à la rigueur intellectuelle et méthodologique, autant elle garde comme préoccupation fondamentale de permettre à l'espace minoritaire franco-ontarien de perdurer en tant que lieu de socialisation et de transmission d'une culture et d'un héritage. L'un des

---

128. Gervais, « L'Ontario français dans toutes ses régions », p. 14.

129. Il s'agit ici du deuxième manuel d'histoire franco-ontarienne à voir le jour en Ontario français. Le premier à s'être lancé dans une telle entreprise est Robert Choquette avec la publication de *L'Ontario français, historique*, Montréal, Éditions Études vivantes, 1980.

exemples les plus probants où s'articulent ces deux impératifs se trouve sans doute dans son étude sur les jumelles Dionne. Alors que plusieurs travaux ont été consacrés aux quintuplées dans la perspective d'un récit national canadien (c'est le cas, notamment, de l'ouvrage de l'historien Pierre Berton[130]), Gervais propose plutôt d'en faire un jalon de l'histoire franco-ontarienne : « [...] aucune étude d'ensemble, autre que les traductions, ne raconte en français l'histoire de celles qui furent, sans aucun doute, les Franco-Ontariennes les plus illustres de l'histoire[131]. » Ce passage est lourd de signification, en ce sens qu'il montre comment l'historien sudburois entend intégrer cet épisode à une référence proprement franco-ontarienne, si ce n'est canadienne-française, plutôt qu'à une référence canadienne.

Si nous situons les travaux de Gervais dans le paradigme de l'histoire nationale, c'est aussi parce que ces derniers s'intéressent d'abord à ce qui distingue l'Ontario français des autres collectivités, à ce qui en fonde la spécificité dans l'espace et le temps. C'est ce qui expliquerait d'ailleurs pourquoi Gervais n'est pas vraiment porté sur l'étude des liens qu'ont pu tisser les Franco-Ontariens avec d'autres communautés linguistiques et culturelles de la province. De même, ses travaux accordent très peu d'attention aux liens identitaires et culturels qui ont historiquement rattaché les Franco-Ontariens à l'ensemble canadien. L'entreprise du *Dictionnaire des écrits de l'Ontario français*, que Gervais codirige avec l'ethnologue Jean-Pierre Pichette[132], illustre très bien son adhésion à ce courant historiographique. Amorcé en 1982 et publié en 2010, cet ouvrage inspiré du *Dictionnaire des œuvres littéraires du Québec*, représente l'une des contributions scientifiques les plus significatives de Gaétan Gervais au champ des études franco-ontariennes. Cette initiative a mis près de 200 collaborateurs à contribution pour consigner, sous forme de notices descriptives, tous les imprimés de langue française parus entre 1613 et 1993 (livres, brochures, journaux, revues) se rapportant à l'Ontario français, écrits par des auteurs

---

130. Pierre Berton, *The Dionne Years: A Thirties Melodrama*, Toronto, McClelland and Stewart, 1977.

131. Gaétan Gervais, *Les jumelles Dionne et l'Ontario français (1934-1944)*, Sudbury, Éditions Prise de parole, 2000, p. 17.

132. Précisons qu'à l'origine le projet regroupait les chercheurs suivants : Gaétan Gervais, Fernand Dorais, Yves Lefier, André Girouard, Jean-Pierre Pichette, Benoît Cazabon et Renée Champagne.

nés en Ontario, qui y travaillent ou y résident. En plus d'être une importante ressource documentaire pour la recherche, ce projet contenait, dès ses premières années de mise en œuvre, les germes d'une intention politique clairement énoncée. En 1989, dans la revue *Vie française*, les deux auteurs écrivaient, à propos du *Dictionnaire des écrits de l'Ontario français* :

> Disons-le clairement : ce projet comprend une dimension politique importante. Pour s'épanouir, la communauté franco-ontarienne doit acquérir une meilleure connaissance d'elle-même. L'amélioration de son statut culturel passe par une plus grande prise de conscience de ce qui la distingue et la rend différente. On ne trouvera pas, pour expliquer le présent, de meilleure source qu'une connaissance et une compréhension adéquate du passé. Le travail que nous avons entrepris s'inscrit comme contribution à la prise de conscience d'une communauté culturelle[133].

Et les auteurs d'ajouter, dans l'introduction de la version définitive de l'ouvrage en 2010 :

> Il ne fait pas de doute que la réalisation de ce dictionnaire pourra contribuer de manière significative à faire prendre conscience, aux Franco-Ontariens autant qu'aux autres Ontariens et aux Canadiens, de la présence française en ce pays depuis quatre siècles. En parcourant ses écrits, la communauté franco-ontarienne pourra, quant à elle, mieux saisir sa posture identitaire propre, comprendre son enracinement et reconnaître ses traits culturels distinctifs[134].

On retient de ces citations les visées à la fois historiques et mémorielles qui sous-tendent un projet comme le *Dictionnaire des écrits de l'Ontario français*. Ce projet résume bien à lui seul le type d'engagement scientifique que Gervais a privilégié en Ontario français au cours de sa carrière, c'est-à-dire celui de favoriser la construction d'une « référence » qui lui soit propre et qui puisse reposer sur la spécificité d'une expérience historique commune. À cet égard, rien ne nous paraît plus

---

133. Gaétan Gervais et Jean-Pierre Pichette, « Le dictionnaire des écrits de l'Ontario français », *Vie française*, vol. 41, n° 1 (1989), p. 48.

134. Gaétan Gervais et Jean-Pierre Pichette (dir.), *Dictionnaire des écrits de l'Ontario français 1613-1993*, Ottawa, Les Presses de l'Université d'Ottawa, 2010, p. xxiv.

évocateur dans ce dictionnaire que le choix des auteurs de faire remonter le plus vieil écrit de l'Ontario français au carnet du quatrième voyage de Samuel de Champlain en terre d'Amérique (1613), expédition au cours de laquelle l'explorateur français foula pour la première fois le territoire qui constitue aujourd'hui l'Ontario. Encore ici, le lien établi avec Champlain permet d'ancrer la quête identitaire des Franco-Ontariens dans une histoire longue, du même ordre que celle du Québec. Ce récit de la fondation associé à la figure de Champlain est également perceptible dans le texte de Gervais sur «Champlain et l'Ontario (1603-1635)», publié en 2004 dans un ouvrage soulignant les 400 ans de la présence française en Amérique. L'auteur y décrit les voyages à l'île aux Allumettes, où l'explorateur saintongeais partit à la recherche de la mer du Nord, sa visite en Huronie et en Iroquoisie pour explorer la région des Grands Lacs, les alliances conclues avec les Amérindiens de même que le recrutement de missionnaires. Pour Gervais, ces activités «constituent autant de liens qui attachent Champlain à la région qui forme aujourd'hui l'Ontario[135]». On pourrait dire que l'historien souhaite à la fois apporter une contribution à l'étude de l'expansion française sur le continent nord-américain et offrir une mise en récit du *sens premier* des origines de l'Ontario français.

La « rupture tranquille » du Canada français

Selon Gaétan Gervais, l'histoire franco-ontarienne se divise en trois «actes». Le premier correspond à l'arrivée d'Étienne Brûlé, premier Français à fouler le sol de ce qui deviendra plus tard le Haut-Canada (l'Ontario) et se déploie sur plus de deux siècles d'enracinement sous les régimes français puis britannique jusqu'à la Confédération canadienne (1867)[136]. Le second acte correspond à la période du Canada français qui, pour Gervais, a existé, non seulement dans l'imaginaire d'une élite, mais aussi, et surtout, comme projet de société et comme lieu historique d'enracinement culturel et identitaire. De 1840, au lendemain

---

135. Gaétan Gervais, «Champlain et l'Ontario (1603-1635)», dans Raymonde Litalien et Denis Vaugeois (dir.), *Champlain: la naissance de l'Amérique française*, Paris, Nouveau Monde éditions; Sillery, Éditions du Septentrion, 2004, p. 180.

136. Gaétan Gervais, «Introduction», dans *Des gens de résolution*, p. 7-15.

des rébellions, jusqu'aux assises des États généraux du Canada français (1967), c'est comme projet social, politique et culturel que le Canada français s'institue[137] :

> Pour caricaturer, en parlant du Canada français entre 1840 et 1967, on pourrait dire que ses idées sont *ultramontaines*, que son encadrement est *clérical*, que son projet politique a été l'indépendance du Canada, que sa vision se fondait sur un *projet canadien* reconnaissant *l'égalité des deux peuples fondateurs*, que ses troupes de choc furent les *communautés religieuses*, surtout après leur «canadianisation» au tournant du XXe siècle[138].

Cette vision du monde est, ajoute Gervais, en partie portée par une élite, tant laïque que cléricale, qui propage une vision de la nation catholique et française dans laquelle la langue et la religion vont de pair. Elle s'incarne surtout dans un imposant réseau d'institutions qui aspire à se former en corps autonome et comprend églises, collèges, hôpitaux, asiles, hospices, orphelinats, journaux, centres culturels et associations de toutes sortes. Parmi les institutions d'encadrement, la paroisse et l'école jouèrent, selon lui, le rôle le plus important dans le maintien de la langue, de la culture et de la religion : «Ces deux institutions ont joué un rôle de suppléance en Ontario français, là précisément où le clergé a pu fournir l'encadrement nécessaire en personnel et en ressources[139].» Ainsi, est-ce à l'intérieur de cette

> [...] « aire culturelle» nord-américaine en formation depuis quatre siècles, elle-même partie d'un ensemble plus vaste (la civilisation ou la culture française dont le foyer historique est la France) que les différents foyers de peuplement français en Ontario se développent pour former «la partie ontarienne du Canada français»[140].

---

137. À certains endroits, Gervais fait remonter le début de l'existence politique du Canada français à la Confédération canadienne (1867). La plupart de ses textes situent toutefois l'avènement du Canada français comme projet culturel et religieux au lendemain des rébellions de 1837-1838.
138. Gervais, «Aux origines de l'identité franco-ontarienne», p. 139. (En italique dans le texte.)
139. *Ibid.*, p. 141.
140. *Ibid.*, p. 142.

Le portrait global qui se dégage d'une telle description présente, encore une fois, le Canada français comme un projet distinct de celui du Canada anglais. Il montre en quoi le grand récit de la nation canadienne-française a engendré un particularisme culturel et économique, distinct des autres processus de construction nationale nord-américains jusqu'à la fin de la Seconde Guerre mondiale, alors que s'accélère un grand mouvement d'urbanisation et d'abandon des terres, surtout dans le Nord. Ce Canada français marche, explique Gervais, « derrière les trois symboles de la croix, de l'épée et de la charrue[141] », interprétation qui n'est pas sans traduire, par moments, un penchant favorable à une interprétation ruraliste de la société canadienne-française. À cet égard, Gervais écrit, en 1979, que

> [l]'isolement rural, où un mode de vie traditionnel a longtemps retenu les Franco-Ontariens, a très bien servi leurs intérêts. Il ne faut rien renier de ce passé où, à l'écart des grandes pressions assimilatrices des villes, nos ancêtres ont planté de solides racines dans plusieurs régions de l'Ontario. Leurs institutions, protégées par les distances qui les séparaient des Anglo-Ontariens, ont pu se développer et croître[142].

En 1983, au sujet de l'évolution des Canadiens français de l'Est et du Nord ontariens, il affirme que

> [l]a colonisation aura été une phase d'enclavement caractérisée par l'implantation de villages franco-ontariens homogènes en milieux ruraux. Mais depuis les années quarante, les régions rurales se dépeuplent ou cessent en tout cas de pratiquer l'agriculture. Cette urbanisation fait des Franco-Ontariens une main-d'œuvre dans l'industrie du bois, des mines ou dans les commerces des villes[143].

Dans un texte portant sur l'Ontario français de 1821 à 1910, publié en 1993, Gervais précise son analyse sur l'expansion des Franco-Ontariens vers le Nord ontarien au tournant du XXe siècle. Selon lui, la population de langue française dans cette région habite dans certaines

---

141. Gervais, *Des gens de résolution*, p. 9.
142. Gaétan Gervais, « La vie économique des Franco-Ontariens », *Le Nord*, 5 septembre 1979, p. H-20.
143. Gervais, « La stratégie de développement institutionnel de l'élite canadienne-française de Sudbury ou le triomphe de la continuité », p. 74-75.

villes comme Sudbury, Mattawa, Sturgeon Falls et Sault-Sainte-Marie, où on la retrouve dans les mines, les chantiers forestiers, les usines et les manufactures. « Mais principalement, ajoute-t-il, elle s'implanta dans les régions rurales nouvellement occupées. En beaucoup d'endroits, ce peuplement revêtit le caractère homogène des paroisses de Prescott et de Russell[144]. » Cette interprétation selon laquelle les Canadiens français auraient essentiellement vécu dans un milieu rural homogène jusqu'aux années 1940 en pratiquant l'agriculture constitue une prise de position historiographique particulière, qui est bien loin de faire l'unanimité dans la communauté des chercheurs. L'historien Fernand Ouellet est de ceux qui, dans un article paru au milieu des années 1980 dans la *Revue du Nouvel-Ontario*, remettent en question le bien-fondé de cette image traditionnelle de l'agriculteur franco-ontarien. Pour Ouellet, qui fait d'ailleurs de Gervais l'un des représentants de ce courant interprétatif, « le nombre de communautés rurales homogènes franco-ontariennes fut, à toutes les époques, infime sur le territoire ontarien ». Ces dernières auraient plutôt, selon lui, vécu les influences urbaines, étrangères et même industrielles très tôt dans leur histoire. Ouellet s'en prend aussi au projet autonomiste des élites traditionnelles et estime que les migrants canadiens-français en Ontario sont à ce moment moins encouragés par un réel désir de promouvoir le catholicisme et la culture française que contraints de composer avec un contexte économique défavorable en raison des pressions démographiques, de la rareté des terres, de la transformation de l'agriculture québécoise et des crises frappant l'économie forestière[145]. De son côté, l'auteur sudburois Paul de la Riva publie en 1998 un ouvrage sur les Canadiens français et le travail minier à Sudbury dans lequel il infirme l'hypothèse selon laquelle ces derniers se seraient tenus à l'écart des travaux miniers jusqu'aux années 1940 pour se consacrer aux secteurs agricole et forestier. Il montre plutôt que leur contribution dans ce secteur fut significative jusqu'à la Grande Dépression, et

---

144. Gaétan Gervais, « L'Ontario français (1821-1910) », dans Cornelius J. Jaenen (dir.), *Les Franco-Ontariens*, Ottawa, Les Presses de l'Université d'Ottawa, 1993, p. 84.

145. Fernand Ouellet, « Économie et société minoritaires: propos incertains sur l'économie et la minorité francophone en Ontario: vers un nouveau regard sur le passé et le présent franco-ontariens », *Revue du Nouvel-Ontario*, n° 8 (1986), p. 103-119.

ce, depuis 1886, année où s'amorcent les premiers travaux miniers dans la région[146].

Gervais situe le troisième et dernier acte de l'histoire franco-ontarienne à compter des années 1960 jusqu'à aujourd'hui. Cette période correspond à celle de «l'Ontario français». Elle s'ouvre sur «l'éclatement du Canada français» et se caractérise par l'affirmation de la spécificité de la minorité française de l'Ontario. Ainsi, pour Gervais, la Révolution tranquille des années 1960 correspond au moment où s'épuise la logique du Canada français. À ses yeux, il serait erroné de parler d'identités provincialisées avant cette période, puisque la référence identitaire canadienne-française domine l'imaginaire et l'espace discursif. La période suivant les années 1960 décrirait, quant à elle, un processus d'«ontarianisation» de la minorité franco-ontarienne, mouvement par lequel l'Ontario français cesse «d'être la partie ontarienne du Canada français, pour devenir la partie française de l'Ontario[147]». Cette mutation à la fois structurelle et identitaire procède, selon Gervais, de trois facteurs distincts, tous présentés comme «exogènes» à la réalité franco-ontarienne : la décléricalisation et la laïcisation rapide de l'espace public canadien-français (facteur dont le caractère exogène est d'ailleurs discutable) ; la transformation du nationalisme canadien-français en nationalisme québécois ; l'expansion et la réorientation de l'État-providence à la faveur du développement des minorités françaises hors Québec.

Gaétan Gervais compte donc parmi les historiens qui, avec Pierre Savard[148], Fernand Harvey[149] et Marcel Martel[150] notamment, présentent les années 1960 comme un moment déterminant dans le processus de rupture du Canada français. Cette interprétation a tendance à accorder

---

146. Voir, à ce sujet, Paul de la Riva, *Mine de rien : les Canadiens français et le travail minier à Sudbury, 1886-1930*, Sudbury, Éditions Prise de parole, 1998.

147. Gervais, «Aux origines de l'identité franco-ontarienne», p. 142.

148. Pierre Savard, «Relations avec le Québec», dans Cornelius J. Jaenen (dir.), *Les Franco-Ontariens*, Ottawa, Les Presses de l'Université d'Ottawa, 1993, p. 231-263.

149. Fernand Harvey, «Le Québec et le Canada français : histoire d'une déchirure», dans Simon Langlois (dir.), *Identité et culture nationales : l'Amérique française en mutation*, Sainte-Foy, Les Presses de l'Université Laval, 1995, p. 49-64

150. Marcel Martel, *Le deuil d'un pays imaginé : rêves, luttes et déroute du Canada français*, Ottawa, Les Presses de l'Université d'Ottawa et Centre de recherche en civilisation canadienne-française, 1997.

une attention toute particulière aux États généraux de 1969, faisant de cet événement le lieu d'une déchirure portée à la connaissance du grand public. Gervais pouvait écrire à ce sujet:

> C'est en 1969 que, de façon publique cette fois, la division fut consommée quand les États-Généraux [*sic*] du Canada français, dans leur majorité, optèrent en faveur d'un nationalisme territorial basé non plus sur le Canada, mais sur le Québec seulement. C'était le rejet du fédéralisme canadien, mais aussi du projet du Canada français[151].

L'historien sudburois parle d'une «rupture tranquille» pour qualifier cette troisième évolution. Le choix de l'expression n'est pas anodin: elle permet à la fois de mettre en évidence l'étape charnière que représente cette période à ses yeux, tout en venant tempérer sa portée tragique et déterminante dans le mouvement de l'Histoire. Il convient dès lors de s'interroger sur le sens que prend la «rupture» du Canada français chez Gervais. Pour ce faire, reportons-nous à la *Brève histoire des Canadiens français*, publiée en 1998 par l'historien Yves Frenette. Pour bref qu'il soit, cet ouvrage n'en avance pas moins une thèse ambitieuse en proposant que les phénomènes conjugués d'urbanisation et d'industrialisation du début du XXᵉ siècle, en exerçant une forte pression sur les institutions traditionnelles canadiennes-françaises, avaient déjà forcé le mouvement nationaliste canadien-français à se replier progressivement sur le Québec[152]. Autrement dit, la rupture entre le Québec et les francophones à l'extérieur de ses frontières, que l'on fait d'ordinaire remonter à la période d'après-guerre, serait déjà perceptible au lendemain de la Première Guerre mondiale. C'est ce qui pousse notamment Frenette à amorcer son livre par une phrase pour le moins définitive, voire polémique: «Ce livre raconte l'histoire d'un peuple qui n'existe plus[153].» Ainsi, déjà affaiblis par le contexte industriel des années 1920, le Canada français et la «forte identité nationale» de sa population n'auraient pas survécu à son «irrémédiable fragmentation des années 1960» en diverses entités provinciales.

---

151. Gervais, «Aux origines de l'identité franco-ontarienne», p. 130.
152. Yves Frenette, *Brève histoire des Canadiens français*, avec la collaboration de Martin Pâquet, Montréal, Éditions du Boréal, 1998, p. 141-180.
153. *Ibid.*, p. 9.

La revue *Liaison*, non sans se douter de la réaction que cette thèse suscitera dans les milieux intellectuels de la francophonie ontarienne, demande à Gaétan Gervais de faire une recension de l'ouvrage. Si ce dernier concède à Frenette le caractère significatif de la brisure inaugurée par les années 1960, il diverge on ne peut plus clairement d'interprétation quant au diagnostic :

> L'auteur [Yves Frenette] a bien raison de parler de la rupture des années 1960, mais cette mutation ne signifie pas nécessairement la «mort» d'un peuple. On peut douter qu'il soit possible de faire «mourir un peuple» dans une génération? [*sic*] À l'encontre des nombreux intellectuels québécois, apparemment impatients de démontrer les décès des minorités françaises, prenons un point de vue différent et argumentons que la nation canadienne-française n'a que *changé de forme*. Et, pour rester dans le thème de la mortalité, on pourrait alors réciter comme autrefois à la messe des morts : *vita mutatur, non tollitur* (la vie n'est que transformée, elle ne cesse pas). Il en va de même pour le Canada français, qui n'a pas encore disparu, quel que soit le souhait de ceux qui prédisent depuis un siècle sa fin imminente[154].

Ainsi, s'il y a bel et bien eu rupture au tournant des années 1960, celle-ci n'est en revanche pas du tout consacrée sur le plan culturel. La rupture dont parle Gervais dans ses travaux se rapporte surtout aux dimensions institutionnelle et politique du Canada français. Rupture institutionnelle, tout d'abord, parce qu'elle implique, d'une part, le désengagement des grandes institutions canadiennes-françaises, basées surtout dans la province de Québec, à l'endroit des minorités françaises du pays et, d'autre part, la présence nouvelle des gouvernements fédéral et provinciaux dans l'appui au développement des minorités linguistiques[155]. «N'ont survécu à la tourmente que l'ACFAS (Association canadienne-française pour l'avancement des sciences) [rebaptisée depuis Association francophone pour le savoir], l'ACELF (Association canadienne d'éducation de langue française) et certaines relations privilégiées dans le secteur des

---

154. Gaétan Gervais, «Un peuple en mutation : compte rendu de *Brève histoire des Canadiens français* (d'Yves Frenette)», *Liaison*, n° 99 (novembre 1998), p. 31. (Nous soulignons.)

155. Gervais, «Aux origines de l'identité franco-ontarienne», p. 142.

caisses populaires[156]», spécifie Gervais. Ensuite, sur le fond, la rupture a été politique parce qu'elle marque la fin d'une tradition de solidarité avec le Québec, l'une des pierres d'assise du nationalisme canadien-français. Selon l'historien sudburois, deux événements viennent confirmer cette mutation durant les années 1960: le sabordement de l'Ordre de Jacques-Cartier en 1965 et l'issue des États généraux du Canada français de 1969, alors qu'une majorité de délégués du Québec choisissent «un nationalisme territorial basé non plus sur le Canada, mais sur le Québec seulement[157]». Ainsi, lorsque Gervais écrit que les États généraux marquent «le dernier acte de l'histoire du nationalisme canadien-français[158]», il se réfère au nationalisme dans son acception politique, c'est-à-dire à l'idée d'un projet de société commun en vertu duquel le Québec, en tant que foyer national, partage le même destin que celui des minorités françaises et, de ce fait, doit leur prêter soutien. Il se réfère également au réseau institutionnel canadien-français, tout particulièrement à l'institution cléricale, qui a pour fonction d'encadrer la vie sociale des Canadiens français.

En somme, la rupture survenue sur le plan politico-institutionnel n'autoriserait pas forcément, selon Gervais, à conclure à la disparition du peuple canadien-français, puisque lui a survécu une expérience culturelle et historique singulière à réactualiser et à prolonger. Cette conviction constitue l'une des lignes de force de sa vision de l'Ontario français et, surtout, de son engagement intellectuel envers celui-ci. Si l'historien sudburois n'a pas consacré son œuvre à cette problématique spécifique, il n'en demeure pas moins que ses écrits, bien qu'encore associés dans l'historiographie à la « thèse de la rupture[159]», nous semblent avoir en quelque sorte préfiguré les travaux d'une nouvelle génération de chercheurs qui tentent de montrer en quoi, même après les États généraux, persisterait la volonté d'inscrire l'identité, la culture et l'expérience historique

---

156. *Ibid.*, p. 145.

157. *Ibid.*, p. 130.

158. Gervais, « L'Ontario français et les "États généraux du Canada français" (1966-1969) », p. 233.

159. Linda Cardinal, « Le Canada français à la lumière des États généraux: critique de la thèse de la rupture», dans Marcel Martel (dir.), *Les États généraux du Canada français, trente ans après*, avec la collaboration de Robert Choquette, Ottawa, Centre de recherche en civilisation canadienne-française, 1998, p. 220.

des Franco-Ontariens dans la continuité du projet de société canadien-français. Cette continuité s'exprimerait, pour l'essentiel, sur les plans politique et culturel, notamment par la persistance d'un projet autono-miste au cœur des revendications des francophonies minoritaires[160].

Le « coup d'État culturel » du Québec

C'est dans le contexte des années 1960 que Gaétan Gervais situe l'origine de la quête d'identité collective particulière des Franco-Ontariens. Cette préoccupation découle principalement, selon lui, de changements «exo-gènes» à la collectivité, sur lesquels celle-ci n'a pas forcément de prise. Parmi les changements mentionnés, l'auteur insiste, en particulier, sur la mouvance idéologique du nationalisme québécois, qui est décrite dans son œuvre comme l'une des principales forces responsables de l'écla-tement du Canada français. En 1986, il écrit : « Les élites nationalistes du Québec ont généralement renoncé au projet d'un Canada français recouvrant tout le pays. [...] Ce repli à l'intérieur des frontières du seul Québec menaçait de mort le Canada français[161]. » Ainsi, selon lui, la ter-ritorialisation du nationalisme québécois et son programme indépendan-tiste seraient venus brouiller les relations de solidarité et de fraternité qui s'étaient établies entre le Québec et les minorités. Nous l'avons souligné précédemment, c'est au mitan des années 1990, en plein contexte réfé-rendaire, que Gervais précise sa posture face au Québec avec, cette fois-ci, une part d'amertume un peu plus apparente. Ainsi, il n'hésite pas à qua-lifier de «coup d'État culturel[162]» ce qu'il perçoit comme la «québécisa-tion de la culture canadienne-française». À un autre moment, il évoque les sentiments «d'aliénation», «d'exclusion» et de «dépossession[163]» que l'option souverainiste aurait fait naître chez les Franco-Ontariens qui,

---

160. Cette perspective s'articule, notamment, autour des travaux de chercheurs comme Joseph Yvon Thériault, E.-Martin Meunier et Michel Bock. On la retrouve aussi énoncée dans les pages du journal *La Relève*, le journal des étu-diants de la francophonie canadienne fondé par un groupe d'étudiants de l'Uni-versité d'Ottawa.
161. Gervais, «Le problème des institutions en Ontario français», p. 9.
162. Gervais, «L'historiographie franco-ontarienne», p. 124.
163. Gervais, «Aux origines de l'identité franco-ontarienne», p. 131-132. Voir aussi «Gaétan Gervais», dans Chamberland, *L'Ontario se raconte*, p. 304.

bien malgré eux, ont été conduits «dans les eaux troubles des définitions d'identité[164]».

En fait, Gervais ne manifeste aucune volonté de *comprendre* la «rupture» du point de vue québécois, ce qui explique en partie sa posture défensive, voire revancharde à certains égards. Ici, l'historien ne donne pas dans la nuance; c'est bien l'ensemble du projet québécois qui est réprouvé et non seulement certains aspects. Au sujet du parcours de la délégation ontarienne aux États généraux du Canada français de 1969, il écrit: «Ainsi, dans les milieux séparatistes, on éleva au rang d'axiome l'affirmation que les minorités françaises du pays étaient soit mortes, soit moribondes, en tout cas sans avenir[165].» Cette mutation se serait enjointe, estime-t-il, d'une «orthodoxie rigide[166]» qui, sous l'action des «maîtres du vocabulaire officiel», aurait banni le terme «canadien-français» de l'espace public au profit du terme «québécois»:

> Réduit à un terme de mépris, le mot «canadien-français» a effectivement disparu du vocabulaire, non seulement au Québec, mais partout au Canada. Même les papillons du Bon Dieu, mutés en «papillons du Québec» et conscrits dans les armées de l'affirmation québécoise, ont rejoint à leur insu les bataillons formés par les «tomates du Québec», les «médailles olympiques du Québec», les «poissons du Québec», les «soldats québécois en Bosnie», le «commerce international du Québec», et mille autres expressions *ejusdem farinæ*, toutes entendues au réseau national, c'est-à-dire canadien, de Radio-Canada, et toutes appelées à renforcer, dans les cœurs et dans le langage, la primauté de la «chose québécoise»[167].

Il est intéressant de noter que ce sont surtout les excès discursifs et idéologiques des nationalistes québécois qui retiennent l'attention de Gervais. Cela est, pourrait-on dire, en partie le résultat des paramètres méthodologiques qu'il s'impose. En effet, son analyse se limite surtout aux grands congrès patriotiques et, à aucun moment, il ne cherche à l'étendre au-delà de l'année 1969, un choix qui l'aurait sans doute conduit à jauger

---

164. Gervais, «Aux origines de l'identité franco-ontarienne», p. 132.
165. Gervais, «L'Ontario français et les "États généraux du Canada français" (1966-1969)», p. 235.
166. Gervais, «Aux origines de l'identité franco-ontarienne», p. 157.
167. *Ibid.*, p. 158.

autrement l'évolution des rapports entre le Québec et les minorités francophones après les États généraux.

De quoi est fait ce ressentiment à l'endroit du Québec? Tout d'abord,
Gervais semble moins désapprouver l'ambition autonomiste du Québec
dans son sens plus large que le choix des artisans du « projet québécois » de
s'être engagés dans une démarche d'affirmation politique sans se soucier
de la réalité et du sort des minorités françaises. Autrement dit, la consolidation des assises politiques et culturelles du Québec n'est pas nécessairement perçue chez lui comme une ambition opposée aux intérêts des
communautés francophones. Au mieux, le nationalisme québécois et la
menace de séparation sont-ils susceptibles d'induire un nouveau rapport
de force avec le gouvernement fédéral et ainsi, de favoriser la négociation
d'un nouveau partenariat entre les deux communautés nationales. « [L]es
minorités françaises du Canada ont profité de l'agitation séparatiste survenue au Québec », écrit Gervais en 1996. Cette « agitation » – notons ici
le caractère péjoratif du terme – aurait, selon lui, « servi à sensibiliser certains politiciens provinciaux à l'iniquité du traitement fait à leur minorité
française[168] » de même qu'à encourager le gouvernement fédéral à soutenir leur développement culturel et social en guise d'accommodement.
Cette opinion n'est pas marginale dans l'espace public franco-ontarien.
En fait, elle était largement répandue dans l'opinion médiatique franco-
ontarienne au début des années 1980 alors que l'option d'un Québec
plus fort pouvait encore être interprétée comme une occasion pour les
gouvernements canadien et ontarien de préciser leurs intentions à l'endroit des minorités de langue officielle[169].

Ce qui en vient à susciter une certaine exaspération chez Gervais, c'est
plutôt la propension chez les promoteurs de la souveraineté à redéfinir le
projet nationaliste québécois en « s'appropria[nt] tout le bien culturel commun » du Canada français sans égard au destin qui les a culturellement et
historiquement liés aux francophones hors Québec. Fondamentalement,
l'historien sudburois s'en prend à la part d'« absolutisation » qu'il perçoit

---

168. *Ibid.*, p. 144.
169. Voir, à ce sujet, Serge Miville, *« À quoi sert au Canadien français de gagner l'uni-
     vers canadien s'il perd son âme de francophone? » Représentations identitaires et
     mémorielles dans la presse franco-ontarienne après la « rupture » du Canada fran-
     çais (1969-1986)*, thèse de maîtrise (histoire), Ottawa, Université d'Ottawa,
     2012.

dans le projet d'émancipation nationale québécois auquel il adresse une critique sévère: «C'est ainsi que les sympathies communes du départ s'estompèrent durant les années 1970, notamment avec la montée irrépressible du néonationalisme québécois et sa fixation absolue sur l'indépendance politique du Québec et sur la recherche de la "Terre promise"[170]. » L'historien se réfère ici à la thèse d'Yves Couture sur l'absolu politique dans le nationalisme québécois, publiée en 1994[171]. Cette dernière propose une relecture du nationalisme québécois des années 1960 et 1970 en le présentant comme un phénomène de surinvestissement de type religieux du politique. Gervais salue la manière dont le politologue arrive à mettre en évidence le caractère millénariste du néonationalisme, thèse qui sert directement son propos: «L'"homme nouveau", dans cette nouvelle foi politique, s'appelle "Québécois", et doit remplacer l'"homme ancien" qu'était le Canadien-Français. Nous entrons ici dans le domaine de la religion, où les arguments n'ont pas de réponse[172]. »

L'étude des motifs qui sous-tendent la critique que fait Gervais du Québec souverainiste autorise une autre remarque: derrière la question du Québec, se profile celle, plus large, du Canada français, c'est-à-dire celle des aspirations partagées qui peuvent encore unir les francophones du Canada et du Québec malgré la «rupture» des années 1960. Comme nous l'évoquions précédemment, le tournant des années 1990 suscite chez Gervais une prise de conscience qui le pousse à penser la réinscription des collectivités francophones minoritaires dans un espace culturel distinct à l'échelle pancanadienne, au moment même où plusieurs chefs de file semblent vouloir s'en distancier. La réflexion beaucoup plus claire qu'il porte sur le Québec participe de cette évolution de sa pensée. Ainsi, elle n'entend pas dresser les francophonies minoritaires contre le Québec, encore moins faire du Québec une figure altéritaire, étrangère à l'expérience historique des minorités francophones. L'ardeur que Gervais met à dénoncer l'usurpation de l'héritage culturel canadien-français par les élites nationalistes du Québec traduit plutôt, pensons-nous, la difficile acceptation de la déchirure et, partant, la nécessité de réfléchir aux divers accommodements qu'elle

---

170. Gervais, *Des gens de résolution*, p. 195.
171. Yves Couture, *La terre promise: l'absolu politique dans le nationalisme québécois*, Montréal, Éditions Liber, 1994.
172. Gervais, «Aux origines de l'identité franco-ontarienne», p. 157-158.

implique. De même, elle traduit un certain rapport conceptuel à la référence canadienne et remet en cause la part de « canadianité » qui se trouve dans la pensée de Gervais. Celle-ci tend à s'aligner du côté de la vision du Canada d'Henri Bourassa plutôt que de celle promue par Pierre Trudeau. Pour l'ex-politicien et fondateur du journal *Le Devoir*, le Canada se présentait comme un arrangement politique entre deux entités distinctes, deux « peuples fondateurs », celui de nationalité anglaise et celui de nationalité française, dont le Québec était le socle principal. Cette nature binationale, opposée à toute visée centralisatrice de la fédération, devait constituer l'essence même du fédéralisme canadien et sa principale force motrice.

Thématiques historiques

Pour clore ce chapitre, nous aborderons plus en profondeur trois axes thématiques qui se dégagent des textes de Gaétan Gervais et qui portent à notre connaissance certaines dimensions jusqu'ici peu abordées de sa conception de l'Ontario français et de sa démarche historienne. Celles-ci proposent une saisie particulière du territoire, une vision combative de l'expérience historique des Franco-Ontariens et une appréciation traditionaliste du rôle de l'« élite ».

Espace et saisie du territoire

Pour les historiens Martin Pâquet et Stéphane Savard, « parler de références identitaires – références au sens dumontien – implique une saisie des médiations par lesquelles les individus établissent leur rapport au monde sensible[173] ». À cet effet, le tournant des années 1960 représente, pour la francophonie canadienne, un cas de figure des plus intéressants puisqu'il s'agit d'un moment clé où se redéfinissent les liens entre le territoire et l'identité. Alors que s'effondrent les structures religieuses d'encadrement et une part de l'imaginaire canadien-français qui les accompagnait[174], la collectivité est appelée à renégocier son espace

---

173. Martin Pâquet et Stéphane Savard, « Introduction », dans Martin Pâquet et Stéphane Savard (dir.), *Balises et références : Acadies, francophonies*, Québec, Les Presses de l'Université Laval, 2007, p. 3.
174. L'étude de la dimension territoriale du nationalisme canadien-français pose un certain défi théorique pour qui souhaite s'y adonner. Faut-il le rappeler, la nation

social dans les termes de ses nouveaux interlocuteurs que sont les États fédéral et provinciaux. C'est à partir de ce moment que, pour plusieurs intellectuels et commentateurs franco-ontariens, le territoire de la province se présente comme un nouveau déterminant identitaire, vecteur de cohérence et de cohésion. C'est d'ailleurs ce que relève Marie LeBel dans son étude sur les intellectuels du Nouvel-Ontario, où elle porte à notre attention la richesse des réflexions entourant la thématique du territoire contenues dans les revues étudiées entre 1970 et 1995. Reprenant à son compte une citation d'Edward Saïd, l'historienne estime que la prégnance de cette thématique dans son corpus s'expliquerait par une volonté des intellectuels francophones nord-ontariens de « renommer et rehabiter la terre », en fixant ou repoussant les bornes de la communauté d'appartenance. À ce propos, elle présente la décennie 1980 comme un moment où s'affirme une volonté d'enracinement historique chez les intellectuels du Nouvel-Ontario. Ce mouvement, de spécifier LeBel, décrit une tentative de « faire se rencontrer l'espace réel et l'espace perçu, et [...] de substituer le premier au second ». Autrement dit, il s'agit de « récupérer des éléments du territoire imaginaire perçu à travers la littérature et les arts pour contribuer à l'établissement d'un territoire historique et commun, plus "réel" [175] », gage d'une existence désormais confirmée et établie.

Il ne faudrait toutefois pas surestimer le caractère nouveau que représente cette volonté d'ancrer l'imaginaire dans le territoire *concret* du Nord de

canadienne-française, telle que problématisée par ses élites politique et intellectuelle, était d'abord envisagée sous l'angle de la culture, c'est-à-dire comme une communauté de culture, de langue, d'histoire et de foi évoluant à l'extérieur de toute forme de cadrage étatique ou territorial précis. Selon l'historien Marcel Martel, si « le Canada français n'a jamais constitué un territoire jouissant d'une reconnaissance internationale, sur lequel un État unique aurait exercé sa souveraineté », ce territoire aurait plutôt existé comme « espace dynamique », se redéfinissant constamment au gré des migrations des « porteurs de l'identité canadienne-française ». L'auteur ajoute aussi que l'imposant réseau institutionnel du Canada français, déployé à la grandeur du pays en partie sous la bienveillance de l'Église, constitue un autre « marqueur de territoire » significatif (Marcel Martel, « Le débat autour de l'existence et de la disparition du Canada français », dans Simon Langlois et Jocelyn Létourneau (dir.), *Aspects de la nouvelle francophonie canadienne*, Sainte-Foy, Les Presses de l'Université Laval, 2004, p. 129-143).

175. Marie LeBel, *Le discours comme patrie : les intellectuels franco-ontariens comme interprétants de la condition historique et identitaire de l'Ontario français*, thèse de doctorat (histoire), Québec, Université Laval, 2009, p. 246.

l'Ontario. Cette dynamique prolonge aussi, faut-il le rappeler, une longue et complexe histoire d'enracinement dont on pourrait faire remonter les premières formalisations au mouvement patriotique et régionaliste des années 1930, qui se développe notamment à travers les activités de la communauté française du Nouvel-Ontario, réunie autour du Collège du Sacré-Cœur et de la Société historique du Nouvel-Ontario. Comme l'a rappelé l'historienne Stéphanie St-Pierre, les membres du clergé qui œuvrent au sein de cette société historique auront, très tôt, le souci d'inscrire leurs travaux dans un espace d'enracinement balisé par les frontières de l'Ontario; l'appropriation du territoire et de ses régions s'y fait déjà de manière symbolique, à travers des thématiques spécifiques se rapportant à l'agriculture, aux missions apostoliques ou encore à l'action des « saints Martyrs ontariens[176] ». Le discours historiographique de Gervais prend ainsi, pourrait-on dire, le relais de ce discours historique à saveur régionale, qu'il réactive sous la forme d'une histoire davantage soucieuse des critères de scientificité modernes.

La notion d'enracinement n'en demeure pas moins une caractéristique très présente dans ses travaux. Cet enracinement, l'historien de Sudbury le situe tout d'abord dans l'espace régional ontarien, et ce, dès 1980, année où il publie une première étude sur la colonisation française et canadienne du « Nipissingue » entre 1610 et 1920[177]. La publication découle d'une entente entre l'Institut franco-ontarien, que Gervais dirige à ce moment, et la Société historique du Nipissing. En présentant une vue d'ensemble de la colonisation franco-ontarienne de cette région du Nord ontarien, l'étude procède, en quelque sorte, à une véritable saisie du territoire où se met en scène la reconquête historique d'un espace social proprement franco-ontarien. Le territoire devient le lieu de déploiement d'une expérience historique distincte, spécifiquement vécue. Sa projection côtoie, dans plusieurs autres de ses travaux, les signes d'une volonté de délimiter l'« espace réel », qu'il s'agisse de son article sur l'expansion des sociétés d'histoire en Ontario français[178]; du livre *Habiter le pays:*

---

176. Stéphanie St-Pierre, « Clercs et historiens : le discours d'enracinement et la Société historique du Nouvel-Ontario », *Études d'histoire religieuse*, vol. 81, n° 1-2 (2015), p. 72.

177. Gaétan Gervais, *La colonisation française et canadienne du Nipissingue (1610-1920)*, North Bay, Société historique du Nipissing, 1980.

178. Gaétan Gervais, « Les sociétés d'histoire en Ontario français », *Fleur de trille*, octobre 1992, p. 11-16.

inventaire du patrimoine de l'Ontario français paru en 2001 et codirigé par l'ethnologue Jean-Pierre Pichette, un projet visant à brosser un premier véritable portrait du paysage traditionnel de l'Ontario français[179], ou encore de son article « L'Ontario français dans toutes ses régions » paru en 2005, dans lequel il propose un découpage régional de l'Ontario français en sept régions de peuplement historique[180]. On décèle une intention similaire dans un article sur le réseau institutionnel paroissial en Ontario français paru dans la sixième livraison des *Cahiers Charlevoix*, où Gervais propose de faire un « balayage géographique » de l'Ontario français en répertoriant et localisant par diocèse chacune des 258 paroisses franco-ontariennes recensées entre 1767 et 2000[181].

Si l'enracinement est perceptible dans les lieux physiques de l'Ontario français, il apparaît aussi dans le lieu comme *topos*, où il prend une forme discursive particulière. Nous en voulons pour preuve la publication en 1985, sous la direction de Gervais, d'un répertoire des « Toponymes français de l'Ontario selon les cartes anciennes ». Ce document de la Société historique du Nouvel-Ontario se présente sous la forme d'une liste des toponymes utilisés sous le Régime français en Ontario entre 1610 et 1764 pour désigner les cours d'eau, les portages et les sites géographiques des régions fréquentées par les premiers missionnaires, explorateurs, commerçants et militaires venus de France. Le répertoire fait état de la fine connaissance des premiers cartographes français de la région des Pays-d'en-Haut, mais, surtout, de l'enracinement territorial français dans l'espace toponymique ontarien. Ce répertoire est suivi de la publication, l'année suivante, toujours sous la direction de Gervais, d'un petit atlas montrant où se trouvent les toponymes relevés sur des cartes anciennes de l'Ontario français[182].

---

179. Gaétan Gervais et Jean-Pierre Pichette, « Introduction », dans *Habiter le pays : inventaire du patrimoine de l'Ontario français*, Sudbury, Centre franco-ontarien de folklore et Éditions Prise de parole, 2001.

180. Gervais, « L'Ontario français dans toutes ses régions », p. 7-15.

181. Voir Gaétan Gervais, « Les paroisses de l'Ontario français 1767-2000 », *Cahiers Charlevoix 6*, Sudbury, Éditions Prise de parole et Société Charlevoix, 2005, p. 99-194.

182. Gaétan Gervais (dir.), *Cartes de l'Ontario français ancien (avant 1764)*, Sudbury, Société historique du Nouvel-Ontario, coll. « Documents historiques », n° 83B, 1986, 24 p.

Ce travail sur la toponymie française de l'Ontario survient peu de temps après les festivités entourant le bicentenaire de la province ontarienne. L'année 1984 avait été choisie par le premier ministre Bill Davis en l'honneur des premières vagues d'immigration loyaliste survenues sur le territoire des Pays-d'en-Haut en 1784. Ce choix, dont il est aisé de croire qu'il reposait davantage sur des motivations électoralistes (l'élection suivante était prévue en février 1985) qu'historiques, faisait évidemment peu de cas des premières implantations autochtone et française sur le territoire. On soupçonne que l'incessante propagande provinciale derrière l'événement avait dû mécontenter Gervais. Dès lors, difficile de croire que sa recherche toponymique pouvait résulter d'une pure coïncidence.

Au sujet du rapport à l'espace géographique chez Gervais, Marie LeBel est d'avis que la formulation d'un récit historique qui reconnaît le cadre provincial comme lieu d'occupation des Franco-Ontariens tarde à s'affirmer chez l'historien sudburois. Selon elle, ce n'est que vers la fin des années 1980, lorsqu'il « se rend compte que les brèches du paradigme du Canada français sont trop nombreuses et qu'il est vain de chercher à les colmater[183] », que ce récit « admettrait » finalement l'espace provincial. Si l'on peut tirer une telle conclusion à la lumière des écrits publiés par l'historien dans les revues d'idées, il n'en demeure pas moins que sa participation à la création du drapeau franco-ontarien en 1975 et à la mise sur pied des premiers cours d'histoire franco-ontarienne à l'Université Laurentienne quelques années plus tard témoignent d'une anticipation pour le moins marquée de l'enracinement provincial de la communauté. De même, contrairement à ce qu'affirme LeBel, à aucun moment Gervais ne fait explicitement son deuil du Canada français. Au contraire, comme nous l'avons montré précédemment, ce dernier semble plus que jamais déterminé à en postuler la continuité (culturelle, à tout le moins) au début des années 1990. Selon nous, l'évolution de la conceptualisation de l'espace franco-ontarien chez Gervais découle d'une volonté d'« accommodement ». Comme le relève François Paré dans son ouvrage *La distance habitée*, paru en 2003 :

> Gervais ne se contente pas de situer l'émergence de l'identité franco-ontarienne au point de rencontre de l'Amérique française et

---

183. LeBel, *Le discours comme patrie*, p. 254.

du continent anglophone – ce que fait d'ailleurs le discours québécois actuel –; il constate que la quête de l'identité collective dans la
société franco-ontarienne est venue de l'extérieur et que le questionnement identitaire s'est «conçu dans la mouvance idéologique du
néonationalisme québécois»[184].

Et Paré de conclure que la culture franco-ontarienne, sous la plume
de Gervais, n'est «pas tant le produit d'un repli, d'un refus de l'Autre;
elle révèle plutôt la force du désir d'accommodement à la différence qui
traverse tous ses modes d'expression et d'institutionnalisation[185]». Il n'en
demeure pas moins que, pour Gervais, la question identitaire reste un
«problème qui ne se pose que chez les élites et les intellectuels». Tel est
le constat à établir, selon lui, au regard des débats et des préoccupations
qui ont animé la communauté franco-ontarienne dans les dernières
décennies:

> Par un simple examen des nombreuses questions débattues en
> congrès généraux annuels de l'Association canadienne-française de
> l'Ontario (ACFO) depuis vingt ans, on pourrait démontrer que le
> problème de l'identité n'a pas préoccupé grand monde. À y regarder
> de près, on peut facilement constater qu'en qualifiant de «franco-
> ontarien» tout ce que nos parents appelèrent «canadien-français de
> l'Ontario», on se reconnaît sans peine. [...] Pour les «Canadiens-
> français de l'Ontario», dont les deux tiers, aujourd'hui, sont nés en
> Ontario, les ancêtres sont venus de France, puis du Québec avant
> d'aboutir en Ontario; comme leurs parents, ils se disent indifférem-
> ment Canadiens-Français ou Franco-Ontariens[186].

LeBel note également chez Gervais une tendance à «réduire le plus
possible le territoire et l'espace habité à des institutions[187]». Selon elle,
cette «réduction du lieu habitable à ses institutions et ses élites, qui fait
que pendant une longue période la notion de territoire est totalement
absente de son discours, suggère un certain déni de la situation de fait
qui existe en Ontario français[188]», à savoir la dynamique de sa provin-

---

184. François Paré, *La distance habitée*, Ottawa, Le Nordir, 2003, p. 55.
185. *Ibid.*
186. Gervais, «Aux origines de l'identité franco-ontarienne», p. 147-148.
187. LeBel, *Le discours comme patrie*, p. 252.
188. *Ibid.*

cialisation identitaire. Pour les mêmes raisons que nous venons d'évoquer, certaines nuances doivent être apportées à cette interprétation. Selon nous, la tendance chez Gervais à se représenter l'Ontario français en association avec le dynamisme du réseau institutionnel qu'il a historiquement constitué s'explique, surtout, par son désir de voir la collectivité franco-ontarienne s'autonomiser davantage sur le plan institutionnel. De même, elle évoque, pourrait-on dire, un autre marqueur de continuité avec l'approche historiographique privilégiée par la Société historique du Nouvel-Ontario, dont les publications ont toujours cherché, à des degrés variables selon les époques, à mettre en valeur l'enracinement et la spécificité des structures d'occupation des Franco-Ontariens, en particulier celles relatives à l'éducation et à l'économie[189].

Les « combats » du Canada français et de l'Ontario français

« L'Ontario français, c'est le nom d'un combat[190]. » Cette formule, nous le mentionnions, est à l'image de l'engagement social et intellectuel dont Gaétan Gervais a fait preuve tout au long de sa carrière. Si nous la reprenons dans cette section, c'est parce qu'elle est tout aussi riche de sens au regard de l'historiographie qu'il pratique. En effet, certaines des principales études historiques de Gervais mettent en scène les « combats » livrés par les Canadiens français de l'Ontario pour le maintien de leur intégrité culturelle. Ces combats formeraient ainsi une partie de l'architecture historiographique des Franco-Ontariens. L'un des meilleurs exemples illustrant cette tendance se retrouve dans son article sur le Règlement 17, publié dans la *Revue du Nouvel-Ontario* en 1996. Gervais voit dans cet événement marquant une sorte « d'acte fondateur » pour la communauté franco-ontarienne. C'est probablement parce qu'il estime, comme plusieurs autres, que cet épisode joue, encore aujourd'hui, un rôle structurant dans la mémoire collective[191]. N'est-il pas d'ailleurs l'un des premiers

---

189. Bouchard, *La Société historique du Nouvel-Ontario de 1942 à 1976*, p. 126. Voir aussi St-Pierre, « Clercs et historiens », p. 59-79.
190. Gervais, « Le problème des institutions en Ontario français », p. 9.
191. Voir aussi, à ce sujet, Marcel Martel, « Usage du passé et mémoire collective franco-ontarienne : le souvenir du Règlement 17 dans la bataille pour sauver l'hôpital Montfort », *Mens : revue d'histoire intellectuelle de l'Amérique française*, vol. 6, n° 1 (automne 2005), p. 69-94.

historiens à avoir affirmé au sujet du Règlement 17 que celui-ci joue, dans l'histoire de l'Ontario français, «le même rôle traumatisant que la Conquête dans l'histoire du Québec»? Lors d'une entrevue donnée à Paul Lapointe en 1978, il confiait avoir le sentiment «que s'il n'y avait pas eu de Règlement 17, on aurait beaucoup de mal à se définir. Ce fut vraiment un [moment] qui a cristallisé les luttes et qui a fait l'unité d'un certain groupe de Franco-Ontariens[192]».

Dans l'étude qu'il publiera plusieurs années plus tard sur la période de mise en œuvre du Règlement (1912-1927), Gervais n'entend pas proposer une nouvelle interprétation des événements ni vérifier de nouvelles hypothèses. L'approche se veut plutôt «narrative» et vise à répondre à une simple question : «Qu'est-ce que le Règlement 17 ?» Puisqu'il serait, selon lui, «simpliste de réduire un phénomène social complexe à une seule dimension», il postule que la nature de ce conflit aura été à la fois ethnique, religieuse, politique et scolaire. Ce dernier trouverait son explication principale dans le développement du système scolaire ontarien du début du XXe siècle, dont l'amélioration implique alors, dit-il, un projet d'«uniformisation» anglaise qu'empêchent la présence des écoles séparées et le système des écoles françaises. L'histoire du Règlement 17 laisse également entrevoir l'existence d'un Canada français solidaire grâce à l'appui apporté par le clergé, la presse et certains hommes politiques du Québec ainsi que par la Société Saint-Jean-Baptiste de Montréal. De même, elle consolide la base de tout un appareillage de combat politique au service de la cause franco-ontarienne comprenant l'ACFEO provinciale, fondée en 1910, le journal *Le Droit*, fondé en 1913, et la création d'un réseau politique, sans oublier la formation de l'Ordre de Jacques-Cartier en 1926, que Gervais situe dans le prolongement de cette lutte[193].

Sa monographie sur les jumelles Dionne lui offre une autre occasion d'aborder les thématiques de la lutte et du combat des Canadiens français de l'Ontario. L'ouvrage, publié en 2000, étudie la période pendant laquelle les jumelles ont subi la tutelle gouvernementale (1934-1944), qui deviendra la caution d'une entreprise commerciale dont le gouvernement ontarien et le

---

192. Voir Paul Lapointe [réalisation], *J'ai besoin d'un nom*, [enregistrement vidéo], production de Georges-André Prud'homme, Montréal, Office national du film, 1978, 55 min.

193. Gaétan Gervais, «Le Règlement 17 (1912-1927)», *Revue du Nouvel-Ontario*, n° 18 (1996), p. 123-192.

médecin des quintuplées, le docteur Allan Roy Dafoe, retireront plusieurs
bénéfices. L'une des thèses centrales du livre consiste à montrer en quoi
la dimension ethnique a joué un rôle significatif dans la lutte de la communauté franco-ontarienne contre cette tutelle. «[L]a bataille des Dionne
contre la tutelle devint en quelque sorte une métaphore pour la lutte sécu-
laire entre la majorité anglaise (les experts, Toronto, le gouvernement provincial anglais) et la minorité française (rurale, pauvre, sans influence)», de
postuler Gervais. L'historien va même jusqu'à se demander si «ce gouvernement aurait [...] trouvé le courage d'imposer une tutelle semblable, si la
famille des quintuplées avait été anglaise, protestante et torontoise[194]».

Au-delà de l'intérêt qu'elles représentent pour l'historiographie, ces
deux études mettent en relief le rapport d'altérité qui a marqué les relations entre le Canada français et le Canada anglais à travers l'histoire.
Comme nous l'évoquions précédemment, le Canada anglais apparaît
comme une figure «autre» et adverse dans l'œuvre de Gervais. Cette perspective semble d'ailleurs se cristalliser à nouveau durant les années 1990,
décennie au cours de laquelle l'historien sudburois rédige les études que
nous avons mentionnées. Il s'attache néanmoins à faire la distinction
entre l'anglophone et son statut de majoritaire. Ainsi, comme l'explique
LeBel, ce n'est pas forcément l'altérité anglophone qui est menaçante
pour Gervais, mais bien «le pouvoir et l'autorité qu'exerce un majoritaire
qu'il faut cerner et contourner[195]». Cette analyse confirme, d'une part,
que Gervais n'est pas porté à «essentialiser» la collectivité canadienne-
anglaise, pas plus que la collectivité canadienne-française, d'ailleurs.
D'autre part, elle rend compte d'une tendance chez lui à s'inscrire dans
le politique, c'est-à-dire à assumer la part de conflits, de contradictions
et d'antagonismes intercommunautaires qui structurent le débat sur le
vivre-ensemble canadien. Les revendications autonomistes de Gervais en
sont aussi un exemple éloquent, dans la mesure où elles supposent l'existence d'un rapport de force inégal entre la minorité, aspirant à la pleine
maîtrise de son destin, et la majorité, détentrice du pouvoir de définir les
normes structurant la société[196]. L'historien est bel et bien conscient de la

---

194. Gervais, *Les jumelles Dionne et l'Ontario français (1934-1944)*, p. 13.
195. LeBel, *Le discours comme patrie*, p. 274.
196. Stéphanie Chouinard, «Quel avenir pour le projet autonomiste des commu-
     nautés francophones en situation minoritaire? Réflexion sur les politiques

dynamique dominant/dominé qui structure les relations entre la minorité française et la majorité anglaise et n'hésite pas à le rappeler au détour de commentaires comme celui-ci :

> Au point de vue culturel, le « minoritaire » est celui qui vit dans un milieu social où domine une culture différente de la sienne. À cause de son poids social et grâce à des tropismes assimilateurs plus ou moins conscients, une culture dominante tend inévitablement soit à absorber, soit à exclure la culture minoritaire, selon qu'elle tente d'assimiler les minoritaires à la majorité, ou qu'elle empêche le groupe minoritaire de fonctionner dans ses propres institutions culturelles[197].

On pourrait penser qu'une telle conception de la majorité anglophone autorise un récit victimaire. On se gardera toutefois de poser un tel jugement sur l'œuvre de l'historien, en suggérant plutôt qu'elle présente deux éclairages distincts sur l'histoire franco-ontarienne. Celle-ci sera à la fois une expérience *vécue* et une expérience *subie*. Une expérience vécue, dirons-nous tout d'abord, parce que Gervais, en restituant par ses écrits l'existence de l'Ontario français, traite ce dernier comme un sujet historique à part entière. Mais aussi, et peut-être surtout, une expérience subie, au sens où, comme nous le faisions remarquer plus haut, les déterminants qui pèsent sur la collectivité franco-ontarienne sont présentés comme venant de l'extérieur, qu'il s'agisse de la déresponsabilisation des élites québécoises envers les minorités ou des « tropismes assimilateurs[198] » de la majorité anglophone. On garde en mémoire le passage suivant, tiré des premières lignes de son article « Aux origines de l'identité franco-ontarienne » :

> Vu du ciel, l'Ontario français peut paraître un épiphénomène. Rien ne singularise assez cette communauté pour l'élever au rang de « société distincte », même pas assez pour le [*sic*] faire accéder au modeste rang de « minorité officielle ». En effet, tout dans l'histoire de la communauté franco-ontarienne semble s'expliquer soit par le cadre culturel que constitue l'Amérique française, notamment ses

---

publiques canadiennes en matière de langues officielles », *Minorités linguistiques et société = Linguistic Minorities and Society*, n° 1 (2012), p. 197.

197. Gervais, « Le minoritaire culturel », p 177.

198. *Ibid.*

rapports avec les majorités anglaises du continent, soit par l'encadrement économique nord-américain qui a toujours déterminé les
conditions du développement matériel de la communauté. C'est
déjà entrevoir que les Franco-Ontariens, culturellement et écono-
miquement marginalisés, *subissent* les événements bien plus qu'ils
ne leur commandent[199].

En définitive, rarement l'historien de Sudbury se penche sur les causes
« endogènes » à l'Ontario français pour expliquer sa propre minorisation
ou son acculturation. Il y a assurément dans cette tendance à percevoir
la dynamique historique comme une réalité externe qui échappe à la
communauté franco-ontarienne une parenté interprétative avec l'historiographie traditionaliste axée sur la « survivance »[200]. Elle n'est pas non
plus sans rappeler l'optique nationaliste de l'école de Montréal qui avait
tendance, elle aussi, à mesurer les carences du Canada français à l'aune de
facteurs exogènes à son développement historique – pensons notamment
à la Conquête de 1760 –, plutôt qu'en fonction de facteurs inhérents à
sa culture. Voyons également dans ce trait analytique propre à l'œuvre de
Gervais une autre conséquence de sa conception « unitaire » du groupe
franco-ontarien, où l'accent est davantage mis sur le consensus et la fraternité plutôt que sur les clivages et les déchirements internes.

De même, l'historien sudburois s'efforce souvent de rappeler les
« négligences scandaleuses » et les « injustices historiques » qu'a connues
la population française de l'Ontario pour mieux en réclamer répa-
ration. Ce constat se confirme à la lecture d'un texte resté inédit à ce
jour, retrouvé aux Archives publiques de l'Ontario, et portant sur « la
discrimination contre les Franco-Ontariens ». Dans ce document de juillet 1989, Gervais revient sur les différents types de discrimination (économique, religieuse, scolaire et sociale) qu'ont historiquement eu à subir
les Franco-Ontariens. S'il admet que la situation des Canadiens français
est aujourd'hui nettement plus favorable, ces derniers ne sont tout de
même pas à l'abri des formes de discrimination contemporaine : « Ainsi,
la présente forme de discrimination, quand elle existe, prend une forme
simple : nier les besoins spécifiques de la communauté franco-ontarienne,

---

199. Gervais, « Aux origines de l'identité franco-ontarienne », p. 127-128. (Nous
     soulignons.)
200. Massicotte, « Du sens de l'histoire », p. 77.

ne pas reconnaître ses besoins d'institutions culturelles autonomes, tout réduire à une simple affaire de bonne volonté[201]. » L'idée voulant que la majorité n'accepte pas de reconnaître les besoins des Franco-Ontariens n'a de valeur que si l'Ontario français se considère d'abord comme une collectivité autoréférentielle. Ainsi, ce commentaire de Gervais révèle, encore une fois, la façon dont il conçoit la collectivité franco-ontarienne, c'est-à-dire de manière sociétale.

La place de l'« élite » au Canada français et en Ontario français

Gaétan Gervais revient souvent dans ses écrits sur la fonction sociale de l'élite, sur sa contribution au maintien du réseau institutionnel franco-ontarien de même que sur la lutte que celle-ci a dû livrer contre l'assimilation et l'acculturation. Son écriture de l'histoire insiste, notamment, sur l'importance de l'Église et de l'élite cléricale, qu'il présente comme « la cheville ouvrière des institutions sociales et culturelles[202] » du Canada français. Les enjeux entourant cette question peuvent être, au mieux, mis en relief en renvoyant dos à dos la perspective de Gervais et celle de Donald Dennie, professeur de sociologie à l'Université Laurentienne et auteur de quelques publications en sociologie du travail portant sur la population francophone de l'Ontario.

Dans un article publié dans la première livraison de la *Revue du Nouvel-Ontario* en 1978 et intitulé « De la difficulté d'être idéologue franco-ontarien », Dennie avance une thèse forte selon laquelle la notion de « société franco-ontarienne » se serait historiquement constituée dans les représentations idéologiques d'une élite petite-bourgeoise et nationaliste qui souhaitait avant tout maintenir sa position sociale. Inscrivant son analyse dans la perspective du matérialisme historique, Dennie postule que le modèle traditionnel d'analyse des réalités franco-ontariennes, en posant comme prémisse que les Franco-Ontariens constituent une nation, un peuple ou une société, a escamoté la question sociale, c'est-à-dire celle des classes sociales et des bases matérielles de l'existence des Franco-Ontariens. Or, explique-t-il, l'idée de « nation » ou de « société »

---

201. Gervais, « La discrimination contre les Franco-Ontariens », 26 juillet 1989, p. 31. (Inédit.)
202. Gervais, *Des gens de résolution*, p. 10.

ainsi employée serait en fait un discours de légitimation d'une classe
dominante soucieuse de justifier sa propre situation sociale. Autrement
dit, l'intention nationale canadienne-française se serait inscrite dans l'histoire non pas tant comme un désir véritable de faire société autrement
en Amérique du Nord, mais plutôt comme « [...] un système global plus
ou moins rigoureux de concepts, d'images, de mythes, de représentations[203] ». Cette analyse amène le sociologue à formuler deux constats :
dans un premier temps, l'emploi généralisé du terme « francophones » au
cours des années 1970 pour désigner les Franco-Ontariens, devrait être
envisagé non seulement comme le résultat d'un nationalisme canadien
« mené au bout de sa logique interne[204] », mais aussi comme le fruit d'une
intégration progressive des Canadiens français dans une structure socioéconomique propre à la société capitaliste canadienne et marquée par les
valeurs de production, de consommation, de travail, etc. De Canadiens
français qu'ils étaient, cantonnés dans une structure sociale et culturelle
distincte plus ou moins autonome, les Franco-Ontariens, désormais
majoritairement urbanisés, seraient devenus des ouvriers de langue française dont la « seule distinction est de pouvoir parler français mais non
pas de véhiculer et de vivre une culture[205] » particulière, ces derniers par-
tageant plutôt une même culture *industrielle* avec la collectivité anglo-
canadienne. Dans un second temps, cette évolution, fruit de l'expansion
de l'économie américaine au XXᵉ siècle, aurait simultanément contribué à
saper la crédibilité et le pouvoir de l'élite traditionnelle en faisant naître
une « nouvelle élite », dont les membres œuvreraient « dans les institutions idéologiques de la société canadienne ». Issue principalement de la
classe moyenne, installée dans les milieux de l'enseignement, des médias
et du fonctionnariat, cette élite – dont on peut supposer que, dans l'esprit
de Dennie, elle inclut Gaétan Gervais – tirerait sa légitimité non pas de
la population francophone, mais de la classe dirigeante (politique et, par
le fait même, économique) de l'Ontario, du Canada et de l'Amérique du
Nord. Ainsi, en véhiculant à son tour une idéologie de la langue et de la
culture, elle camouflerait, à son avantage, les différences de classe qui la

---

203. Donald Dennie, « De la difficulté d'être idéologue franco-ontarien », *Revue du
    Nouvel-Ontario*, n° 1 (1978), p. 71.
204. *Ibid.*, p. 72.
205. *Ibid.*

placent à distance d'une majorité franco-ontarienne ouvrière, distance qui se mesurerait notamment par «le style de vie, le revenu, le niveau d'éducation et le pouvoir». Autrement dit, en se présentant comme «porte-parole» de la communauté qui cherche à préserver l'intégrité d'une collectivité linguistique, culturelle ou de mémoire, la nouvelle élite ne représenterait pas les intérêts d'une majorité de francophones, dont les besoins et les préoccupations du quotidien seraient plutôt liés au monde du travail. Dans ces circonstances, lorsque l'assimilation linguistique ou l'acculturation sont présentées par les porte-parole de la communauté comme des phénomènes à endiguer, ces derniers assigneraient un statut et des normes à la langue et à la culture «que plusieurs francophones se savent incapables d'atteindre[206]», du fait de leur condition de prolétaires. Plus que cela, elles contribueraient à les priver des assises véritables du pouvoir, c'est-à-dire le pouvoir économique.

Dans un article publié quelques années plus tard, Gervais répondra, à mots couverts, à son collègue de la Laurentienne en prenant le contre-pied de son raisonnement. Le contraste apparaît dans la définition qu'il donne de la notion d'élite :

> [...] l'élite comprend les personnes les plus remarquables parce qu'elles occupent des postes de direction ou de commande dans les institutions d'un groupe, qu'elles sont les porte-parole de la communauté, qu'elles jouissent d'une influence dans le groupe, qu'elles sont perçues par la communauté comme étant ses chefs[207].

Pour Gervais, l'élite communautaire est une catégorie que l'on peut difficilement appréhender strictement dans son opposition aux intérêts de la masse prolétaire. L'élite doit aussi être envisagée, d'après Gervais, comme une entité consubstantielle au Canada français, c'est-à-dire capable, à l'intérieur de certaines limites, de développer des idées qui orientent l'action et de peser, par son discours, sur les choix collectifs qui fondent le lien social :

> À l'encontre d'une critique trop empressée à réduire toute auto-rité sociale à une exploitation des masses par ses chefs, posons aussi

---

206. *Ibid.*, p. 85.
207. Gervais, «La stratégie de développement institutionnel de l'élite canadienne-française de Sudbury ou le triomphe de la continuité», p. 89.

que cette «élite», en plus de défendre ses propres intérêts, reflétait
en même temps la communauté d'où elle émergeait. Dans une
société, les jeux de pouvoir, d'influence, d'autorité et de prestige
sont trop complexes pour se résumer à une simple lutte entre une
classe dominée et une classe dominante[208].

Pour Gervais, cette vision de l'élite rejoint, en partie, la vocation historique du clergé canadien-français. En hommage à l'œuvre du folkloriste
Germain Lemieux et, plus généralement, à la contribution des religieux à
la connaissance de l'Ontario français, Gervais affirme, en 1991 :

> C'est un anachronisme et une courte vue des choses que de consi-
> dérer le clergé comme une organisation étrangère, externe, aliénante ;
> en fait, le clergé, de plus en plus recruté dans les paroisses rurales
> du Canada-Français, formait une partie de la société canadienne-
> française et s'identifiait facilement à la population qu'il desservait.
> Le clergé a joué, en Ontario, un rôle capital dans la conservation de
> la langue et de la culture françaises[209].

Cette conception volontariste de l'élite éloigne, on ne peut plus clairement, Gervais de l'approche marxiste, plus particulièrement de celle de
Dennie. Pour l'historien, les réalités culturelles de l'Ontario français, plutôt que de s'inscrire au niveau des superstructures idéologiques, comme
le soutient son collègue, occupent une fonction de premier ordre dans la
construction identitaire du groupe. Les Franco-Ontariens ont, explique-
t-il, cette conscience de former une société distincte puisque leur identité est fondée sur une expérience historique et culturelle commune[210].
Le Canada français serait bien loin d'être le produit d'une fabulation de
l'élite dominante. Le projet tel qu'il s'inscrit dans le parcours historique
de l'Amérique française se serait plutôt transformé puis adapté au gré des
changements structurels et politiques des années 1960. On se rappelle

---

208. *Ibid.*, p. 67.
209. Gaétan Gervais, «De Sagard à Lemieux : la contribution des religieux à la
     connaissance de l'Ontario français», dans Jean-Pierre Pichette (dir.), *L'œuvre de
     Germain Lemieux, s. j. : bilan de l'ethnologie en Ontario français : actes du colloque
     tenu à l'Université de Sudbury les 31 octobre, 1ᵉʳ et 2 novembre 1991*, Sudbury,
     Centre franco-ontarien de folklore et Éditions Prise de parole, 1993, p. 105.
210. Gervais, «La stratégie de développement institutionnel de l'élite canadienne-
     française de Sudbury ou le triomphe de la continuité», p. 69.

que, selon Gervais, l'histoire, à moins de circonstances exceptionnelles, ne peut être étudiée et comprise strictement sous l'angle des ruptures. En général, les continuités sont, d'après lui, plus importantes que les discontinuités dans l'histoire de la société franco-ontarienne[211]. Cette réalité se confirmerait aussi si on tenait compte du rôle de l'élite franco-ontarienne, et plus particulièrement franco-sudburoise, dont le sens de l'action, selon l'intuition de l'historien et contrairement à Dennie, n'aurait pas fondamentalement changé depuis le dernier siècle. De ce point de vue, la question de la non-représentativité de l'élite devient, pour Gervais, un faux problème :

> Qu'est-ce au juste qu'une « élite représentative » ? Une élite ne représente jamais qu'imparfaitement la société qu'elle encadre. Elle maintient, comme une ombre, l'image du passé à côté de l'image du présent. Il n'y a pas eu de grande contestation de cette élite dans le dernier siècle, sinon dans le conflit naissant entre le secteur [scolaire] public et le secteur séparé[212].

Ainsi, l'élite change, se transforme au gré des nouvelles conditions et possibilités d'action qui se présentent à un moment donné de l'histoire[213]. Son action au sein de la communauté se mesure plutôt à l'aune de la continuité. À ce titre, Gervais tient à rappeler que le dynamisme culturel des années 1970 en Ontario français puiserait sa source dans l'ACFO et l'Université Laurentienne, deux institutions maintenues par l'élite traditionnelle. Il fait également remarquer que les institutions traditionnelles (les églises et les écoles, notamment) ont accordé leur appui à des manifestations culturelles d'envergure, comme le Théâtre du Nouvel-Ontario ou la Slague[214]. L'auteur ajoute qu'il serait tout aussi erroné de voir en cette élite dirigeante « des intendants du grand capitalisme pour main-

---

211. *Ibid.*, p. 68.
212. *Ibid.*, p. 89.
213. *Ibid.*, p. 88.
214. Fondée dans les années 1960, à Sudbury, la Slague était une boîte à chansons francophone très populaire, qui a accueilli plusieurs artistes d'envergure comme Félix Leclerc, Jean-Pierre Ferland, CANO-Musique, Renée Claude, Harmonium et Offenbach. Disparue vers la fin des années 1990, elle a été réanimée en 2006 pour devenir un diffuseur de concerts d'artistes francophones dans la région de Sudbury.

tenir les masses dans un état d'exploitation[215] ». L'élite franco-ontarienne n'aurait, en fait, eu que très peu d'attaches avec les grands capitalistes en raison des nombreux différends idéologiques qui les séparaient[216].

Par-delà les divergences de lectures et d'interprétations historiques qui opposent Dennie à Gervais, il faut relever, en dernière instance, la particularité du schéma de cet antagonisme qui, d'un côté, mobilise un cadre analytique marxiste dans ce qu'il a de plus orthodoxe (Dennie) et, de l'autre, un cadre nationaliste plutôt « traditionaliste » (Gervais). Cette polarité autorise un constat sans doute propre au champ intellectuel franco-ontarien, à savoir qu'il ne semble jamais y avoir eu, à l'instar d'un Marcel Rioux au Québec ou d'un Jean-William Lapierre en Acadie, d'intellectuels qui aient opéré la synthèse entre le nationalisme et le marxisme ou même proposé de réflexions au sujet des interrelations entre l'appartenance ethnique et l'appartenance de classe. Il faudra bien, un jour, réfléchir aux raisons expliquant pourquoi ce chassé-croisé entre deux totalités aussi significatives ne semble pas avoir suscité de réelle problématisation sur le plan des idées en Ontario français durant les décennies 1970 et 1980 – hormis peut-être chez Fernand Dorais – alors qu'il a fait l'objet de discussions plus approfondies ailleurs au Canada français. Il y a ici, nous semble-t-il, une réflexion qui est loin d'être épuisée.

ഊ ര

L'objectif de ce chapitre consistait à répondre au double questionnement suivant : comment Gaétan Gervais se représente-t-il l'Ontario français et à partir de quel point de vue réfléchit-il sur son objet d'étude ? Afin d'y apporter certains éléments de réponse, nous avons proposé d'examiner plus en profondeur ses positionnements épistémologique, idéologique et historiographique. L'analyse laisse entrevoir, dans un premier temps, une manière particulière d'aborder la condition franco-ontarienne dans laquelle les catégories d'analyse et d'interprétation s'énoncent sur un mode identificatoire et solidaire des enjeux de la collectivité. Ce rapport épistémique de l'historien avec la construction de son savoir n'est

215. Gervais, « La stratégie de développement institutionnel de l'élite canadienne-française de Sudbury ou le triomphe de la continuité », p. 69.
216. *Ibid.*, p. 89.

pas sans lien avec l'arrière-plan idéologique conservateur et nationaliste qui l'anime. Sur ce point, le nationalisme de Gaétan Gervais esquisse les contours du principe nationalitaire, au sens où l'Ontario français et son histoire sont chez lui envisagés dans une continuité référentielle au projet national canadien-français, sans pour autant correspondre au statut de groupement national à proprement parler et qui impliquerait une souveraineté étatique pleine et entière. La cohésion sociale du groupe se structure plutôt sur une base institutionnelle, laquelle porte une idée de la collectivité fondée sur une continuité référentielle avec la communauté historique nationale canadienne-française. L'Ontario français, sous la plume de Gervais, forme ainsi une totalité, un « tout », autoréférentiel, qui repose sur le sentiment de partager une culture, un passé, une langue, une mémoire, un projet et, surtout, sur un réseau institutionnel qui doit tendre à la réalisation de son autonomie. Cette visée autonomiste informe son discours historien, au travers duquel il cherche à rappeler la pérennité et la permanence de l'enracinement français en sol ontarien, de même qu'à inscrire son expérience historique dans un récit qui fait corps avec le passé canadien-français. En cherchant à réconcilier la tradition canadienne-française avec l'identité franco-ontarienne émergente, Gaétan Gervais se pose en héritier de la question nationale et en relais de la réflexion sur les conditions d'unité et de solidarité des francophones de l'Ontario et du Canada. Par ses écrits, il contribue à réactualiser une ambition nationale héritée du Canada français historique, en prenant acte de sa rupture politique (avec le Québec) et institutionnelle (avec l'Église). Ce faisant, l'historien sudburois porte, peut-être sans le dire explicitement, une certaine idée du Canada français et donne à son esprit et à ses valeurs un prolongement, une suite dans l'univers des représentations.

Chapitre 4

Gaétan Gervais et la question de l'éducation postsecondaire en Ontario français

L'INSTRUCTION POSTSECONDAIRE aura sans doute été l'un des principaux chevaux de bataille de Gaétan Gervais. Du reste, il le reconnaît sans équivoque, c'est sur cette question qu'il a investi ses plus vives énergies et tenté d'y traduire ses plus profondes aspirations pour l'Ontario français. Que ce soit en militant pour la création de programmes en langue française à l'Université Laurentienne ou, encore, en revendiquant la création d'une université unilingue française, qui deviendra le grand combat politique de sa carrière, la cause de l'autonomie des institutions postsecondaires francophones en Ontario a toujours procédé chez lui d'une ambition consistant à réaffirmer le caractère national de la francophonie ontarienne et à l'institutionnaliser conformément à la logique du Canada français, c'est-à-dire dans l'esprit d'une complétude sociétale.

Au cours des prochaines pages, nous examinerons les interventions de Gaétan Gervais dans le débat entourant la question de l'instruction postsecondaire en Ontario français entre le début des années 1980, alors qu'il occupe une place importante dans la sphère publique, jusqu'à l'élection du gouvernement conservateur de Mike Harris en 1995, alors que cet enjeu fera place à l'austérité budgétaire. Au cours de cette période, Gervais s'investira dans le dossier à sa manière, c'est-à-dire avec modestie, dans la discrétion, sans s'imposer, sans esclandre médiatique, mais avec la grande rigueur et la force tranquille qu'on lui sait. Il deviendra, en quelque sorte, un agent de mobilisation et d'animation dans les débats, d'abord à titre d'intellectuel (en multipliant les interventions publiques sur le sujet et en publiant quelques écrits pionniers sur l'histoire de l'éducation postsecondaire en Ontario français). Ensuite, à titre d'administrateur, d'abord au

Conseil de l'enseignement en français (CEF) de l'Université Laurentienne, dont il assurera la direction pendant quelques années, puis, à titre de haut fonctionnaire au ministère des Collèges et Universités (1987-1989), de président du Conseil de l'éducation franco-ontarienne (CEFO) (1991-1994) et de directeur de son comité sur le postsecondaire (1994-1996), où il fera de la création d'une université française l'une de ses priorités.

Le Conseil de l'enseignement en français et la Laurentienne (1981-1987)

Au cours des années 1960 et 1970, voyant ses effectifs étudiants diminuer, le secteur francophone de l'Université Laurentienne se dote d'organismes chargés de faire connaître ses besoins. En 1964, un comité du bilinguisme voit le jour. Neuf années plus tard, le Comité des affaires francophones (CAF) est créé avec le mandat de veiller aux droits et aux intérêts des francophones de la Laurentienne, sur les plans administratif, académique et socioculturel[1]. Dès sa première année, ce comité réussit à convaincre le Sénat de l'Université d'adopter une politique de bilinguisme à l'échelle de l'administration universitaire. Le Comité des affaires francophones peut être considéré comme l'ancêtre du Conseil de l'enseignement en français, dont les origines officielles remontent à avril 1976. À ce moment, mécontente du pouvoir d'action limité des instances existantes au sein de la francophonie laurentienne, l'Assemblée des professeurs francophones propose de créer un organe de réflexion et de consultation pour la communauté universitaire d'expression française qui serait formellement reconnu par l'Université. La création de cette structure semble d'autant plus s'imposer que la Laurentienne entame au même moment un processus de planification à long terme dans le cadre duquel on craint que les problèmes du secteur francophone soient négligés[2]. C'est ainsi qu'en septembre 1978, le Conseil de l'enseignement en français, une instance relevant du Sénat, est officiellement créé avec,

---

1. Guy Gaudreau, «Les années 1971 à 1984: faire sa place», dans Matt Bray *et al.*, *L'Université Laurentienne: une histoire*, Montréal, McGill-Queen's University Press, 2010, p. 234.

2. «Rapport du CEF déposé au Sénat le 7 mai 1979», AUL, Fonds Archives institutionnelles – Conseil de l'enseignement en français, F58.2, boîte non numérotée, dossier «Conseil de l'enseignement en français 1979».

à sa tête, un poste de directeur des programmes en français. Ce moment marque un tournant dans l'histoire de la francophonie laurentienne. Tel qu'il a été proposé au Sénat, le Conseil doit avoir

> [...] le pouvoir d'approuver, administrer, planifier et promou-
> voir en collaboration avec les professeurs, les départements, écoles
> et collèges intéressés et dans le respect de leur juridiction propre
> les cours et programmes offerts et à offrir en français, y compris les
> cours en/de français destinés aux anglophones[3].

On demande, par ailleurs, que le type de pouvoir décisionnel conféré au Conseil soit «analogue et égal à celui qu'exercent les Conseils de faculté», c'est-à-dire habilité à transmettre ses décisions au Comité des programmes et aux directeurs des études supérieures pour approbation et aux doyens à titre d'information[4]. Ces dispositions comprennent aussi la tâche de préparer les budgets détaillés en fonction de l'enveloppe prévue pour les cours et programmes francophones[5] de même qu'un droit de regard sur le processus d'embauche des professeurs destinés à enseigner totalement ou partiellement en français. Le Conseil s'attend également à être consulté sur toute demande de permanence, de prime au mérite ou de promotion de professeurs enseignant en français de même que sur l'embauche de cadres supérieurs dont le mandat comprend des relations suivies avec le grand public[6].

L'année précédant la création officielle du Conseil, Gervais est pres- senti pour occuper le poste de directeur[7]. Ce rôle revient cependant, sans grande surprise, à André Girouard, professeur et animateur jésuite (et l'un

3. «Le Mandat du C.E.F., Sénat, pour décision. 20 septembre 1979», AUL, Fonds F58.2, boîte non numérotée, dossier «Conseil de l'enseignement en français 1979».
4. *Ibid.* Cette demande soulevait toutefois bien des hésitations dans l'administra- tion de la Laurentienne, qui préférait plutôt conférer au Conseil de l'enseigne- ment en français un rôle consultatif relativement aux programmes en français.
5. La résolution spécifie également que le Conseil doit compter sur plusieurs sources de revenus: l'octroi du bilinguisme, la part qui lui revient de l'octroi du Nord, les cotisations d'étudiants inscrits dans des cours en français de même que tout octroi spécial remis à l'Université pour la mise en place de cours ou de programmes nouveaux en français (voir *Ibid.*).
6. *Ibid.*, p. 3.
7. «Procès-verbal de la réunion du Conseil (CEF) tenue le 7 octobre 1977, à 12:00 h, sous la présidence de G. Gervais», AUL, Fonds G. Gervais, P187, boîte

des mentors de Gaétan Gervais), dont la réputation en matière de promotion et de défense du fait français n'est plus à faire. Plusieurs réalisations marquent les premières années de son directorat, dont la mise sur pied d'un programme d'études coopératives en français. Toutefois, comme le rappelle Guy Gaudreau, le plus grand échec de Girouard aura été de ne pas avoir été en mesure de transformer le Conseil de l'enseignement en français en faculté française ou en quasi-faculté en vue de lui donner la plus grande autonomie possible[8]. C'est sans doute par manque de temps qu'il n'a pu donner suite à cet objectif puisque, en 1981, Girouard doit quitter ses fonctions pour des raisons de santé. Au mois d'août, il est remplacé par Gaétan Gervais qui bénéficie de l'appui de l'administration et de la communauté francophone élargie[9].

S'amorce alors pour Gervais l'une des périodes les plus éprouvantes de son cheminement professionnel. À ce moment, les francophones constituent à peine 18 % de la population étudiante de l'Université Laurentienne. La faiblesse de l'offre de cours en français n'incite pas les nouveaux étudiants à poursuivre leurs études supérieures dans la langue de Molière[10]. De même, on peut penser que les divers programmes de l'Université d'Ottawa et ceux du Collège Cambrian, bilingue lui aussi, offrent une concurrence plutôt féroce. Les six années passées à la tête du Conseil de l'enseignement en français sont marquées par une série de succès porteurs pour l'avenir de la francophonie laurentienne. Les bons coups se font, toutefois, au prix de nombreux revers, au travers desquels Gervais fait, une fois de plus, l'expérience intime de la mécanique et des ressorts des institutions bilingues.

Un « printemps laurentien » ?

Dans un article paru le 7 mars 1989 dans *L'Orignal déchaîné*, le journal des étudiants de l'Université Laurentienne, le professeur de français Pascal Sabourin écrit que « le cheminement des francophones à l'Université entre 1981 et 1985 nous permet de conclure que chaque fois que les francophones ont eu un tant soit peu accès aux niveaux décisionnels, les

---

61.18.3, dossier « CEF Comptes rendus 77-78 », fichier « Documents institutions – rapports c.a. ».

8. Gaudreau, « Les années 1971 à 1984 : faire sa place », p. 243.
9. *Ibid.*
10. *Ibid.*

programmes francophones ont fait d'extraordinaires bonds en avant[11] ». Qualifiant ces années de « bref printemps laurentien », Sabourin fait ici écho aux nombreux accomplissements du Conseil de l'enseignement en français dans les premières années du directorat de Gervais. De fait, dès son entrée en fonction, le nouveau directeur obtient du recteur Henry Best, un historien de profession formé à l'Université Laval et titulaire d'un doctorat sur George-Étienne Cartier, le droit de siéger au Comité du budget, une ambition longtemps chérie par son prédécesseur. Ce droit permet au Conseil de l'enseignement en français d'administrer à sa guise 5 % de la subvention annuelle au bilinguisme (ce qui représente environ 40 000 $[12]). En échange, le Conseil doit prendre l'engagement de renoncer à son projet de créer une faculté française, que Girouard de même que Gaétan Gervais envisageaient depuis plusieurs années[13].

Il n'est pas inutile de rappeler ici le contenu du « rapport Gervais », publié en 1976, dans lequel l'auteur a esquissé sa vision du développement des programmes en français. Cette vision s'articulait autour du principe de l'autonomie institutionnelle et recommandait, notamment, que l'Université concède à sa minorité française une autonomie en matière de programmation et de planification de ses cours, de ses activités et de ses programmes. C'est fort de cette conviction que Gervais décide de piloter la plupart de ses dossiers au Conseil de l'enseignement en français, cherchant toujours à développer le plus possible des cours, des activités et des programmes en français distincts de ceux de la majorité.

Ainsi, au printemps 1981, le Conseil reçoit un nouveau mandat visant à clarifier son statut. En plus de se prononcer sur sa constitution[14], le Sénat

---

11. Pascal Sabourin, « Faculté française : encore un pas de côté », *L'Orignal déchaîné*, vol. 12, n° 10 (7 mars 1989), p. 9.

12. « Memorandum de Gaétan Gervais adressé au Comité du budget à propos du fonds de développement des programmes en français (40 000 $) », 2 mars 1982, AUL, Fonds G. Gervais, P187, boîte 61.18.3, dossier « Association des professeurs francophones 75-76 ».

13. Gaudreau, « Les années 1971 à 1984 : faire sa place », p. 243-244.

14. Telle qu'adoptée par le Sénat de l'Université en 1981 : « 1) Peuvent être membres du CEF tous les professeurs qui enseignent au moins un cours en langue française ou ont la compétence voulue pour le faire ; 2) Parmi les membres éligibles, un Conseil de 15 professeurs est élu selon un procédé assurant la représentation de toutes les facultés de l'Université ; 3) En plus des membres du corps professoral, le Conseil compte 5 membres étudiants, soit un étudiant de chaque faculté

accepte que le Conseil exerce les fonctions suivantes : commenter et faire
des recommandations aux conseils de faculté et au Comité des programmes
d'études sur tous les aspects entourant les cours et les programmes offerts en
français ; recommander le développement de programmes et de cours pour
l'élément francophone de la communauté universitaire ; travailler en collaboration avec d'autres instances universitaires au mieux-être de la communauté francophone à l'Université et prendre les mesures nécessaires pour
« rehausser » la nature bilingue de l'institution[15]. Afin qu'il puisse s'acquitter de ces responsabilités, il est en outre recommandé que le Conseil soit
représenté à diverses instances de l'Université (au Comité des programmes
d'études, aux conseils de faculté, etc.), qu'il fasse directement rapport au
Sénat pour lui soumettre commentaires et recommandations, qu'il soit
consulté avant l'approbation de tout nouveau cours ou programme ainsi
que lors de nominations, et qu'une étude des besoins soit effectuée auprès
de la communauté francophone avant l'élargissement de tout programme
à une unité qui n'offre aucun cours en français.

En 1982, Gervais publie dans la *Revue de l'Association canadienne
d'éducation de langue française* un premier texte à titre de directeur du
Conseil de l'enseignement en français, dans lequel il brosse un portrait
peu reluisant de la situation de l'enseignement en français à l'Université Laurentienne. Les problèmes qu'il soulève sont aussi complexes que
variés : difficultés d'ordre historique, taux de fréquentation universitaire
inadéquat chez les Franco-Ontariens, vision comptable du bilinguisme
au sein de l'administration, financement parcimonieux et programmes
francophones non conformes aux besoins particuliers de la communauté franco-ontarienne. « Les programmes francophones sont partout
(sauf dans les exceptions évidentes de français et d'éducation) des copies
serviles des programmes anglophones », déplore-t-il. « Les professeurs
francophones doivent offrir des programmes calqués sans disposer d'un
nombre correspondant de professeurs[16]. »

---

et un étudiant de deuxième cycle ; 4) Le Conseil est dirigé par un administrateur
pédagogique supérieur nommé par l'Université ; 5) Le C.E.F., ayant été créé par
le Sénat, relève de ce dernier en ce qui concerne les politiques » (AUL, *Gazette de
l'Université Laurentienne*, 12 novembre 1981, p. 7).

15. *Ibid.*

16. Gaétan Gervais, « Présentation de l'Université Laurentienne », *Revue de l'Association canadienne d'éducation de langue française*, vol. 2, n° 3 (décembre 1982), p. 22.

Selon lui, le développement des écoles professionnelles représente alors le domaine où le recul des francophones se fait le plus sentir à l'heure où, précisément, plus de la moitié des étudiants de la Laurentienne intègrent les écoles de commerce, de sciences infirmières, de génie et d'éducation physique. C'est pour cette raison que Gervais souligne dans le premier rapport triennal du Conseil de l'enseignement en français, adopté par le Sénat au printemps 1982, qu'il entend favoriser le renforcement du secteur des programmes professionnels, notamment par la création de nouveaux postes de professeurs de langue française[17].

Au cours de son mandat, Gervais s'attelle particulièrement au dossier de l'École de commerce de l'Université Laurentienne. Déjà, au tout début de son directorat, il somme la doyenne d'« exhorter l'École de commerce à demander la nomination d'un professeur francophone[18] ». Dans une autre note de service envoyée quelques jours plus tard et adressée cette fois au Comité du budget, il renchérit avec une indignation encore plus marquée :

> Rien ne justifie que cette école puisse continuer de se dérober à ses obligations vis-à-vis la population franco-ontarienne de la région. [...] Après avoir refusé la création d'une faculté de l'enseignement en français en invoquant le principe que toute l'Université est bilingue et qu'une faculté unilingue serait un facteur de division, les instances supérieures de cette université ne peuvent plus maintenant refuser d'appliquer le même raisonnement à l'École de commerce. Peut-on tolérer une quasi-faculté (une école qui regroupe le quart de tous les étudiants) anglophone en refusant le même droit aux francophones ? Contre les vœux cent fois réitérés de la communauté francophone, cette école demeure un bastion d'unilinguisme anglais : elle constitue un affront à notre intelligence et à des normes de justice élémentaire[19].

---

17. *Ibid.*, p. 23.
18. « Memorandum de Gaétan Gervais adressé à Wendy Gerhard, doyenne des écoles au sujet du cours de commerce », 16 décembre 1981, AUL, Fonds G. Gervais, P187, boîte 61.18.3, dossier « Association des professeurs francophones 75-76 ».
19. « Memorandum de Gaétan Gervais adressé au Comité du budget au sujet des postes francophones d'enseignement », 30 décembre 1981, AUL, Fonds G. Gervais, P187, boîte 61.18.3, dossier « Association des professeurs francophones 75-76 ».

Le ton acrimonieux reflète bien l'esprit combatif et l'impatience de Gervais à ce moment. Il se fait manifestement peu d'illusions quant à la volonté de l'administration universitaire de prendre en considération les besoins de la communauté francophone. Sur un autre plan, ce passage témoigne de l'importance qu'accorde Gervais au développement des études franco-ontariennes en commerce, une importance qui n'est pas sans lien avec ses convictions d'alors sur la question économique. L'Ontario français s'étant, à ses yeux, historiquement constitué selon une logique menant à l'autonomie institutionnelle et identitaire, celui-ci doit investir au meilleur de ses capacités toutes les sphères d'activité propres au fonctionnement d'une société à part entière, en particulier le secteur névralgique de l'économie.

Les efforts déployés par Gervais au Conseil de l'enseignement en français portent leurs fruits et mènent à la création d'un programme de commerce en français à compter de l'année universitaire 1983-1984. Pour accélérer la mise sur pied de la partie française de ce programme, Gervais réussit même à obtenir pour le Conseil, en mars 1983, un financement supplémentaire de la part du gouvernement provincial par l'intermédiaire de l'enveloppe budgétaire du Conseil de l'éducation franco-ontarienne, pour la création de trois postes de professeurs de langue française en commerce.

Durant la même année scolaire, le gouvernement ontarien met en œuvre un comité chargé d'étudier l'éducation universitaire dans le Nord-Est ontarien (communément appelé la commission Parrot), avec l'intention de restructurer l'Université Laurentienne de manière à en rendre la gestion plus efficace et moins coûteuse. Son mandat consiste, plus exactement, à suggérer la création d'une « structure décisionnelle et administrative viable pour une nouvelle université, [à] proposer les modalités de mise en œuvre de la nouvelle structure, d'en évaluer les coûts et de proposer un nom pour l'Université[20] ». Cette démarche découle d'une recommandation qui figurait dans le rapport Bourns, déposé à la fin de l'année 1981, et qui consistait à suggérer des changements structurels au système de la Laurentienne. L'une des principales propositions de ce rapport était de fusionner toutes les composantes universitaires nord-ontariennes

---

20. Thérèse Boutin, « Il n'y aura pas d'Université Champlain… », *Liaison*, n° 30 (printemps 1984), p. 57.

(plus précisément, le Collège de Hearst, le Collège Nipissing, l'Université Laurentienne et le Collège Algoma) en une seule université à campus multiples, gérée par un seul conseil d'administration, un seul Sénat et un seul recteur. Ainsi, durant les audiences de la commission Parrot, le Conseil de l'enseignement en français, plutôt sceptique quant à l'idée de centraliser ces instances administratives, dépose un mémoire dans lequel il réclame : 1) une présence francophone paritaire dans les organismes décisionnels de l'Université ; 2) la disponibilité des services et de l'enseignement selon les besoins de la communauté francophone ou anglophone dans les régions du Nord-Est ; 3) une représentation adéquate des francophones chez les cadres supérieurs de l'Université. Il recommande également que soient créées deux Chambres du Sénat, l'une de langue française et l'autre de langue anglaise, de manière à permettre au secteur francophone de « connaître un développement qui respecte ses intérêts et obéit à ses besoins[21] ».

Rendu public en octobre 1983, le rapport Parrot recommande une restructuration fondamentale du système universitaire laurentien en proposant la création d'une nouvelle université (baptisée « Université Champlain University »), composée de quatre campus autonomes, chacun habilité à décerner ses diplômes[22]. Le document, qui ne fait guère écho aux revendications franco-ontariennes, est plutôt mal accueilli par les parties concernées. À l'exception du Collège Algoma, peu d'intervenants y trouvent leur compte. Dans une lettre envoyée aux pages éditoriales du journal *Le Voyageur*, Gervais qualifie, pour sa part, le rapport de « salade universitaire ». Ne voyant pas dans la création de quatre « mini-universités » une structure viable pour répondre aux besoins du Nord ontarien en matière d'éducation, il est plutôt d'avis qu'il faut opter pour « une transformation des structures de gouvernement de la Laurentienne pour que le Conseil des gouverneurs et le Sénat répondent mieux aux besoins de la région du Nord-Est dans son ensemble[23] ». Gervais s'indigne aussi du fait que le rapport passe sous silence les recommandations du Conseil

---

21. « Mémoire soumis par le CEF », AUL, *Gazette de l'Université Laurentienne*, 23 février 1983, p. 4.
22. Voir Gaudreau, « Les années 1971 à 1984 : faire sa place », p. 244-245 ; Boutin, « Il n'y aura pas d'Université Champlain… », p. 57-58.
23. Gaétan Gervais, « Le rapport Parrot : une salade universitaire », *Le Voyageur*, vol. 10, n° 26 (24 octobre 1983), p. 4.

de l'enseignement en français. Le fait d'attribuer symboliquement un nom français à la nouvelle université ne fait, selon lui, que « masquer le manque de pouvoir réel qui continue de nuire au processus de prise en charge par les Franco-Ontariens de leurs institutions d'enseignement ». Pire que cela, « la nouvelle structure condamnerait les Franco-Ontariens à mille démarches dans quatre campus différents, à mille revendications pour obtenir chaque petit progrès dans des structures où ils seront et resteront minoritaires[24] ».

Comme autre projet à moyen terme, le Conseil de l'enseignement en français envisage la préparation de nouveaux programmes, dont « un programme général dans les arts destiné à une clientèle supérieure[25] ». Gervais estime que l'un des besoins les plus importants des étudiants de langue française en Ontario est la création d'un baccalauréat général qui pourrait mettre l'accent sur une formation de base, contrebalançant ainsi « la spécialisation hâtive et outrée qui caractérise beaucoup de programmes universitaires ». D'après Gervais, « les universités, les départements ont tendance à agir comme si tous leurs étudiants se préparaient à devenir des spécialistes dans leur discipline respective ». « [C]ette spécialisation ne répond pas aux besoins immédiats d'une population éloignée qui ne poursuivra vraisemblablement pas ses études au-delà du premier cycle[26]. » Ainsi, pour pallier cette lacune, Gervais présente au Sénat, en juillet 1984, un projet de « programme fondamental ». Ce programme propose d'offrir aux étudiants francophones qui le souhaitent une formation donnant « une vue d'ensemble de la culture occidentale, des grands moments qui ont marqué son développement, des grands noms qui ont défini son passé et qui marquent son présent, des grandes idées qui ont orienté son cheminement ». Ce faisant, Gervais souhaite réactualiser certains traits de la formation classique en initiant « les étudiants à l'univers des connaissances de notre civilisation, selon l'expression qui a donné naissance au mot "université", l'*universitas scientarium*[27] ». Dans cette

---

24. *Ibid.*

25. Gervais, « Présentation de l'Université Laurentienne », p. 23.

26. Gaétan Gervais, « Modèles possibles de collaboration universitaire au niveau du contenu », *Revue de l'Association canadienne d'éducation de langue française*, vol. 14, n° 2 (décembre 1986), p. 48.

27. « Le programme fondamental », juillet 1984, AUL, Fonds Senate, 14, dossier « CEF 1983-1988 », fichier « Le conseil de l'enseignement en français ».

visée, le programme projeté entend limiter sciemment la liberté de choix de l'étudiant qui accepte de s'y engager. Cette approche vise à rompre avec ce que Gervais appelle « la pédagogie de cafétéria qui laisse le choix des cours à tous les caprices[28] ». La description du programme prévoit un total de cinq cours, comprenant une initiation au XXe siècle, aux grands penseurs de l'Occident, aux savoirs modernes et à leurs méthodes, de même que la tenue de séminaires.

Bien qu'aucune démarche ne semble avoir été entreprise par la suite de la part de l'administration pour favoriser la mise sur pied de ce programme, sa proposition nous renseigne néanmoins sur la vision du savoir universitaire qui anime Gervais à ce moment-là. Tout d'abord, celle-ci ne semble pas adhérer aux nouvelles avenues pédagogiques socioconstructivistes, dans lesquelles l'élève devient le principal acteur de ses apprentissages plutôt qu'un sujet recevant un savoir transmis qui le lie à une culture civilisatrice plus large, construite historiquement. Ensuite, si Gervais fait valoir la nécessité d'avoir une université apte à former une classe d'entrepreneurs et de professionnels francophones en Ontario, elle ne peut, en revanche, limiter son mandat à la transmission d'un « savoir utilitaire » ou « pratique ». Autrement dit, l'éducation universitaire franco-ontarienne doit, selon Gervais, poursuivre la tradition d'excellence de la formation classique de manière à ce que l'université puisse continuer d'être cet espace où la culture est déposée, transmise puis enrichie.

Les limites des structures bilingues

Le départ du recteur Henry Best, suivi de l'arrivée en poste de son successeur, John Daniels, le 1er juillet 1984, marque un tournant dans l'histoire de la Laurentienne. Les relations entre les dirigeants de l'Université et le corps professoral, de même qu'avec les employés de soutien, sont alors beaucoup plus acrimonieuses, si bien qu'une série de grèves surviennent en 1985[29]. Selon Guy Gaudreau, la nomination de cet ancien vice-recteur à l'enseignement de l'Université Concordia à la tête de la Laurentienne vient brouiller encore davantage les rapports entre le Conseil

---

28. *Ibid.*
29. Matt Bray, « La période contemporaine, de 1985 à nos jours », dans Bray *et al.*, *L'Université Laurentienne : une histoire*, p. 82.

de l'enseignement en français et la haute administration universitaire[30]. De fait, peu de temps après son entrée en fonction, Daniels exclut Gervais et des doyens du Comité du budget, sans consultation préalable. Cette décision de couper l'accès des francophones aux paliers décisionnels des budgets fait dire quelques années plus tard à Michel Courchesne, collaborateur de *L'Orignal déchaîné*, que «l'inefficacité du CEF ne découle pas du CEF lui-même, mais de cette obsession qu'a l'administration de faire en sorte que tout ce qui est francophone soit consultatif [31]». En effet, la principale difficulté du Conseil de l'enseignement en français à cette époque vient du fait qu'il n'a pas de pouvoir d'intervention comparable à celui des conseils académiques. C'est d'ailleurs le constat que pose Gervais lui-même, à quelques semaines de la fin de son mandat, dans une entrevue donnée au journal étudiant en novembre 1987 : «Il arrive ce qu'il arrive toujours lorsqu'on est consultatif et qu'on ne décide pas ; on prie les autres de faire des choses, ce qui n'aboutit pas toujours où l'on veut[32].»

En 1986, Gaétan Gervais publie un article intitulé « Pour de meilleures structures institutionnelles au niveau universitaire», dans un collectif qui regroupe différentes communications prononcées lors d'un colloque sur l'enseignement postsecondaire en français hors Québec organisé par la Fédération des francophones hors Québec et tenu en mai 1985. En puisant dans son expérience de directeur du Conseil de l'enseignement en français, il dresse le portrait de ce qu'il estime être les principales difficultés de l'enseignement universitaire en français en milieu minoritaire. Le manque d'étudiants est au nombre des lacunes relevées et témoigne du faible taux de fréquentation universitaire des Franco-Ontariens par rapport à l'ensemble de la population canadienne. Ce constat troublant avait d'ailleurs été exposé dans le rapport Churchill, publié la même année, dans lequel, chiffres à l'appui, on expliquait les raisons pour lesquelles le taux de fréquentation postsecondaire chez les Franco-Ontariens était de moitié inférieur à celui du reste de la province[33]. Gervais, qui publiera

30. Guy Gaudreau, « De 1984 à aujourd'hui : tout va très bien madame la Marquise», dans Bray *et al.*, *L'Université Laurentienne : une histoire*, p. 247.
31. Michel Courchesne, « Le bilinguisme laurentien : une longue histoire qui tourne en rond», *L'Orignal déchaîné*, n° 5 (16 novembre 1987), p. 5.
32. *Ibid.*
33. Stacy Churchill, Normand Frenette et Saeed Quazi, *Éducation et besoins des Franco-Ontariens : le diagnostic d'un système d'éducation*, vol. 1 : *Problèmes de*

l'une des premières recensions critiques de cette étude, est frappé par la gravité du portrait qui se dégage des résultats. Les données confirment, d'après lui, que l'inaction du gouvernement en matière de droit à l'éducation en français risque inévitablement de mener «à une plus grande érosion de la communauté franco-ontarienne[34]». Comme deuxième lacune, Gervais souligne le manque d'accessibilité dans les programmes d'études disponibles en français et, surtout, le manque de professeurs pour dispenser certains enseignements spécialisés. La troisième lacune importante concerne le manque de planification des programmes francophones, qui souffrent d'une constante mise en «concurrence, pour les ressources, les effectifs, les fonds, avec des programmes anglophones semblables[35]».

L'état de la situation commande, selon Gervais, un élargissement des préoccupations à l'échelle des «structures», qui, comme nous l'avons vu au chapitre précédent, réside au cœur de son questionnement sur l'avenir de la collectivité franco-ontarienne. «[Q]uelles structures universitaires (ou collégiales) peuvent le mieux résoudre les problèmes?», se demande alors Gervais. Pour lui, le modèle d'intégration, c'est-à-dire celui des structures bilingues qui a cours en Ontario[36] et en vertu duquel la minorité doit partager ses institutions avec la majorité, contribue à nier la dimension collective du sujet minoritaire et, partant, à déréaliser sa prétention sociétale. Encore une fois, il est difficile de ne pas voir se profiler en filigrane une critique de la conception individualiste du bilinguisme et des droits linguistiques telle que prônée dans le cadre juridique canadien hérité de 1982:

---

l'ensemble du système: l'élémentaire et le secondaire; vol. 2: Le postsecondaire, rapport technique, Toronto, Conseil de l'éducation franco-ontarienne, ministère de l'Éducation de l'Ontario, 1985.

34. Gaétan Gervais, «Éducation et besoins des Franco-Ontariens: le diagnostic d'un système d'éducation II (Stacy Churchill et al.)», Revue canadienne d'enseignement supérieur, vol. 16, n° 1 (1986), p. 104.

35. Gaétan Gervais, «Pour de meilleures structures institutionnelles au niveau universitaire», dans Clinton Archibald (dir.), Actes du colloque national sur l'enseignement postsecondaire en langue française à l'extérieur du Québec: situation actuelle et recherche de scénarios d'un développement d'aide aux communautés francophones hors Québec Ottawa, les 10, 11 et 12 mai 1985, Ottawa, Fédération des francophones hors Québec, 1986, p. 30.

36. Pour une étude comparée du modèle universitaire unilingue acadien et du modèle bilingue ontarien, consulter Gratien Allaire, «Unilinguisme, bilinguisme et institution universitaire dans la francophonie des années 1960», Francophonies d'Amérique, n° 14 (automne 2002), p. 101-116.

> [D]ans ce modèle [celui des structures bilingues], tous les indi-
> vidus sont mis sur le même pied. Chacun pour soi, personne pour
> tous. Cette approche ne considère que les individus. Les personnes
> existent, non la communauté. Cette approche privilégie les solu-
> tions uniformes, évite les exceptions pour le groupe minoritaire. En
> histoire politique, son équivalent est l'*union législative*. Ce modèle
> de structure favorise un seul régime applicable à tous, il préconise
> le bilinguisme intégré. Dans cette structure, les francophones ne se
> retrouvent jamais comme groupe, uniquement comme individus[37].

Selon Gervais, le modèle institutionnel bilingue comporte une autre
limite importante qui consiste à soumettre la promesse d'égalité des deux
communautés linguistiques à des conditions que la minorité peut difficilement infléchir. Dans un premier temps, estime-t-il, l'application du bilinguisme dépend du poids démographique de la minorité et de la nature des
rapports de force en présence avec la majorité. Dans un second temps, la
promesse de traiter également les deux langues officielles dépend du bon
vouloir et de la conviction des administrateurs en place. Autrement dit,
en contexte de bilinguisme intégré, le respect des droits de la minorité est
conditionnel, selon Gervais, à «la générosité du prince, celui qui détient
le pouvoir à un moment donné[38]». Or «les administrateurs passent, les
problèmes demeurent», fait-il remarquer. Au modèle institutionnel d'intégration, Gervais opposera celui de l'autonomie, c'est-à-dire un modèle
qui privilégie les institutions autonomes ou l'autonomie du groupe minoritaire francophone à l'intérieur des institutions bilingues :

> Cette [...] approche fait une place à part au groupe minoritaire.
> Justement parce qu'il est numériquement inférieur, le groupe minori-
> taire doit pouvoir jouir d'une mesure d'autonomie dans la gestion de
> ses affaires. En imposant une seule loi à tous, francophones ou anglo-
> phones, la majorité utilise la démocratie pour écraser la minorité. La
> protection contre cette situation réside dans le *droit* de la minorité
> de choisir ses institutions, de déterminer ses orientations, de prendre
> ses décisions. Ce modèle d'autonomie préfère des structures ou des
> institutions qui permettent à une minorité d'agir par elle-même[39].

---

37. Gervais, «Pour de meilleures structures institutionnelles au niveau universi-
    taire», p. 30. (En italique dans le texte.)
38. *Ibid.*, p. 31.
39. *Ibid.*, p. 30. (En italique dans le texte.)

Transposée à l'enseignement postsecondaire, cette approche est à privilégier, selon Gervais, puisqu'elle attribue une fonction sociale particulière aux institutions universitaires sises au sein des « sociétés minoritaires » :

> L'université et le collège sont appelés à remplir deux grands rôles dans les sociétés minoritaires : la formation des élites (les chefs de file, les gens éduqués, les experts dans tous les domaines) et l'épanouissement de la culture (en devenant un support social, culturel). En fait, ces institutions sont des éléments essentiels pour la continuité et pour la reproduction d'une société.
>
> L'université et le collège, mieux que des tours d'ivoire, doivent refléter la société qui les supporte, contribuer à la faire évoluer par un accès généralisé au savoir sous toutes ses formes. Ainsi, les institutions supérieures devraient devenir des appuis pour le changement social, un instrument privilégié pour l'évolution de la société minoritaire. [...] Car pour assurer l'épanouissement des groupes minoritaires, il est impérieux d'établir un réseau d'institutions autonomes, capables de fonctionner en français, seules aptes à maintenir la vie culturelle des groupes minoritaires.
>
> Les sociétés ne peuvent pas survivre sans leurs propres institutions[40].

Comme nous le verrons, la revendication d'une université autonome de langue française prend appui, chez Gervais, sur cette conception particulière du statut de l'institution universitaire en milieu minoritaire. Entre-temps, au mitan des années 1980, le directeur du Conseil de l'enseignement en français estime tout de même que d'autres dossiers méritent attention à l'Université Laurentienne, notamment celui de la bibliothèque, qui souffre cruellement d'un manque d'ouvrages et de périodiques de langue française. Dès octobre 1983, Gervais s'était mis à réclamer un nouveau partage des budgets d'acquisition de la bibliothèque afin de permettre à la communauté universitaire francophone d'avoir accès à une littérature dans sa langue. Au motif qu'il serait trop cher de dupliquer les titres en fonction de la langue, l'administration avait toujours refusé de financer davantage l'achat de livres en français. De fil en aiguille, le dossier est finalement porté jusqu'à la table du Sénat, qui décide de mettre sur pied le Comité consultatif spécial du fonds de la bibliothèque en langue française avec Gervais comme président. Le

---

40. *Ibid.*, p. 31.

rapport publié par le comité en avril de la même année recommande
que soient créés un fonds de rattrapage et une formule de répartition des
budgets qui puisse contraindre la bibliothèque à se procurer une certaine
proportion de livres et de périodiques en français[41].

Nouveau revers dans la cause francophone à l'Université Laurentienne,
le Conseil de l'enseignement en français est aboli sans préavis par l'administration universitaire en juin 1987. Cette décision oblige Gervais à
quitter ses fonctions de directeur, ce qui fait sans doute l'affaire de bon
nombre d'administrateurs, qui voient en lui un acteur beaucoup trop
subversif. À *L'Orignal déchaîné*, on dénonce alors « une décision en coulisse », prise durant l'été, par surcroît, « sans offrir la moindre explication[42] ». Dans une édition subséquente, un collectif d'auteurs, étudiants
pour la plupart, condamne le « silence irresponsable » du corps professoral
francophone de la Laurentienne face à la situation[43]. Au dire de l'administration, l'abolition du Conseil de l'enseignement en français s'inscrit
à l'intérieur d'un plan de remaniement plus vaste des structures administratives. En effet, en guise de remplacement, le Sénat opte pour la
création d'un poste de vice-recteur adjoint aux programmes et services
en français, poste occupé en janvier 1988 par une jeune professeure de
psychologie nouvellement embauchée, Dyane Adam.

À n'en point douter, le passage de Gervais à la direction du Conseil
de l'enseignement en français a permis de faire avancer la cause de la
francophonie laurentienne par l'embauche de professeurs francophones
supplémentaires, par un accès plus équitable aux ressources nécessaires
à l'enseignement, à l'apprentissage, à la recherche, et par la création
d'un milieu de vie intellectuel en français plus stimulant. En témoigne,
d'ailleurs, l'accroissement du nombre d'inscriptions en français de 38 %
entre 1984 et 1988 (par opposition à une augmentation de 9 % du côté
anglais), accroissement que le recteur John Daniels a par la suite attribué
à la mise sur pied de nouveaux programmes, notamment au sein des

---

41. Gaudreau, « De 1984 à aujourd'hui : tout va très bien madame la Marquise »,
    p. 248.
42. Michel Courchesne, « L'abolition du Conseil d'enseignement en français : une
    décision en coulisse néfaste aux francophones », *L'Orignal déchaîné*, n° 2 (sep-
    tembre 1987), p. 4.
43. Michel Courchesne *et al.*, « Un silence irresponsable », *L'Orignal déchaîné*, n° 6
    (8 décembre 1987), p. 3.

écoles professionnelles[44]. L'expérience de Gervais au Conseil de l'enseignement en français semble toutefois l'avoir conforté dans ses convictions concernant l'inefficacité des structures bilingues et la nécessité de promouvoir la création d'institutions autonomes de langue française au niveau postsecondaire.

Le développement du postsecondaire français en Ontario

Après son passage au Conseil de l'enseignement en français, Gervais prend part de façon plus active aux nombreux débats entourant la création de collèges de langue française et d'une université française en Ontario, débats qui connaissent alors leur temps fort dans la collectivité franco-ontarienne. En effet, ceux-ci se déroulent dans un contexte d'agitation politique particulier au niveau national, sur fond de négociations constitutionnelles avec le Québec (accords du lac Meech et de Charlottetown) et de reconnaissance de droits aux minorités de langue officielle découlant de l'adoption, en 1982, de la *Charte canadienne des droits et libertés*. En Ontario, cette période est aussi associée aux règnes successifs du libéral David Peterson (1985-1990) et du néo-démocrate Bob Rae (1990-1995). Ces trois élections marquent un tournant historique important, mettant fin à un gouvernement conservateur au pouvoir depuis quarante ans sans interruption et, surtout, inaugurant une politique d'ouverture à l'égard de la francophonie ontarienne par l'adoption, en 1986, de la *Loi sur les services en français* (communément appelée loi 8)[45]. Cette nouvelle législation couronne plus de dix années d'efforts

---

44. Gaudreau, «De 1984 à aujourd'hui: tout va très bien madame la Marquise», p. 249.

45. Adoptée par l'Assemblée législative le 18 novembre 1986, avec l'appui unanime des partis d'opposition, cette loi venait encadrer une partie des services en français déjà offerts sur le territoire de la province, en plus d'«assure [r] aux Ontariens francophones le droit de recevoir des services gouvernementaux en français» (Extrait du document *La Loi sur les services en français 1986 : guide pour la désignation des agences*, Gouvernement de l'Ontario, ministère de la Santé, [s. d.], cité dans Linda Cardinal, *Chronique d'une vie politique mouvementée: l'Ontario francophone de 1986 à 1996*, Ottawa, Le Nordir, 2001, p. 51). Au moment de son adoption, la loi désigne 22 régions (aujourd'hui 25) où le nombre de francophones est d'au moins 5000 ou représente 10 % de la population, et prévoit une période transitoire de mise en application de trois ans. Au même moment,

conjugués entre les associations communautaires, notamment l'ACFO provinciale, et certains politiciens francophones siégeant à la Législature provinciale[46]. Son adoption fait également suite à la décision de la Cour d'appel, en 1984, de reconnaître aux Franco-Ontariens le droit de gérer leurs propres écoles, jugement dont prend acte le gouvernement ontarien par la création, en 1987 et 1988, des conseils scolaires francophones publics dans les régions d'Ottawa-Carleton et de Toronto (loi 75). Peu après, un important jugement de la Cour suprême du Canada vient clarifier certaines dispositions de l'article 23 dans la cause Mahé. L'arrêt, rendu en 1990, reconnaît que l'application des droits scolaires suppose le droit pour la minorité de langue officielle de gérer elle-même ses propres établissements scolaires financés par des fonds publics.

C'est dans ce contexte politique et législatif que l'enjeu de l'enseignement postsecondaire en français en Ontario devient de plus en plus présent. La campagne en faveur de la création d'un premier collège français en Ontario, qui a commencé au début des années 1970, porte ses fruits en janvier 1989, lorsque le gouvernement annonce l'ouverture de la Cité collégiale à Ottawa. S'ensuit l'inauguration, en 1993, du Collège Boréal, à Sudbury, et du Collège des Grands Lacs, dans le Sud de la province, lequel devra toutefois fermer ses portes en 2001 en raison de problèmes de recrutement[47]. Il faut spécifier aussi que les collèges de la province, en tant qu'organismes gouvernementaux, se trouvent liés par les dispositions de la loi 8. Les universités ayant été, quant à elles, exemptées de ces dispositions en raison de leur statut juridique, l'idée de créer une université française est plus difficile à concrétiser. Ce projet suscite, d'ailleurs, une importante mobilisation de l'opinion publique au sein de la collectivité franco-ontarienne durant les années 1980 jusqu'à devenir l'une des principales revendications de l'ACFO provinciale, qui en fait l'objet central de son congrès annuel tenu à Midland en juin 1989.

---

l'Office des affaires francophones réorganisait sa structure de manière à donner à son ministre délégué les ressources nécessaires pour permettre l'application de ladite loi, en collaboration avec la Commission des services en français nouvellement créée.

46. Cardinal, *Chronique d'une vie politique mouvementée*, p. 51.

47. Gaétan Gervais et Michel Bock, *L'Ontario français : des Pays-d'en-Haut à nos jours*, Ottawa, Centre franco-ontarien de ressources pédagogiques, 2004, p. 215.

Gaétan Gervais prend part à ce mouvement de changement social, à la fois comme observateur du système scolaire franco-ontarien et comme acteur au sein de celui-ci. En partie grâce à ses interventions publiques à titre d'historien, à ses écrits pionniers sur l'éducation postsecondaire en Ontario français et, surtout, par son rôle de haut fonctionnaire au ministère des Collèges et Universités (1987-1989), de président du Conseil de l'éducation franco-ontarienne (1991-1994) et de son comité sur le postsecondaire (1994-1996), il devient un acteur important pendant cette période effervescente de l'histoire franco-ontarienne contemporaine et l'un des principaux promoteurs de l'autonomie institutionnelle pour les Franco-Ontariens en matière d'éducation postsecondaire. Ces expériences lui permettent aussi de préciser sa pensée quant au développement de l'éducation postsecondaire en Ontario français et, en même temps, d'augmenter considérablement son influence par ses interventions dans les débats publics dans la province ontarienne et à l'échelle de la francophonie canadienne.

Entre Toronto et Sudbury : la mise sur pied des collèges de langue française et le développement de l'enseignement universitaire en français

En 1987, Gaétan Gervais quitte le milieu universitaire sudburois et accepte un poste au ministère des Collèges et Universités, à Toronto. Ce choix n'est pas arbitraire. Après plusieurs années de luttes difficilement menées pour le développement des programmes en français à l'Université Laurentienne, l'ancien directeur du Conseil de l'enseignement en français est las du milieu universitaire laurentien[48]. On comprend aussi l'intérêt pour quelqu'un ayant à cœur les enjeux auxquels est confrontée la collectivité franco-ontarienne d'intégrer les rouages de la machine gouvernementale alors que celle-ci veille à l'application de la loi 8 et que se dessine à l'horizon la possibilité de développer le secteur postsecondaire franco-ontarien. Gervais est aussi enchanté, à ce moment, par l'idée de pouvoir déménager à Toronto, ville pour

---

48. Gaétan Gervais, Entrevue, Sudbury, juillet 2011. Les efforts déployés au Conseil de l'enseignement en français ont été tels que Gervais a dû prendre un congé de maladie au début des années 1980.

laquelle il avoue avoir toujours eu un faible en raison de son dynamisme culturel[49].

Entre 1987 et 1989, Gervais effectue un prêt de service au bureau de Brian Goodman, sous-ministre adjoint responsable des universités. Durant cette période, il acquiert une connaissance intime de la gestion gouvernementale en matière d'éducation en participant à la mise sur pied d'un plan de développement des universités ontariennes et en pilotant divers dossiers relatifs à l'éducation postsecondaire de langue française[50]. Après son bref passage au Ministère, Gervais prend un congé sabbatique durant l'année scolaire 1989-1990, avant de revenir à l'enseignement à l'Université Laurentienne. En 1991, il accepte d'assurer à temps partiel la présidence du Conseil de l'éducation franco-ontarienne, période sur laquelle nous reviendrons ci-dessous. Entre-temps, en avril 1990, le gouvernement ontarien a mis sur pied la Commission consultative sur les services collégiaux en français présidée par Jean-Louis Bourdeau, ancien président général de l'ACFO provinciale (1974-1976) et ancien directeur général de l'Association française des conseils scolaires de l'Ontario (1984-1988). Compte tenu de la création imminente d'un collège de langue française desservant l'Est de l'Ontario et de l'intention du gouvernement d'accroître les services collégiaux en français dans le Nord, le Centre et le Sud-Ouest, cette Commission a pour mandat d'examiner l'état de l'enseignement en langue française au niveau collégial dans ces régions en vue de recommander le ou les meilleurs modèles de prestation de services en français et leurs modalités d'application[51]. À l'occasion des audiences sur le collège du Nord, Gaétan Gervais dépose un mémoire dans lequel il formule les deux recommandations suivantes :

49. *Ibid.*

50. Robert Arsenault, *Gaétan Gervais : le «gardien du dépôt»*, Ottawa, Centre franco-ontarien de ressources pédagogiques, 2012, p. 67.

51. «Commission consultative sur les services collégiaux en français dans le Nord et dans le Centre/Sud-Ouest de l'Ontario – Mandat des Commissions», mai 1990, APO, Ministry of Colleges and Universities Advisory Commission on French Language College Services'operational files, RG32-80, boîte 1, dossier «Administration Memorandum of understanding – Ministry of Colleges and Universities Advisory, Commission on French Language College Services'operational files».

    1. La création immédiate de deux autres collèges communautaires, dans le Nord et dans le Sud, pour former avec la Cité collégiale un réseau provincial d'enseignement collégial à travers toute la province.

    2. L'adoption par le gouvernement de l'Ontario d'une loi générale de l'éducation en français, comportant d'une part une garantie d'un enseignement en français à tous les niveaux (de la maternelle à l'université) et pourvoyant d'autre part à la gestion de ces institutions par les Franco-Ontariens eux-mêmes, à tous les niveaux[52].

Dans le document, l'historien sudbourois étaye ses recommandations en fonction d'une vision bien précise du développement de l'éducation en Ontario français. Son propos est basé sur deux arguments centraux : le premier est que les structures d'enseignement bilingues sont dysfonctionnelles et, le second, que l'autonomie et l'homogénéité des institutions d'enseignement en français sont des conditions nécessaires pour atteindre une égalité réelle entre les deux communautés linguistiques.

Selon Gervais, la formule de l'institution bilingue « reflète un passé où la minorité franco-ontarienne ne jouissait pas de pleins droits scolaires ». Historiquement, rappelle-t-il, la majorité anglaise aurait employé à dessein le terme « bilingue » pour désigner des institutions françaises, et ce, à cause du refus de leur reconnaître leur pleine légitimité. Cet état de fait expliquerait, d'après lui, la faiblesse de l'offre de services en français qui persiste dans les institutions d'enseignement de la province de même que les nombreux problèmes d'analphabétisme et de sous-scolarisation qui affectent toujours la collectivité franco-ontarienne et l'empêchent de participer pleinement à la vie économique et sociale de l'Ontario. Aujourd'hui, estime-t-il, le bilinguisme institutionnel s'inscrit dans cette tradition et est devenu un « prétexte [...] pour ne pas donner aux Franco-Ontariennes et aux Franco-Ontariens une pleine gamme de cours ». En clair, ce système perpétue un contexte d'inégalité entre les services en français et les services en anglais, en plus d'engendrer des coûts exorbitants pour la minorité. Ces coûts s'évaluent, tout d'abord, en énergie, puisque le bilinguisme « impose aux élèves, aux professeurs et aux administrateurs

---

52. « Mémoire de Gaétan Gervais présenté à la Commission consultative sur les services collégiaux en français », 21 mai 1990, p. 3, APO, RG 32-80, boîte 4, dossier « Ministry of Colleges and Universities Advisory Commission on French Language College Services' operational files ».

chargés de l'enseignement en français d'interminables luttes pour faire reconnaître [leurs droits] et pour développer quelque programme que ce soit ». Ensuite, il entraîne des coûts économiques, puisque les établissements bilingues reçoivent du financement pour le bilinguisme en plus des subventions habituelles, ce qui favorise un « surdéveloppement des programmes anglophones (basé sur le nombre *total* des étudiants et non sur le nombre d'étudiants anglophones)[53] ».

Il y aurait aussi, dans l'esprit de Gervais, des « raisons pédagogiques » de s'opposer aux structures bilingues. Pour un minoritaire, estime Gervais, qui reprend ici une distinction théorique d'abord formulée par Wallace E. Lambert[54] puis reprise, notamment, par Roger Bernard[55], le bilinguisme des institutions d'enseignement majoritairement anglophones « est un bilinguisme soustractif », c'est-à-dire qu'il conduit à un appauvrissement de la langue et de la culture françaises, par opposition au « bilinguisme additif » des anglophones, qui se voient offrir la possibilité d'apprendre une seconde langue et de découvrir une seconde culture, sans que cela n'affecte le sentiment d'appartenance à leur culture première. Gervais écrit :

> L'enseignement, c'est un ensemble cohérent, un milieu où transmettre des connaissances, mais aussi un outil de reproduction sociale [...]. Dans les institutions bilingues de l'Ontario, le français n'est pas une langue de culture, elle reste au mieux une langue de communication (et encore !)[56].

Ce sont plutôt les institutions homogènes françaises qui, estime l'historien, peuvent faire correctement ce travail de transmission de la langue, de la culture, de l'identité et du sentiment d'appartenance, garant de la reproduction culturelle de la minorité.

---

53. *Ibid.*, p. 9.
54. Wallace E. Lambert, « Cognitive and Socio-cultural Consequences of Bilingualism », *The Canadian Modern Language Review*, n° 34 (1978), p. 537-547.
55. Roger Bernard, « Les contradictions fondamentales de l'école minoritaire », *Revue des sciences de l'éducation*, vol. 23, n° 3 (1997), p. 509-526.
56. « Mémoire de Gaétan Gervais présenté à la Commission consultative sur les services collégiaux en français », 21 mai 1990, p. 7, APO, Fonds RG32-80, boîte 4, dossier « Ministry of Colleges and Universities Advisory Commission on French Language College Services'operational files ».

L'approche autonomiste de Gervais au regard des institutions d'enseignement est également influencée par l'histoire. Dans son mémoire, il estime qu'il y a une « leçon » fondamentale à retenir d'un conflit comme celui du Règlement 17 ou encore d'une gestion scolaire laissée entre les mains de la majorité anglophone : « L'exercice d'un droit ne doit pas dépendre d'organismes qui doivent faire violence à leurs propres intérêts pour donner suite aux droits de la minorité [...]. [L]a gestion des établissements chargés de l'enseignement en français doit relever des intéressés eux-mêmes. » Il poursuit : « C'est limiter un droit linguistique que de l'accorder à un groupe tout en le soumettant à la volonté d'un autre groupe linguistique[57]. » En ce sens, la création d'institutions homogènes françaises permet l'atteinte d'une égalité réelle entre les deux communautés linguistiques. Sa proposition d'adopter une loi générale reconnaissant le droit à l'éducation en français à tous les niveaux scolaires dans des établissements de la minorité s'inscrit dans cette optique. Selon Gervais, c'est d'une « solution d'ensemble » appliquée dans une « perspective globale » dont a besoin le secteur de l'éducation postsecondaire en Ontario français.

Il nous est maintenant possible de mieux comprendre le sens de l'engagement de l'historien sudburois au moment où il siège au Conseil de l'éducation franco-ontarienne de 1991 à 1994. Durant ces années, Gervais œuvre à titre de président de l'organisme en pleine période de création des collèges communautaires de langue française. Il occupe aussi cette fonction dans un contexte de relative instabilité politique. En plus de devoir composer avec l'arrivée au pouvoir du gouvernement néo-démocrate dirigé par Bob Rae, le Conseil doit tenir compte de la refonte des structures ministérielles découlant de la fusion des ministères de l'Éducation et des Collèges et Universités, devenus le tout nouveau ministère de l'Éducation et de la Formation.

Le Conseil de l'éducation franco-ontarienne, pour sa part, est reconstitué par décret en juin 1991[58]. Ses membres sont nommés à l'automne

---

57. *Ibid.*, p. 5.
58. L'ancêtre du Conseil de l'éducation franco-ontarienne était le Conseil supérieur des écoles de langue française de l'Ontario. Ce dernier avait été mis sur pied en février 1972 à la suite d'une recommandation du rapport de la commission Symons sur les lois et les règlements relatifs à l'éducation de langue française au niveau secondaire. Cette instance constituait un comité interne du gouvernement et avait pour mandat de lui soumettre toute recommandation pertinente

1991, mais il ne devient opérationnel qu'en janvier 1992, soit après l'entrée en fonction de son secrétaire général, Serge Dignard, ancien étudiant de Gervais[59]. Ses activités se trouvent limitées par diverses contraintes budgétaires, le peu de ressources humaines disponibles et par une présidence à temps partiel. Les tâches du Conseil, sous la présidence de Gervais, consistent essentiellement à déterminer quels sont les défis et les enjeux relatifs à l'éducation en langue française dans la province et à recommander au gouvernement certaines politiques à prendre en considération, à transmettre ses avis sur les politiques publiques du gouvernement touchant le secteur de l'éducation, puis à établir et maintenir un lien avec le Conseil ontarien des affaires collégiales (COAC), le Conseil ontarien des affaires universitaires (COAU) et le Comité consultatif des affaires francophones (CCAF).

Sous la présidence de Gervais, le Conseil de l'éducation franco-ontarienne se positionne de manière à pouvoir influencer favorablement le développement de services en français dans le milieu de l'éducation en Ontario. Par son accès privilégié au haut fonctionnariat du gouvernement provincial et à certains de ses ministres, Gervais est appelé à jouer un rôle de relais important entre les milieux communautaires francophones et les milieux gouvernementaux, dans un contexte où l'offre politique devient plutôt favorable à leurs revendications. La vision que les membres du Conseil et lui-même défendent tout au long de sa présidence consiste, surtout, à « collaborer à la mise sur pied d'un ensemble de services éducatifs en français, gérés par la communauté, de la garderie à l'université[60] ». Cette

---

au sujet de l'éducation élémentaire et secondaire en langue française en Ontario. Celui-ci devint, en 1979, le Conseil de l'éducation franco-ontarienne (CEFO). En 1980, devenu alors un organisme consultatif à but non lucratif composé à majorité de membres venant de l'extérieur du gouvernement, il héritait de l'ancien Conseil des affaires franco-ontariennes (CAFO), dont le mandat était de conseiller le ministre des Collèges et Universités sur toutes les questions concernant l'éducation franco-ontarienne au niveau postsecondaire. Gervais succédait ainsi aux présidences d'Onésime Tremblay et de Marc Godbout (« Rapport d'activités du Conseil de l'éducation franco-ontarienne. Septembre 1991 – Janvier 1994 », p. 6-7, APO, Fonds Council for Franco-Ontarian Education operational files, RG2-200, boîte 7, dossier « Council for Franco-Ontarian Education operational files – CEFO, rapports d'activités sept. 1991-déc. 1993 »).

59. *Ibid.*, p. 4.
60. *Ibid.*

approche est en partie inspirée de l'arrêt Mahé, qui confirme le droit des francophones de gérer leurs écoles[61]. Au nombre des actions entreprises par le Conseil entre janvier 1992 et juin 1993, on compte, notamment, l'adoption d'un plan d'action dont les principales recommandations au gouvernement doivent porter sur le rendement scolaire, la formation du personnel enseignant, le décrochage scolaire, le taux de fréquentation post-secondaire et la question d'une université de langue française. Durant ces années, le Conseil recommande aussi au gouvernement de maintenir l'em-bauche de hauts fonctionnaires issus de la communauté franco-ontarienne à certains postes clés, ce qui mènera, par exemple, à la nomination de Mariette Carrier-Fraser au poste de sous-ministre adjointe responsable de la division de l'éducation franco-ontarienne. En ce qui a trait à l'éduca-tion postsecondaire, le Conseil fournit un appui au gouvernement dans la mise en œuvre d'un réseau collégial en français et lui déconseille de geler le financement des programmes et des services postsecondaires destinés à la population franco-ontarienne. Au chapitre de l'enseignement et des services universitaires en langue française, les différents points soulevés par le Conseil – financement des programmes universitaires en français, liens à développer entre les établissements collégiaux et universitaires de langue française, création d'une université de langue française – reçoivent, toutefois, peu de considération de la part du gouvernement, qui hésite à les inclure dans ses projets de restructuration universitaire[62].

Une fois son mandat terminé à la présidence du Conseil de l'éduca-tion franco-ontarienne (CEFO), Gervais décide de prendre la direction de son comité sur l'éducation postsecondaire pour une période de deux ans. La question d'une université française est alors au centre des discus-sions du comité. Le CEFO, devenu le Conseil de l'éducation et de la formation franco-ontariennes (CEFFO)[63] en 1994, décide de se pencher

---

61. Voir, à ce sujet, François-Olivier Dorais, « L'arrêt Mahé, vingt ans après : entre-tien avec Paul Dubé », *La Relève*, vol. 2, n° 1 (2011), p. 13-14.

62. « Rapport d'activités du Conseil de l'éducation franco-ontarienne. Sep-tembre 1991 – Janvier 1994 », p. 6-7, APO, Fonds Council for Franco-Ontarian Education operational files, RG2-200, boîte 7, dossier « Council for Franco-Ontarian Education operational files – CEFO, rapports d'activités sept. 1991-déc. 1993 », p. 15.

63. Il s'agit du Conseil de l'éducation et de la formation franco-ontariennes (CEFFO), formé en février 1994 en remplacement du CEFO et du Comité

sur l'étendue des appuis de la communauté pour un tel projet et recommande au gouvernement de mettre sur pied une Commission royale d'enquête sur l'éducation universitaire en français, recommandation qui n'aura toutefois aucune suite. C'est sous la présidence de Rolande Faucher, ancienne présidente de l'ACFO provinciale et successeur de Gervais, que le gouvernement conservateur de Mike Harris décide finalement, en août 1996, d'abolir le Conseil de l'éducation et de la formation franco-ontariennes dans la foulée d'une série de compressions budgétaires[64].

Gaétan Gervais et la création d'une université de langue française en Ontario

S'il est un dossier auquel la figure de Gaétan Gervais demeure étroitement associée, c'est celui de la création d'une université de langue française en Ontario. On pourrait faire remonter les origines de ce projet aux années 1940, alors que des démarches avaient été entreprises pour que soit établie à Sudbury, à partir de la Charte du Collège du Sacré-Cœur, une université de langue française dirigée par la communauté des jésuites. Le débat refera surface à quelques reprises au cours des années subséquentes, notamment à la fin de la décennie 1950, lorsque plusieurs pères jésuites manifesteront leur opposition au projet de l'Université de Sudbury, au motif que celle-ci était bilingue et pluriconfessionnelle plutôt que française et catholique. Le projet d'établir une université de langue française fera l'objet d'autres revendications formelles par la suite, notamment lors du Congrès annuel de l'ACFO provinciale de 1969, qui demandera «la francisation

consultatif des affaires francophones. La création de cette nouvelle instance a pour but de mieux refléter la nouvelle structure du Ministère et une vision intégrée de l'éducation en langue française. À peu de détails près, le rôle de ce comité diffère peu de son prédécesseur, et son pouvoir demeure consultatif («Un nouveau conseil franco-ontarien formé pour conseiller le ministre de l'Éducation et de la Formation», *Le Rempart*, 2 février 1994, p. 3).

64. «Lettre de John C. Snobelen, ministre de l'Éducation et de la Formation de l'Ontario, adressée à Rolande Faucher, présidente du CEFFO», APO, Fonds Council for Franco-Ontarian Education operational files, RG2-200, boîte 9, dossier «Council for Franco-Ontarian Education operational files – CEFFO, dissolution mai à août 1996».

complète et éventuelle de l'Université d'Ottawa[65] ». Les mouvements de jeunesse franco-ontariens s'impliqueront, eux aussi, dans le dossier au cours des années 1970, notamment l'organisme Direction-Jeunesse, qui contribuera à porter à la connaissance du grand public la faiblesse des ressources offertes aux francophones dans les établissements postsecondaires bilingues, en plus de donner son appui à l'idée d'établir des collèges et une université unilingue française en Ontario. Si Direction-Jeunesse reçoit une réponse plutôt défavorable de la part des milieux professoral et administratif de l'Université d'Ottawa et de l'Université Laurentienne, du gouvernement ontarien et de la presse de langue anglaise, l'idée d'établir une université de langue française obtiendra rapidement le soutien de plusieurs associations étudiantes et médias francophones partout au pays, de même que de plusieurs associations franco-ontariennes, dont l'ACFO provinciale, qui s'en fera l'un des principaux porte-voix à la fin des années 1980. C'est alors que le projet s'imposera comme un enjeu prioritaire pour la communauté franco-ontarienne, ses organismes porte-parole et certains de ses intellectuels les plus en vue, dont Gaétan Gervais[66].

Si l'historien sudburois se rallie à la cause, c'est d'abord parce qu'il estime que l'institution universitaire est amenée à jouer un rôle indispensable dans le fonctionnement de toute société moderne. Gardienne du savoir et instrument d'innovation, l'université réconcilie, d'après lui, les deux « forces contraires » propres à l'évolution de toute société, celles de la continuité et du changement. « La notion même de progrès – linéaire, cumulatif –, si fondamentale dans la pensée du monde occidental contemporain,

---

65. Roger Guindon, *Coexistence équitable : la dualité linguistique à l'Université d'Ottawa*, vol. 4 : *Depuis 1965*, Ottawa, Les Presses de l'Université d'Ottawa, 1998, p. 133.

66. Chez les universitaires franco-ontariens, des professeurs comme Roger Bernard, Jean-Charles Cachon, Jean-Pierre Pichette et Guy Gaudreau se sont publiquement ralliés au projet de création d'une université franco-ontarienne. Pour une étude approfondie de la question, on nous permettra de référer le lecteur à Michel Bock et François-Olivier Dorais, « Quelle université pour quelle société ? Le débat intellectuel sur l'enjeu universitaire en Ontario français depuis les années 1960 », *Revue du Nouvel-Ontario*, n° 41. (À paraître.) Pour un approfondissement de la question universitaire dans la francophonie canadienne, on se référera à Marcel Martel et Robert Choquette (dir.), *L'université et la francophonie, actes du colloque tenu à l'Université d'Ottawa les 5, 6 et 7 novembre 1998*, Ottawa, Centre de recherche en civilisation canadienne-française, 1999.

suppose une institution où le savoir se crée, s'accumule, se transforme, se conserve, s'adapte, se transmet», affirme-t-il. En tant qu'institution garante du savoir universel, l'université détiendrait une double fonction. Tout d'abord, une «fonction critique» puisqu'elle propose une «réflexion sur l'expérience humaine, sur l'évolution des sociétés, sur l'état des savoirs» dans un contexte culturel donné. Ensuite, une «fonction méthodologique», qui consiste à «initier les étudiants aux méthodes reconnues dans les diverses disciplines, [à] leur enseigner les pratiques et les connaissances qui permettent l'utilisation de ces divers savoirs[67]». L'éducation universitaire joue aussi un rôle crucial dans le processus d'affirmation culturelle et identitaire des Franco-Ontariens. Il dira plus tard de son engagement dans ce dossier qu'il procédait d'une ambition similaire à celle qui avait motivé la création du drapeau franco-ontarien, à savoir celle d'aménager un espace référentiel propre à l'Ontario français à l'heure où se creusait un fossé de plus en plus large entre ce dernier et le Québec :

> De passage au Québec dans les années 1970, je prends conscience du besoin de poser certains gestes pour éviter que le seul choix viable des Franco-Ontariens, dans le contexte de la fin du Canada français, ce soit le départ pratiquement obligé vers le Québec. Un choix effectué par certains dont j'aurais pu être. En un sens, la conception du drapeau franco-ontarien et la revendication d'une université franco-ontarienne procèdent du même constat et s'inscrivent dans la même démarche[68].

La revendication d'une université unilingue française en Ontario découle également d'une évidente quête d'autonomie, tant sur le plan institutionnel que sur le plan intellectuel. Chez l'historien sudburois, cette quête découle de sa propre conception de la collectivité franco-ontarienne qui, en tant que minorité nationale dépositaire de la tradition autonomiste du Canada français historique, peut légitimement aspirer à s'afficher et à s'institutionnaliser comme une culture globale à part entière. C'est parce qu'elle témoigne d'une volonté d'intégration différenciée dans l'espace politique ontarien et canadien que l'université française s'impose comme un projet d'importance à ses yeux. Si elle doit

---

67. Gaétan Gervais, «L'enseignement supérieur en Ontario français (1848-1965)», *Revue du Nouvel-Ontario*, n° 7 (1985), p. 11-12.
68. Cité dans Arsenault, *Gaétan Gervais : le «gardien du dépôt»*, p. 78.

remplir ses fonctions universelles explicitement revendiquées, c'est-à-dire son rôle à la fois « critique » et « méthodologique », l'université ne peut, en revanche, se détourner de son contexte culturel ni de son devoir de participer à l'affirmation nationale de sa communauté. Car pour Gervais, le savoir reste « un instrument qui entretient des liens nécessaires avec l'ordre social ». Ainsi « se tissent les rapports intimes et nécessaires entre "savoir" et "culture"[69] ».

Selon Gervais, la grande faillite des universités bilingues en Ontario est de ne pas avoir été en mesure de s'acquitter pleinement de leur responsabilité particulière à l'endroit de la collectivité franco-ontarienne. Autrement dit, elles n'ont pas su associer le savoir à la spécificité culturelle de l'Ontario français. Même l'Université d'Ottawa, qui a pourtant toujours offert la plus importante gamme de cours et de programmes en français dans la province, ne parvient pas à remplir cette fonction, pas plus que l'Université Laurentienne ou le Collège Glendon, d'ailleurs. Dans une entrevue accordée à l'animateur radio François-Xavier Chamberland, en 1999, il affirme :

> [...] une institution, ça répond à toutes sortes d'objectifs. Et si une institution n'est pas au service d'une communauté, ce n'est qu'une préoccupation parmi tant d'autres. Regardons l'Université d'Ottawa. Elle est aux deux tiers anglophone. Commençons par ça. Et même sa partie française est en très grande partie – on parle de 40 %, 50 % – québécoise. Ça veut dire que la partie franco-ontarienne est faible. Ou si on regarde le Collège Glendon [...], ça s'adresse essentiellement à des anglophones qui veulent apprendre le français ou à des Québécois qui veulent apprendre l'anglais. Il y a relativement peu de Franco-Ontariens. Et si on regarde la Laurentienne, c'est dans l'ordre du 20, 25 %. Alors ce sont des groupes qui sont très minoritaires. Ce ne sont pas eux qui commandent les politiques dans ces institutions-là. Ça ne veut pas dire qu'ils ne font rien, parce qu'il y a quand même beaucoup de choses qui ont été faites. Mais ça ne peut pas être une réponse à la communauté. Et c'est ça, l'importance de l'université française. Parce que celle-là aura un objectif clair, c'est de servir la communauté franco-ontarienne[70].

---

69. Gervais, « L'enseignement supérieur en Ontario français (1848-1965) », p. 12.
70. « Gaétan Gervais », dans F.-X. Chamberland, *L'Ontario se raconte : de A à X : entrevues radiophoniques*, Toronto, Éditions du GREF, 1999, p. 305.

À propos de l'Université d'Ottawa, l'historien sudburois lui reproche, et particulièrement à son corps administratif francophone majoritairement issu du Québec, «son insensibilité historique aux besoins de la communauté franco-ontarienne[71]». Dans une note critique publiée quelques années auparavant sur l'ouvrage *La dualité linguistique à l'Université d'Ottawa (1848-1898)*, rédigé par le père oblat Roger Guindon, ancien recteur de l'Université d'Ottawa (1964-1984) et grand promoteur des structures universitaires bilingues en Ontario, Gervais va jusqu'à remettre en question les intentions derrière la «stratégie du bilinguisme intégral» adoptée par les âmes dirigeantes de cette institution au XIXe siècle. «Était-elle le fruit d'une politique consciente de réconciliation [entre catholiques], comme le dit Roger Guindon, ou le simple produit d'une considération financière?», s'interroge-t-il. En effet, de dire l'historien, «on peut se demander si "l'option bilingue" [de l'Université d'Ottawa] n'aurait pas sa source dans la crainte des oblats de voir naître un deuxième collège catholique dans le diocèse[72]». De plus, la «dualité linguistique» du collège d'Ottawa, fondé par Mgr Guigues, aurait toujours accordé la priorité à l'anglais, principalement en raison de l'effort de recrutement que souhaitaient mener les oblats aux États-Unis, de même que pour sauver les Irlandais des griffes du protestantisme. C'est pourquoi, souligne Gervais, le père oblat Henri Tabaret, directeur du Collège de Bytown (1853-1864) et recteur de l'Université d'Ottawa (1867-1874 et 1877-1886), avait recommandé qu'un père irlandais prenne les rênes de l'institution, une recommandation qui s'est concrétisée en 1864. Il s'empresse également de rappeler que le père Timothy Ryan, son successeur, tentera d'éliminer complètement le français du cours classique bilingue du collège d'Ottawa. Finalement, la critique de Gervais vise la primauté qu'accorde le père Guindon aux questions linguistiques dans son ouvrage. En présentant la «dualité linguistique» comme quelque chose qui était «au cœur de l'Université [d'Ottawa]» et dont celle-ci fait son «caractère distinctif», l'auteur commet, selon Gervais, un «anachronisme révélateur», les questions de religion étant,

---

71. Gaétan Gervais, «L'Ontario français et les universités bilingues (1960-1992)», *Éducation et francophonie*, vol. 20, n° 3 (décembre 1992), p. 39.

72. Gaétan Gervais, «*Coexistence difficile: la dualité linguistique à l'Université d'Ottawa au XIXe siècle* (note critique)», *Revue du Nouvel-Ontario*, n° 11 (1989), p. 222.

à cette époque, bien plus importantes que les questions relatives à la langue[73].

Cette recension critique, qui remet en cause les fondements du bilinguisme de l'Université d'Ottawa, est publiée l'année même où l'ACFO provinciale tient à Midland son congrès annuel au cours duquel elle adopte à l'unanimité une résolution demandant la création immédiate d'une université de langue française en Ontario, seule habilitée à recevoir le financement destiné à l'enseignement universitaire en français. Au même moment, Gervais et plusieurs collègues fondent la Société des universitaires de langue française de l'Ontario (SULFO), qui sera par la suite amenée à développer des sections à Ottawa, à Sudbury, à Hearst et à Toronto, et à se prononcer en faveur de la création d'une université française[74]. Quelques mois plus tard, la Fédération étudiante de l'Université d'Ottawa publie un *Rapport sur le bilinguisme à l'Université d'Ottawa*, révélant qu'une forte proportion de professeurs bilingues de cette institution enseignent dans une langue autre que leur langue maternelle, que 58 % des départements n'offrent pas les cours obligatoires dans les deux langues et que dans 80 % des cas, il y a plus de choix en anglais qu'en français en ce qui a trait aux cours en général[75].

Ces prises de position publiques de Gervais dans le dossier de l'enseignement postsecondaire n'étaient cependant pas nouvelles. Quatre ans plus tôt, il avait pris part à un numéro spécial de la *Revue du Nouvel-Ontario* intitulé « Pour l'université française en Ontario », dans lequel il publiait une étude historique pionnière sur l'évolution de l'enseignement supérieur en Ontario français de 1848 à 1965. Gervais retenait deux grands facteurs qui auraient scellé le destin de l'éducation postsecondaire en français en Ontario. D'une part, l'indifférence du gouvernement provincial concernant le sort des Franco-Ontariens jusqu'aux années 1960 et, d'autre part, son refus persistant de financer l'enseignement collégial confessionnel. Ces facteurs ont conduit, selon lui, à l'institutionnalisation d'un « régime d'exclusion » des Franco-Ontariens qui, face au refus du gouvernement provincial de soutenir l'enseignement en français

---

73. *Ibid.*, p. 228.
74. Gervais, « L'Ontario français et les universités bilingues (1960-1992) », p. 40.
75. Statistiques citées dans « L'Université de langue française en Ontario, chronologie et bibliographie annotée », Toronto, Conseil de l'éducation et de la formation franco-ontariennes, 19 juin 1996, p. 8.

dans les écoles et les universités, n'ont pu bénéficier d'une éducation aux niveaux primaire, secondaire et supérieur que dans le giron exclusif des institutions catholiques jésuites et oblates. La déconfessionnalisation durant les années 1960 marque, précise Gervais, un tournant important dans le cas des universités ontariennes, qui optent pour une laïcisation de leurs programmes, de même que pour une structure bilingue dans les cas d'Ottawa et de la Laurentienne. Cette situation n'aurait toutefois pas joué en faveur des Franco-Ontariens puisque, rappelle Gervais, ces derniers n'ont pas pu bénéficier de services scolaires publics en français au niveau des études secondaires avant la fin des années 1960. Qui plus est, évoluant dans des institutions bilingues à une époque où déclinent les effectifs des communautés religieuses, la minorité franco-ontarienne « [n'a pas été] en mesure de remplir les postes créés dans les institutions bilingues ». Cette situation met en évidence un autre problème, à savoir que « la préparation d'une élite locale a fait peu de progrès en dehors du monde clérical », laissant ainsi « les nouvelles institutions entre les mains d'une nouvelle élite » au sein de laquelle le groupe franco-ontarien est « très minoritaire »[76].

Selon Gervais, l'ensemble de ces conditions aurait concouru à la mise en place d'un système universitaire bilingue dans lequel la minorité franco-ontarienne a relativement peu de marge de manœuvre. Encore ici, l'historien attribue les causes du problème à des sources exogènes à la communauté franco-ontarienne (désaffection des autorités provinciales, régime d'exclusion, contexte de laïcisation, etc.). C'est ce qui explique-rait peut-être pourquoi il ne remet pas en question l'héritage du père Roger Guindon, farouche défenseur des institutions bilingues s'il en est en Ontario et qui fut, après tout, recteur de l'Université d'Ottawa pen-dant près de vingt ans après sa laïcisation. De la même manière, Gervais tient un discours pour le moins indulgent concernant la stratégie adoptée par les jésuites du Nord de l'Ontario, lesquels ont pourtant consenti, de l'intérieur, à transformer le Collège du Sacré-Cœur, une institution homogène et unilingue française, en université bilingue (l'Université de Sudbury). D'ailleurs, à la fin des années 1980, Gervais tente, avec plu-sieurs autres membres de la Société des universitaires de langue française

---

76. Voir Gervais, « L'enseignement supérieur en Ontario français (1848-1965) », p. 45-46.

de l'Ontario, de convaincre les jésuites de remettre à la collectivité franco-ontarienne la Charte universitaire de l'Université de Sudbury, datée de 1914 et non confessionnelle, pour fonder une université française à part entière et admissible au financement gouvernemental. Or, face au refus du conseil d'administration de l'Université de Sudbury, cette demande est restée sans suite[77].

Le projet de créer une université franco-ontarienne doit être examiné sur la longue durée. En entrevue avec le journaliste Marco Dubé, Gervais affirme, en 2001 :

> Si on examine ce qui se passe dans le domaine de l'éducation en Ontario français depuis un siècle, il est très clair que la communauté comme communauté, telle qu'elle s'exprime par ses porte-parole, a toujours souhaité des institutions homogènes, notamment en éducation. Ce n'est qu'une question de temps[78].

Force est de constater que ce projet, pourtant porté bien haut par une partie de la collectivité franco-ontarienne, n'a pas encore pu se matérialiser[79]. D'après Gervais, cet inaccomplissement s'expliquerait par un ensemble de facteurs, dont la conjoncture politique moins favorable à la francophonie ontarienne après l'élection du gouvernement conservateur de Mike Harris et l'incapacité de la Société des universitaires de langue française de l'Ontario de rassembler un nombre suffisamment important d'universitaires de langue française pour convaincre le public du

---

77. « Gaétan Gervais : l'université franco-ontarienne », dans Marco Dubé (dir.), *De Mahé à Summerside : quinze réflexions sur l'évolution de l'Ontario français de 1990 à 2000 : entretiens*, Ottawa, Le Nordir, 2001, p. 60-61.

78. *Ibid.*, p. 64.

79. Au moment d'écrire ces lignes, la question universitaire franco-ontarienne remontait à la surface du débat politique franco-ontarien, en partie grâce aux efforts menés par le Regroupement étudiant franco-ontarien (REFO) et à l'initiative de la députée néo-démocrate France Gélinas, qui a déposé, en 2015, un projet de loi proposant la création de l'« Université de l'Ontario français ». Au début du mois de juin 2016, un rapport commandé par le gouvernement libéral de Kathleen Wynne recommandait de créer, d'ici 2020, un campus universitaire francophone dans le Grand Toronto avec un financement de démarrage de 60 millions de dollars. Force est de constater que le projet suscite un nouvel emballement et semble avoir de fortes chances d'aboutir dans un futur rapproché.

bien-fondé de ce projet[80]. Gervais attribue aussi cette absence de résultat à l'attachement de bon nombre de dirigeants franco-ontariens aux institutions bilingues de la province, qui ont vu dans le *statu quo* une solution moins risquée que la création d'une nouvelle institution unilingue française[81]. On notera, au passage, que ce dernier facteur vient contredire sa conviction, précédemment exposée, que les leaders de la communauté partageraient une foi commune dans les institutions homogènes françaises. Néanmoins, à y regarder de près, il n'est pas impossible que Gervais fasse surtout référence ici aux élites francophones d'Ottawa, dont il met en doute l'allégeance : « Quel est le "nous" qui sous-tend les discours des professeurs de l'Université d'Ottawa, des annonceurs de Radio-Canada ou des fonctionnaires de Patrimoine canadien ? » Pour Gervais, si les élites franco-ontariennes ont historiquement été réunies à Ottawa autour des institutions d'enseignement, des communautés religieuses, des sièges des organismes provinciaux, et en raison de leur proximité avec le Québec, la direction de l'Ontario français leur échapperait depuis les années 1960 au profit de Sudbury et Toronto. « Cette aliénation des élites d'Ottawa et leur absence de la vie franco-ontarienne coûtent très cher à l'Ontario français », estime-t-il. « Indécises sur leurs attaches ontariennes, les élites d'Ottawa se marginalisent par rapport à l'évolution de l'Ontario français. La question de l'université franco-ontarienne met parfaitement en évidence ces tiraillements[82]. »

෨ ෬

Les prises de position et l'engagement de Gaétan Gervais dans le dossier de l'éducation postsecondaire en langue française en Ontario offrent une occasion d'apprécier de quelle façon sa pensée a trouvé une application institutionnelle et politique. Ses revendications en faveur de l'autonomie dans le domaine scolaire répondent, à leur manière, au besoin d'une collectivité de se donner un projet social distinct, pouvant se raccorder à une

---

80. « Gaétan Gervais : l'université franco-ontarienne », p. 57-58 ; Gaétan Gervais, Entrevue, Sudbury, juillet 2011.
81. Arsenault, *Gaétan Gervais : le « gardien du dépôt »*, p. 80-81.
82. Gaétan Gervais, « Aux origines de l'identité franco-ontarienne », *Cahiers Charlevoix 1*, Sudbury, Éditions Prise de parole et Société Charlevoix, 1996, p. 164-165.

certaine continuité, à une certaine tradition. Elles participent également d'une volonté d'instituer une référence identitaire proprement franco-ontarienne basée sur une nouvelle organisation sociale. Le choix de tabler sur l'institution scolaire rappelle cette intention, l'école étant le lieu de socialisation par excellence où peut s'édifier et s'enrichir la référence identitaire d'une collectivité. « Il faut se croire une société pour avoir la prétention de pouvoir s'offrir une université », a écrit Joseph Yvon Thériault à propos de l'Acadie et de l'Université de Moncton. La même logique se retrouve chez Gaétan Gervais, pour qui le projet de créer une université française, par-delà l'enjeu lié à la difficulté pour les Franco-Ontariens de poursuivre des études supérieures dans leur langue, permet aussi à la minorité de s'afficher et de se développer intégralement comme une minorité nationale, membre à part entière des deux peuples fondateurs. À l'inverse, l'absence d'une université franco-ontarienne doit-elle nous amener à conclure que les Franco-Ontariens hésitent à se représenter et à s'institutionnaliser comme une entité autonome et autoréférentielle, autrement dit comme un authentique sujet politique, se réclamant du principe d'une société globale ? Gaétan Gervais ne pose pas de diagnostic en ces termes, préférant attribuer cette situation à l'exclusion du milieu universitaire dont ont été victimes les Franco-Ontariens au XXᵉ siècle. Pour autant, l'inaboutissement de ce projet à ce jour autorise une réflexion sur les rapports que les Franco-Ontariens entretiennent à eux-mêmes et, plus particulièrement, sur les tiraillements idéologiques chez leurs dirigeants, qui manifestement n'ont pas su obtenir de consensus autour des propositions autonomistes. Cet enjeu relève de la culture politique de l'Ontario français et soulève des questions concernant la légitimité de la revendication nationalitaire sur laquelle repose son agir collectif.

Conclusion

AU LENDEMAIN DE LA BRISURE du grand Canada français et de la disparition des structures d'encadrement religieuses qui en avaient assuré la cohésion, il devenait indispensable pour les minorités françaises de réfléchir à leur propre devenir. Cette exigence impliquait un travail de refondation non seulement de leur organisation socio-institutionnelle, mais aussi de leurs représentations identitaires. Pour brutale qu'elle fût, la rupture des années 1960 n'allait pas pour autant conduire les minorités à renier leur propre passé ni à en sacrifier l'héritage. En continuant à s'inscrire en partie dans l'esprit du Canada français, Gaétan Gervais s'est fait l'écho de ce besoin plus largement ressenti par les Franco-Ontariens d'actualiser, après les États généraux, une référence nationale héritée de leur passé canadien-français et prenant acte de la refonte de leur organisation socio-institutionnelle et du développement de la nation québécoise. De ce point de vue, l'historien sudburois arrivait à un moment critique sur la scène intellectuelle franco-ontarienne et il était bien conscient de la difficile tâche qui lui incombait. Celle-ci consistait, en quelque sorte, à aller au-delà de l'expérience difficile des États généraux pour tenter de marier en une synthèse nouvelle l'ancien et le nouveau, d'interroger le champ d'expérience de la tradition pour tenter d'y dégager une matière culturelle et identitaire apte à répondre à de nouvelles attentes collectives. En d'autres termes, si l'historien a voulu retracer le passé de l'Ontario français, c'était pour mieux en étayer son devenir.

Selon cette perspective, il s'agissait, dans l'esprit de Gervais, d'écrire le récit historique de l'Ontario français non pas sous l'angle de son intégration dans l'espace socio-identitaire ontarien et canadien, mais plutôt dans la continuité de son expérience historique, c'est-à-dire comme totalité signifiante, aspirant à se développer parallèlement aux autres récits de construction nationale, à l'image des credos nationalistes canadien-français, québécois et acadien. Se réclamer de la mémoire nationale de l'Ontario français signifiait, dès lors, refuser de réduire cette culture à celle d'une minorité ethnique pour l'élever au rang de minorité nationale. C'est ce qui ressort peut-être le plus fortement de son œuvre, à savoir que la communauté franco-ontarienne, tel qu'elle a cherché à prendre forme après les années 1960, n'est pas le fruit d'une refondation ou d'un recommencement, mais plutôt le témoignage d'une étonnante continuité historique. Elle rappelle peut-être aussi, à celui qui serait trop empressé de réduire l'expérience francophone hors Québec à sa dimension strictement folklorique, que persiste dans ces communautés une vitalité culturelle et intellectuelle qui sourd de l'intention nationale canadienne-française et participe du rayonnement plus large de la culture française en Amérique.

À tout prendre, la vie de Gaétan Gervais affiche une certaine linéarité de pensée et d'action. En un bilan sommaire, on situera, d'abord, parmi les grandes constantes de son itinéraire intellectuel sa fidélité jamais démentie au peuple franco-ontarien et à sa prétention autonomiste. Cette idée-force, qui constitue en quelque sorte une formulation contemporaine de la tradition nationale du Canada français, s'est traduite à la fois dans ses visées historiographiques et dans sa conception du développement institutionnel à l'échelle de l'Ontario français et, plus largement, de la francophonie canadienne. Elle s'exprime dans cette conviction, maintes fois réitérée et reformulée, que la langue, à elle seule, ne peut constituer l'unique vecteur de communalisation. C'est dans la mesure où cette langue demeure profondément rattachée à une culture et peut être réinsérée dans l'histoire de ses appartenances collectives qu'une communauté solidaire peut être envisageable. Autre constante qui caractérise son travail : le souhait, clairement énoncé, de sortir l'Ontario français, comme objet d'étude, de l'anonymat auquel le confinait l'orientation des nouveaux courants historiographiques développés au Québec, tous engagés à définir le Canada français selon une perspective strictement québécoise. De ce point de vue, on ne saurait trop insister sur le rôle politique de Gervais, par le truchement de son discours historique et la pratique de sa discipline en général, dans le processus d'affirmation de l'identité franco-ontarienne. En s'engageant dans la tâche de proposer une nouvelle définition de la culture franco-ontarienne, l'historien sudburois a joué un rôle actif non seulement dans sa légitimation comme objet d'étude à part entière dans le champ plus vaste des études canadiennes-françaises, mais aussi, subsidiairement, dans l'essor d'une dynamique communautaire d'affirmation collective.

Rédiger un portrait intellectuel de Gaétan Gervais a aussi été un heureux prétexte pour revisiter plus de cinquante ans d'histoire franco-ontarienne. Plusieurs phases jalonnent ce parcours et présentent certaines correspondances avec les parcours de plusieurs représentants de sa génération. Dans un premier temps, les années de grands bouleversements socioculturels et institutionnels des années 1960 ont amené toute une génération de jeunes militants franco-ontariens à rompre avec le catholicisme comme valeur d'identification première pour miser plutôt, avec un profond sens national, sur la préservation de la langue et de la culture. C'est ce que traduit, notamment, l'engagement de Gervais au sein de l'Association des étudiants de langue française du Nord de l'Ontario (ADELFNO), qui se reconnaît une appartenance linguistique et culturelle à la nation canadienne-française et désire participer à son plein développement dans une province à majorité anglophone. Il semble aussi que, inspiré par la veine nationaliste de certains intellectuels québécois et en mal d'espoir devant la crise nationale qui affectait la Confédération canadienne, Gervais se soit senti partie prenante du projet national québécois, jusqu'à se rallier momentanément à l'idée d'indépendance. L'épisode de la commission Laurendeau-Dunton, devant laquelle Gervais dépose le mémoire de l'ADELFNO, lui a permis de mettre au jour ce sentiment où, désormais, les États fédéral et provinciaux allaient apparaître comme les nouveaux dépositaires des espoirs de la francophonie hors Québec. De cette période de jeunesse, il semble aussi que Gervais ait gardé vivante en lui la grande tradition humaniste que lui ont transmise les pères jésuites du Collège du Sacré-Cœur. Encore aujourd'hui, l'historien se souvient de l'accession à ce savoir universel comme d'un moment pivot dans son cheminement intellectuel. Cet enracinement intellectuel et culturel que lui procure sa formation classique à Sudbury se double d'un enseignement supérieur en histoire reçu à l'Université d'Ottawa dans l'esprit des nouvelles approches méthodologiques axées principalement sur l'étude des structures sociales et économiques. C'est à l'entrecroisement de ces deux traditions épistémologiques que se développe l'optique intellectuelle et disciplinaire de Gaétan Gervais.

Dans un deuxième temps, la décennie 1970 aura été déterminante dans la formation de sa vocation scientifique et intellectuelle. Le contexte favorise la mise en concurrence de plus en plus vigoureuse de deux imaginaires nationaux, ceux du Canada et du Québec. Une part des questionnements et des préoccupations de Gaétan Gervais, alors jeune professeur d'histoire, devient intimement liée aux tensions provoquées par cette situation où le sujet minoritaire, en pleine quête de sens dans son rapport à lui-même, est tiraillé entre la revendication de l'autonomie institutionnelle et politique d'un côté, et la dépendance face à la majorité, de l'autre. Cette tension conduit à une posture pour le moins complexe, celle d'une fidélité conflictuelle, où le rapport à l'altérité dominante oblige le sujet minorisé à négocier perpétuellement les formes de son inscription dans l'espace social et identitaire.

De même, il nous fallait considérer l'affirmation, dans les milieux étudiants, d'une variante sudburoise de la contre-culture, alors en plein déferlement sur tout le continent nord-américain. Celle-ci fut l'occasion pour toute une génération de jeunes francophones de repenser leur condition de minoritaires. Pour cela, il fallait que les inspire la conscience d'un monde déchargé du poids du passé traditionnel canadien-français et des représentations culturelles d'une certaine élite universitaire européenne. L'œuvre de Gaétan Gervais doit aussi être comprise comme une réponse à ce projet identitaire issu de la contre-culture, et ce, à deux titres. D'une part, elle s'emploie à rappeler le danger que représente pour une minorité l'abandon d'une matrice de sens investie par l'histoire. C'est plutôt dans un compromis entre la dynamique de rupture induite par les grandes mutations structurelles du Canada français et celle d'une nécessaire continuité avec son intention politique et culturelle qu'il fallait, selon lui, envisager l'avenir de l'être-ensemble franco-ontarien. D'autre part, Gervais opposera à la doxa contre-culturelle la nécessité d'une action qui prend place dans le réel sociopolitique, c'est-à-dire une action fondée sur la production d'une histoire écrite et sur une volonté d'institutionnalisation particulière. En clair, il s'agissait de contester l'idée que l'Ontario français pouvait se constituer exclusivement dans l'ordre du discours, sous le mode exclusif de l'oralité que privilégient des arts comme le théâtre ou la chanson.

Il y a donc, certainement, une inquiétude qui motive, à la source, l'œuvre de Gervais, une inquiétude qui augmente peut-être à mesure qu'il ressent les effets de la révolution culturelle et politique des années 1960 et 1970 sur la mémoire et l'historicité de sa collectivité. Ce sentiment ne pouvait que s'accroître à la lumière du contexte juridique canadien du début des années 1980, alors que le principe de la binationalité se voyait formellement déclassé par la logique individualiste de la *Charte canadienne des droits et libertés*. De telles exigences historiques autorisaient que l'on restitue à la collectivité franco-ontarienne une existence formelle et cohérente dans une optique nationale. On peut dire que le positionnement de Gervais dans ce contexte consiste à se démarquer, d'une part, de la vision contractualiste du nouveau cadre constitutionnel établi au tournant des années 1980 et, d'autre part, d'une lecture postnationale du Canada français hors Québec, qui conçoit ce dernier comme une minorité parmi d'autres dans l'ensemble canadien. En d'autres termes, Gervais est resté fidèle à la vision canadienne-française du fédéralisme, c'est-à-dire celle de la binationalité, qui prolonge la vision politique dualiste développée par Henri Bourassa. Son positionnement est aussi lié, faut-il le rappeler, à l'apport de nouveaux concepts issus des sciences sociales connexes, dont celui d'autonomie institutionnelle, qui avait trouvé ses premières formulations chez des sociologues comme Raymond Breton.

Tel est ce qui, dans un troisième temps, nous a amené à préciser sa conception de l'histoire, qui conjugue construction mémorielle, construction identitaire et souci de vérité, de même que sa conception du savoir, indissociable de son enracinement particulier et, surtout, engagée dans la construction d'une collectivité franco-ontarienne spécifique et autonome. Ses écrits montrent des rapports d'identification, de solidarité et de complicité évidents avec l'objet étudié, donnant ainsi un caractère particulièrement subjectif à son approche. Qu'en est-il alors du souci de connaissance et de rigueur scientifique ? L'historien sudburois inféode-t-il sa démarche scientifique à un projet politico-identitaire franco-ontarien ? Ces questions, pour légitimes qu'elles soient, semblent masquer l'essentiel dans la mesure où elles présupposent l'existence d'une opposition entre l'histoire et la mémoire (opposition qui, comme nous l'avons montré, est loin d'aller de soi). Elles s'éloignent, par ailleurs, de l'approche compréhensive que nous avons tenté de faire nôtre dans le présent ouvrage. Selon nous, tout jugement sur la démarche scientifique de Gervais doit être posé en considérant le lieu à partir duquel elle s'énonce et en gardant à l'esprit les préoccupations qui l'animent. Ainsi, est-ce « à partir » de l'Ontario français, et non pas d'un lieu abstrait, que Gervais est amené à réfléchir. Cette collectivité a pour particularité d'être traversée par les tourments propres

aux «petites cultures» ou encore, pour emprunter les termes de Joseph
Yvon Thériault et Jacques L. Boucher, aux «petites sociétés[1]». Celles-ci
évoquent la condition des sociétés travaillées par la conscience d'un destin
historique incertain[2], dont l'expérience projette une ambition de totalisa-
tion sociétale et le fait d'une indomptable précarité.

Ce positionnement s'inscrit également dans une cartographie intellectuelle plus vaste qui recoupe, chez Gervais, le propre d'une pensée
traditionaliste. Loin de chercher à se détourner du progrès ou de la
modernité politique, économique, scientifique ou technique, le traditionalisme entend plutôt soumettre ces virtualités à la mémoire et à l'expérience d'une intention historique. Autrement dit, le nouveau doit être
institué, acquiescé, mais à la condition qu'il s'ajoute, sans la détruire, à
la substance acquise. Voyons-y, à la manière de Nathaël Dupré La Tour,
«l'autre versant de la nostalgie», c'est-à-dire la «*renaissance*, la reforma-
tion ou la rénovation de ce dont on hérite et qui s'oppose radicalement
au table-rasisme révolutionnaire[3]». Cette position idéologique se reflète
aussi dans la critique que propose Gervais de l'hybridité identitaire et
de l'horizon idéal du trudeauisme, critique qu'il développe principalement au cours des années 1990. Il reproche, notamment, à la *Loi sur les
langues officielles*, mise à jour en 1988, et au Secrétariat d'État d'avoir
diffusé un lexique identitaire substituant le terme «francophone» à celui
de «canadien-français». Cette mutation discursive, alimentée aussi par la
québécisation de l'identité canadienne-française, procéderait, selon l'historien, d'une conception régressive de la culture, de la personne et de
l'identité, qui consiste à réduire l'épaisseur identitaire d'un groupe à une
simple entreprise linguistique. C'est au cours de cette même période que
le nationalisme de Gervais se fait aussi le plus apparent, marquant une
évolution à la faveur d'un discours beaucoup plus critique à l'endroit des
nationalismes canadien et québécois et traduisant une volonté de réins-
crire les francophonies minoritaires dans une culture sociétale francophone pancanadienne, qui outrepasserait les provincialismes identitaires.

---

1. Voir Jacques L. Boucher et Joseph Yvon Thériault (dir.), *Petites sociétés et minorités nationales: enjeux politiques et perspectives comparées*, Québec, Les Presses de
   l'Université du Québec, 2005.
2. *Ibid.*, p. 2.
3. Nathaël Dupré La Tour, *L'instinct de conservation*, Paris, Éditions du Félin, 2011,
   p. 99. (En italique dans le texte.)

Dans la lignée de ces orientations idéologiques, nous avons voulu montrer en quoi les travaux historiques de Gaétan Gervais proposent une inscription distinctive des Franco-Ontariens dans le temps et présentent la formation et la construction, dans la longue durée, d'une collectivité conformément à une logique sociétale. Sous sa plume, l'Ontario français prend forme dans une trame narrative, un récit qui lui est propre et, partant, contribue à créer un univers de sens. Sa démarche s'assimile à celle d'un historien de la question nationale, c'est-à-dire qui appréhende sa communauté d'appartenance comme un sujet collectif distinct des autres entités nationales, insistant surtout sur ce qui rassemble ses composantes plutôt que sur ce qui les divise ou les différencie. On comprend sans mal, dès lors, qu'il ait de la difficulté à accepter la « rupture » totale avec le Canada français. Cette rupture aura toutefois été « tranquille », à la fois politique – avec le Québec – et institutionnelle – avec l'Église comme institution structurant l'organisation sociale canadienne-française. Gervais en postule néanmoins la continuité culturelle, rejetant par là la thèse de sa mort définitive. C'est en gardant cette conviction à l'esprit que l'on est aussi mieux à même de comprendre le ressentiment que le professeur de l'Université Laurentienne a pu exprimer à l'égard du projet de souveraineté du Québec. Ce ressentiment est sans doute aussi l'expression de frustrations et de craintes collectives plus profondes, à la mesure de la grande proximité culturelle et géographique qui a historiquement uni l'Ontario français au Québec.

En quatrième et dernier lieu, retracer le parcours de Gaétan Gervais signifiait le retrouver présent dans les grands débats entourant la question de l'éducation postsecondaire en Ontario français. L'historien consigne dans cet enjeu particulier ses plus intimes convictions sur le devenir de la francophonie ontarienne. Selon lui, la réalité des institutions universitaires bilingues ne saurait garantir le développement et l'épanouissement de cette collectivité, en raison des perpétuels rapports d'inégalité qu'elles entretiennent entre la minorité et la majorité et de leur incapacité de répondre à ses besoins particuliers. La question de l'université franco-ontarienne découle, quant à elle, des visées autonomistes qu'entretiendraient les Franco-Ontariens depuis 150 ans dans la sphère de l'éducation. Par l'entremise de la question universitaire, Gaétan Gervais pose celle, plus fondamentale, du maintien d'une ambition sociétale au sein de la collectivité franco-ontarienne, par laquelle cette dernière arrive à se reconnaître comme une composante essentielle de la réalité politique canadienne et distincte à l'intérieur de celle-ci.

En reprenant le fil de ces convictions, on ne saurait conclure sans soulever la tension qui existe entre le principe de cohérence de l'œuvre de l'historien et les incomplétudes qui, malgré elle, la caractérisent tout autant. Tournée vers le champ des possibles, une œuvre n'est-elle pas aussi, selon les termes de Maria Novella Borghetti, un « possible inachèvement qui coexiste avec la tendance naturelle à chercher à se clore, à se refermer sur elle-même[4] » ? Ainsi, l'œuvre de Gaétan Gervais, prise sous cet angle, n'est pas sans dévoiler quelques apories. Celles-ci ont d'abord trait au cadrage méthodologique par lequel l'historien a toujours cherché à problématiser la cohérence et l'unité du corps social. Autrement dit, les dimensions du réel ne l'intéressent que dans la mesure où elles rendent compte de la vie collective, voire nationale, de l'Ontario français. Cette orientation procède, nous l'avons dit, de sa propre conscience de la précarité institutionnelle et culturelle du groupe, mais peut-être aussi du caractère pionnier de ses propres travaux, dont l'écriture nécessitait la délimitation préalable d'un « sujet collectif » franco-ontarien en vue de l'ériger en objet. D'aucuns nieront, cependant, qu'à certains moments, l'engagement de l'intellectuel ait pu accaparer l'historien au point de l'avoir parfois amené à sous-estimer l'effet des divisions internes de la collectivité et la nécessité de leur donner un sens. De la même manière, il faudrait se demander dans quelle mesure la revendication identitaire portée par Gervais et sa représentation savante ne révèlent pas une certaine dissonance entre la pensée et la réalité des faits révélée par l'analyse sociologique. Dans un article au ton plutôt alarmiste paru en 2005, Joseph Yvon Thériault formulait l'hypothèse selon laquelle l'évolution récente de la communauté franco-ontarienne décrirait un processus de dénationalisation avancé, à travers lequel sa population et ses dirigeants cesseraient de se représenter et de s'organiser comme une société globale pour se représenter plutôt comme un groupe identitaire, négociant son intégration dans un ensemble plus diversifié[5]. Tout au plus, l'Ontario français contemporain se concevrait

---

4. Maria Novella Borghetti, *L'œuvre d'Ernest Labrousse : genèse d'un modèle d'histoire économique*, Paris, Éditions de l'EHESS, 2005, p. 23.

5. Joseph Yvon Thériault, « L'institution en Ontario français », *Mens : revue d'histoire intellectuelle de l'Amérique française*, vol. 6, n° 1 (automne 2005), p. 9-27.

comme une «culture de l'exiguïté», c'est-à-dire une culture dont l'imaginaire instituant fixerait des ambitions démesurées par rapport à la réalité de son organisation sociale[6]. Gervais incarne, nous l'avons vu, l'une des figures de la scène intellectuelle qui a toujours voulu combattre ce glissement. Mais il serait peut-être de mise de se demander si, en postulant qu'il était toujours possible d'inscrire l'identité franco-ontarienne dans le prolongement de l'univers culturel canadien-français et de lui reconnaître une fidélité à sa réalité nationale, l'historien n'a pas personnifié, malgré lui, cette démesure dans l'ambition. La grande histoire du nationalisme canadien-français influence-t-elle encore, de nos jours, l'identité et l'agir collectif des francophones de l'Ontario? Autrement dit, le rappel de la «différence» franco-ontarienne et la question de son devenir peuvent-ils, encore aujourd'hui, être envisagés dans la logique des deux nations fondatrices? Cette question constitue à la fois la condition et le défi de l'Ontario français contemporain.

---

6. Joseph Yvon Thériault, «Les États généraux et la fin du Canada français», dans Marcel Martel (dir.), *Les États généraux du Canada français trente ans après*, avec la collaboration de Robert Choquette, Ottawa, Centre de recerche en civilisation canadienne-française, 1998, p. 261-271.

Bibliographie

SOURCES

Archives

Archives de l'Université Laurentienne

    Fonds Archives institutionnelles – Conseil de l'enseignement en français (F58)

    Fonds G. Gervais (P187)

    Fonds Guy Gaudreau (P143)

    Fonds History Department (F70)

    Fonds Senate (14)

    Annuaires officiels de l'Université Laurentienne

    Gazette de l'Université Laurentienne

Archives de l'Université de Sudbury

    Fonds ADELFNO

    Fonds C-S-C (Collège du Sacré-Cœur)

Archives publiques de l'Ontario

    Council for Franco-Ontarian Education operational files (RG2-200)

    Ministry of Colleges and Universities Advisory Commission on French Language College Services' operational files (RG32-80)

Archives de l'Université d'Ottawa

    Fonds Département d'histoire (16)

    Annuaires officiels de l'Université d'Ottawa

Archives privées

    Marcel Hamelin (Ottawa)

Entrevues

Gratien Allaire, 18 octobre 2011

Daniel Cayen, 4 octobre 2011

Alain Daoust, 4 octobre 2011

Angèle Deschamps, 4 octobre 2011

Guy Gaudreau, 30 janvier 2012

Gaétan Gervais, 23 et 25 juillet 2011

Réjean Grenier, 25 septembre 2011

Marcel Hamelin, 12 octobre 2011

Huguette Parent, 4 juillet 2011

Jean-Pierre Pichette, 8 juin 2012

Normand Séguin, 17 mars 2011

Gaston Tremblay, 7 septembre 2011

Publications de Gaétan Gervais

Classement chronologique ascendant

Ouvrages et études

GERVAIS, Gaétan, Jean-Claude ST-AMANT, Robert DUPUIS et Yves TASSÉ. *Les élections fédérales dans la ville de Sudbury, 1887-1974*, Sudbury, Société historique du Nouvel-Ontario, coll. « Documents historiques », n° 67, 1977, 77 p.

La colonisation française et canadienne du Nipissingue (1610-1920), North Bay, Société historique du Nipissing, 1980, 99 p.

GERVAIS, Gaétan, Matt BRAY et Ernie EPP (dir.). *Un vaste et merveilleux pays : histoire illustrée du Nord de l'Ontario*, Toronto, ministère des Affaires du Nord de l'Ontario ; Thunder Bay, Université Lakehead ; Sudbury, Université Laurentienne, 1985, 205 p.

GERVAIS, Gaétan (dir.). *Cartes de l'Ontario français ancien (avant 1764)*, Sudbury, Société historique du Nouvel-Ontario, coll. « Documents historiques », n° 83B, 1986, 24 p.

Les jumelles Dionne et l'Ontario français (1934-1944), Sudbury, Éditions Prise de parole, 2000, 246 p.

GERVAIS, Gaétan, et Jean-Pierre PICHETTE. *Habiter le pays : inventaire du patrimoine de l'Ontario français*, Sudbury, Centre franco-ontarien de folklore et Éditions Prise de parole, 2001, 270 p.

Des gens de résolution : le passage du « Canada français » à l'« Ontario français », Sudbury, Éditions Prise de parole, 2003, 230 p.

GERVAIS, Gaétan, et Michel BOCK. *L'Ontario français : des Pays-d'en-Haut à nos jours*, Ottawa, Centre franco-ontarien de ressources pédagogiques, 2004, 271 p.

GERVAIS, Gaétan, et Jean-Pierre PICHETTE (dir.). *Dictionnaire des écrits de l'Ontario français 1613-1993*, Ottawa, Les Presses de l'Université d'Ottawa, 2010, 1150 p.

Thèses

Médéric Lanctôt [sic] et l'Union nationale, thèse de maîtrise (histoire), Ottawa, Université d'Ottawa, 1968, 189 p.

L'expansion du réseau ferroviaire québécois (1875-1895), thèse de doctorat (histoire), Ottawa, Université d'Ottawa, 1979, 538 p.

Outils bibliographiques

GERVAIS, Gaétan, et Ashley THOMPSON. *Bibliographie annuelle d'histoire ontarienne 1980 = Annual Bibliography of Ontario History 1980*, Sudbury, Société historique de l'Ontario, 1981, 87 p.

GERVAIS, Gaétan, et Ashley THOMPSON. *Bibliographie annuelle d'histoire ontarienne 1981 = Annual Bibliography of Ontario History 1981*, Sudbury, Société historique de l'Ontario, 1982, 89 p.

GERVAIS, Gaétan, et Ashley THOMPSON. *Bibliographie annuelle d'histoire ontarienne 1982 = Annual Bibliography of Ontario History 1982*, Sudbury, Société historique de l'Ontario, 1984, 107 p.

GERVAIS, Gaétan, et Fernand DORAIS. *Liste des bibliographies pour l'étude de l'Ontario français*, Sudbury, Université Laurentienne, 1984, 48 p.

GERVAIS, Gaétan, et Ashley THOMPSON. *Bibliographie annuelle d'histoire ontarienne 1984 = Annual Bibliography of Ontario History 1984*, Sudbury, Société historique de l'Ontario, 1985, 168 p.

GERVAIS, Gaétan, et Ashley THOMPSON. *Bibliographie annuelle d'histoire ontarienne 1985 = Annual Bibliography of Ontario History 1985*, Sudbury, Société historique de l'Ontario, 1985, 172 p.

GERVAIS, Gaétan, Ashley THOMPSON et Gwenda HALLSWORTH. *Bibliographie d'histoire du nord-est de l'Ontario = Bibliography of History of North Eastern Ontario*, Sudbury, Société historique du Nouvel-Ontario, coll. « Documents historiques », n° 83, 1985, 112 p.

GERVAIS, Gaétan, Ashley THOMPSON et Gwenda HALLSWORTH. *Bibliographie annuelle d'histoire ontarienne 1986 = Annual Bibliography of Ontario History 1986*, Sudbury, Société historique de l'Ontario, 1986, 119 p.

GERVAIS, Gaétan, Ashley THOMPSON et Gwenda HALLSWORTH. *Bibliographie annuelle d'histoire ontarienne = Annual Bibliography of Ontario History 1976-1986*, Toronto, Oxford, Dundurn Press, 1989, 605 p.

« Les études franco-ontariennes : bibliographie (1990-2000) », *Revue du Nouvel-Ontario*, n° 25 (2001), p. 99-183.

Articles et chapitres d'ouvrages

« *L'Union Nationale*, un journal de combat, 1864-1867 », *Revue du Centre d'études du Québec*, n° 2 (avril 1968), p. 265-274.

« Un souverainiste du XIXe siècle: Médéric Lanctôt [*sic*], 1838-1877 », *Recherches sociographiques*, vol. 10, n° 2-3 (mai-décembre 1969), p. 409-418.

« Un souverainiste du XIXe siècle: Médéric Lanctôt [*sic*], 1838-1877 », dans Fernand Dumont, Jean Hamelin et Jean-Paul Montminy (dir.), *Idéologies au Canada français 1850-1900*, Québec, Les Presses de l'Université Laval, 1971, p. 265-274.

« Lorenzo Cadieux s. j. 1903-1976 », *Ontario History*, n° 69 (décembre 1977), p. 214-217.

« Les sources de l'histoire des Franco-Ontariens du Nouvel-Ontario », dans Gérald Thomas *et al.* (dir.), *Actes du colloque sur les archives et recherches régionales au Canada français tenu à l'Université d'Ottawa les 17 et 18 février 1977*, Ottawa, Centre de recherche en civilisation canadienne-française et ACFAS, 1977, p. 99-111.

« Le commerce de détail au Canada (1870-1880) », *Revue d'histoire de l'Amérique française*, vol. 33, n° 4 (mars 1980), p. 521-556.

« Le réseau ferroviaire du nord-est de l'Ontario », *Revue de l'Université Laurentienne*, vol. 13, n° 3 (février 1981), p. 35-83.

GERVAIS, Gaétan, et Serge DIGNARD. « Le projet d'histoire orale de l'Institut franco-ontarien », *Journal of Canadian Oral History Association = Revue de la Société canadienne d'histoire orale*, vol. 5, n° 1 (1981-1982), p. 45-57.

« Présentation de l'Université Laurentienne », *Revue de l'Association canadienne d'éducation de langue française*, vol. 2, n° 3 (décembre 1982), p. 21-23.

« Hibbard, Ashley », dans *Dictionnaire biographique du Canada*, vol. 9: *1881-1890*, Québec, Les Presses de l'Université Laval, 1982, p. 443-444.

« Larochelle, Louis-Napoléon », dans *Dictionnaire biographique du Canada*, vol. 9: *1881-1890*, Québec, Les Presses de l'Université Laval, 1982, p. 542-544.

« Les Franco-Sudburois », *Polyphony: Bulletin of the Multicultural History Society of Ontario*, vol. 5, n° 1 (printemps 1983), p. 21-29.

« Sudbury, 1883-1914 », dans *À notre Ville = To Our City*, Sudbury, Centenaire de Sudbury, 1983, p. 17-31.

« La stratégie de développement institutionnel de l'élite canadienne-française de Sudbury ou le triomphe de la continuité », *Revue du Nouvel-Ontario*, n° 5 (1983), p. 67-92.

« Le dictionnaire des écrits de l'Ontario français », *Revue d'histoire littéraire du Québec et du Canada français*, n° 8 (1984), p. 249-252.

« L'enseignement supérieur en Ontario français (1848-1965) », *Revue du Nouvel-Ontario*, n° 7 (1985), p. 11-52.

« Modèles possibles de collaboration universitaire au niveau du contenu », *Revue de l'Association canadienne d'éducation de langue française*, vol. 14, n° 2 (décembre 1986), p. 47-50.

« Le problème des institutions en Ontario français », *Revue du Nouvel-Ontario*, n° 8 (1986), p. 9-12.

«Pour de meilleures structures institutionnelles au niveau universitaire», dans Clinton Archibald (dir.), *Actes du colloque national sur l'enseignement postsecondaire en langue française à l'extérieur du Québec: situation actuelle et recherche de scénarios d'un développement d'aide aux communautés francophones hors Québec, Ottawa, les 10, 11 et 12 mai 1985*, Ottawa, Fédération des francophones hors Québec, 1986, p. 29-31, [En ligne], [http://www.fcfa.ca/user_files/users/40/Media/actes_colloque_enseignement_postsecondaire_1985.pdf].

GERVAIS, Gaétan, et Jean-Pierre PICHETTE. «Le dictionnaire des écrits de l'Ontario français», *Vie française*, vol. 41, n° 1 (1989), p. 47-53.

«L'évolution du bilinguisme en Ontario», *Langue et société*, (été 1989), p. 39-41.

«Une note critique: la dualité linguistique à l'Université d'Ottawa», *Revue du Nouvel-Ontario*, n° 11 (1989), p. 47-53.

«Le minoritaire culturel», *Revue du Nouvel-Ontario*, n° 11 (1989), p. 177-180.

«Coexistence difficile: la dualité linguistique à l'Université d'Ottawa au XIXᵉ siècle (note critique)», *Revue du Nouvel-Ontario*, n° 11 (1989), p. 221-231.

«Liminaire: l'enseignement de l'histoire au Canada français», *Éducation et francophonie*, vol. 19, n° 2 (août 1991), p. 2.

«L'enseignement de l'histoire en Ontario français», *Éducation et francophonie*, vol. 19, n° 2 (août 1991), p. 8-11.

«Préface», dans Guy Gaudreau (dir.), *Du Centre des jeunes au Carrefour francophone 1951-1990: quarante ans de vie communautaire et culturelle à Sudbury*, Sudbury, Société historique du Nouvel-Ontario, coll. «Documents historiques», n° 90, 1992, p. 5-10.

«L'Ontario français et les universités bilingues (1960-1992)», *Éducation et francophonie*, vol. 20, n° 3 (décembre 1992), p. 31-42.

«De Sagard à Lemieux: la contribution des religieux à la connaissance de l'Ontario français», dans Jean-Pierre Pichette (dir.), *L'œuvre de Germain Lemieux, s. j.: bilan de l'ethnologie en Ontario français: actes du colloque tenu à l'Université de Sudbury les 31 octobre, 1ᵉʳ et 2 novembre 1991*, Sudbury, Centre franco-ontarien de folklore et Éditions Prise de parole, 1993, p. 57-106.

«L'Ontario français (1821-1910)», dans Cornelius J. Jaenen (dir.), *Les Franco-Ontariens*, Ottawa, Les Presses de l'Université d'Ottawa, 1993, p. 49-124.

«Préface», dans Guy Gaudreau (dir.). *Bâtir sur le roc: de l'ACFEO à l'ACFO du Grand Sudbury (1910-1987)*, Sudbury, Éditions Prise de parole, 1994, p. vii-xvii.

«Le Canada-Français: un phare illuminé sur mille citadelles», *Francophonies d'Amérique*, n° 4 (1994), p. 157-169.

«L'historiographie franco-ontarienne: à l'image de l'Ontario français», dans Jacques Cotnam, Yves Frenette et Agnès Whitfield (dir.), *La francophonie ontarienne: bilan et perspectives de recherche*, Ottawa, Le Nordir, 1995, p. 123-134.

«Aux origines de l'identité franco-ontarienne», *Cahiers Charlevoix 1*, Sudbury, Éditions Prise de parole et Société Charlevoix, 1996, p. 125-168.

«Le Règlement 17 (1912-1927)», *Revue du Nouvel-Ontario*, n° 18 (1996), p. 123-192.

«L'Ontario français et les grands congrès patriotiques canadiens-français (1883-1952)», *Cahiers Charlevoix 2*, Sudbury, Éditions Prise de parole et Société Charlevoix, 1997, p. 9-155.

«L'Ontario français et les "États généraux du Canada français" (1966-1969)», *Cahiers Charlevoix 3*, Sudbury, Éditions Prise de parole et Société Charlevoix, 1998, p. 231-364.

«La mort d'un grand: Pierre Savard (1936-1998)», *Liaison*, n° 99 (novembre 1998), p. 40.

«Une vie vouée à la tradition orale [Germain Lemieux]», *Le Billochet*, Centre franco-ontarien de folklore, n° 22 (décembre 1998), p. 12.

«L'histoire de l'Ontario français (1610-1997)», dans Joseph Yvon Thériault (dir.), *Francophonies minoritaires au Canada: l'état des lieux*, Moncton, Éditions d'Acadie, 1999, p. 145-161.

«L'ACFEO et l'éducation française des jumelles Dionne», *Cahiers Charlevoix 4*, Sudbury, Éditions Prise de parole et Société Charlevoix, 2000, p. 179-253.

«Les droits du français en Ontario: l'argumentation traditionnelle des élites à l'époque du Canada français», dans Marc Cousineau (dir.), *La communauté franco-ontarienne: un peuple, ses droits et son destin: actes du colloque tenu à Ottawa le 11 août 2000*, Sudbury, Institut franco-ontarien, 2001, p. 47-65.

«Fourrures, commerce et guerre: Verchères de Boucherville dans le Haut-Canada (1803-1816)», *Cahiers Charlevoix 5*, Sudbury, Éditions Prise de parole et Société Charlevoix, 2002, p. 153-228.

«De Français à Franco-Ontarien: la lutte d'une communauté pour sa survie», *Cap-aux-Diamants*, (brochure promotionnelle) (mai 2002), p. 21-24.

«Verchères de Boucherville et le commerce de détail à Amherstburg», dans Marcel Bénéteau (dir.), *Le passage du Détroit: 300 ans de présence francophone = Three Centuries of Francophone Presence at Le Détroit*, Windsor, University of Windsor, Humanities Research Group, Working Papers in the Humanities, n° 11, 2003, p. 235-249.

«Champlain et l'Ontario (1603-1635)», dans Raymonde Litalien et Denis Vaugeois (dir.), *Champlain: la naissance de l'Amérique française*, Paris, Nouveau Monde éditions; Sillery, Éditions du Septentrion, 2004, p. 180-190.

«Les paroisses de l'Ontario français 1767-2000», *Cahiers Charlevoix 6*, Sudbury, Éditions Prise de parole et Société Charlevoix, 2005, p. 99-194.

«L'Ontario français dans toutes ses régions», dans Société Charlevoix, *Les régionalismes de l'Ontario français: actes de la table ronde de la Société Charlevoix, dixième Salon du livre de Toronto 2002*, Toronto, Éditions du GREF, 2005, p. 7-15.

«Postface: les origines du drapeau franco-ontarien», dans Guy Gaudreau (dir.), *Le drapeau franco-ontarien*, Sudbury, Éditions Prise de parole, 2005, p. 115-118.

« L'école du fort Frontenac (1676) : faits et mythes », *Cahiers Charlevoix 7*, Sudbury, Éditions Prise de parole et Société Charlevoix, 2006, p. 13-84.

« Fernand Dorais en son contexte franco-ontarien 1969-1994 », dans Gratien Allaire et Michel Giroux (dir.), *Fernand Dorais et le Nouvel-Ontario : réflexions sur l'œuvre et sur l'influence d'un provocateur franco-ontarien : actes du colloque tenu à Sudbury les 25 et 26 novembre 2004*, Sudbury, Institut franco-ontarien, 2007, p. 15-29.

« La colonisation du Nord-Est ontarien », dans Yves Frenette, Étienne Rivard et Marc St-Hilaire (dir.), *La francophonie nord-américaine*, Québec, Les Presses de l'Université Laval, 2013, p. 149-154.

Recensions

« *Actes du colloque sur la situation de la recherche sur la vie française en Ontario, tenu à l'Université d'Ottawa les 28 et 29 novembre 1974* », *Revue d'histoire de l'Amérique française*, vol. 30, n° 1 (juin 1976), p. 110-113.

« *Cobalt: Year of the Strike, 1919* (de Bryan F. Hogan) », *Revue de l'Université Laurentienne*, vol. 11 (février 1979), p. 112-114.

« *Ontario and the Canadian North* (de William F. E. Morley) », *Revue d'histoire de l'Amérique française*, vol. 33, n° 4 (mars 1980), p. 599-600.

« *John Prince 1796-1870: Collection of Documents* (de R. Allan Douglas) », *Revue d'histoire de l'Amérique française*, vol. 35, n° 4 (mars 1982), p. 592-594.

« *L'Ontario français historique* (de Robert Choquette) et *Atlas de l'Ontario français* (de Gaëtan Vallières et Marcien Villemure) », *Revue du Nouvel-Ontario*, n° 4 (1982), p. 115-118.

« *Éducation et besoins des Franco-Ontariens : le diagnostic d'un système d'éducation II* (de Stacy Churchill *et al.*) », *Revue canadienne d'enseignement supérieur*, vol. 16, n° 1 (1986), p. 99-105.

« *De la controverse à la concorde : l'Église d'Alexandria-Cornwall* (de Robert Choquette) », *Revue d'histoire de l'Amérique française*, vol. 45, n° 3 (hiver 1992), p. 435-437.

« *Alphabétisme de minorité et alphabétisation d'affirmation nationale*, vol. 1 : *Synthèse théorique et historique* (de Serge Wagner) », *Canadian Historical Review*, vol. 65, n° 4 (décembre 1993), p. 630-632.

« *L'Acadie à l'heure des choix : l'avenir politique et économique de l'Acadie du Nouveau-Brunswick* (de Hubert Cyr, Denis Duval et André Leclerc) », *Francophonies d'Amérique*, n° 7 (1997), p. 149-153.

« Un peuple en mutation : compte rendu de *Brève histoire des Canadiens français* (d'Yves Frenette) », *Liaison*, n° 99 (novembre 1998), p. 31-32.

« *Les Canadiens français du Michigan : leur contribution dans le développement de la vallée de la Saginaw et de la péninsule de Keweenaw 1840-1914* (de Jean Lamarre, Howard Keillor et Hermione Jack (dir.)) », *Canadian Historical Review*, vol. 85, n° 3 (septembre 2004), p. 603-605.

«*Canada's Francophone Communities: Constitutional Renewal and the Winning of School Governance* (de Michael D. Behiels)», *Canadian Historical Review*, vol. 89, n° 1 (mars 2008), p. 111-113.

«*L'Ordre de Jacques-Cartier 1926-1965 : une société secrète pour les Canadiens français catholiques* (de Denise Robillard)», *Canadian Historical Review*, vol. 91, n° 3 (septembre 2010), p. 585-587.

Presse et journaux non universitaires

«Au berceau du pays», *Le Lien*, vol. 12, n° 2 (décembre 1961), p. 6.

«Un jeu d'enfants», *Le Lambda*, vol. 3, n° 7 (octobre 1962), p. 1.

GERVAIS, Gaétan, et James DE FINNEY. «L'anglais s'impose», *Le Lambda*, vol. 3, n° 4 (20 février 1963), p. 4.

«Université de sports? Université anti-intellectuelle?», *Le Lambda*, vol. 3, n° 4 (20 février 1963), p. 3.

«De notre histoire», *Le Lambda*, vol. 4, n° 7 (avril 1964), p. 4.

«La vie économique des Franco-Ontariens», *Le Nord*, 5 septembre 1979, p. H-20.

«Le rapport Parrot : une salade universitaire», *Le Voyageur*, vol. 10, n° 26 (24 octobre 1983), p. 4.

«Les sociétés d'histoire en Ontario français», *Fleur de trille*, octobre 1992, p. 11-16.

«Réflexion : Canadien-Français ou Franco-Ontarien?», *Fleur de trille*, n° 10 (décembre 1993), p. 3-5.

«Une vie consacrée à l'enseignement : Lorenzo Cadieux s. j.», *Le Voyageur*, 27 avril 1994, p. C10-C11, C14.

Rapports, brochures et documents de travail

GERVAIS, Gaétan, et Yves TASSÉ. *Tableaux de la population nord-ontarienne (1871-1971)*, Sudbury, Université Laurentienne, «Document de travail», 1975, 20 p.

Pour une réforme des programmes en français à l'Université Laurentienne (rapport Gervais), Sudbury, 22 avril 1976, 8 p.

GERVAIS, Gaétan, et Gabriel BORDELEAU. *Sondage sur les intentions éducatives et professionnelles des élèves franco-ontariens des écoles secondaires de l'Ontario en 12ᵉ et 13ᵉ années, 1975-1976*, rapport final, Toronto, Conseil des affaires franco-ontariennes, 1976, 187 p.

Cours d'histoire du Canada (13ᵉ année), cours par correspondance préparés pour le ministère de l'Éducation de l'Ontario, 1979, 10 p.

GERVAIS, Gaétan, avec la collaboration des membres de la Commission. *L'avenir devant nous : la jeunesse, le problème de l'assimilation et le développement des communautés canadiennes-françaises : rapport de la Commission nationale d'étude sur l'assimilation*, Livre 4, Ottawa, Fédération des jeunes Canadiens français Inc., 1992.

Entrevues

BOUCHER, Céline, et Nicole LEBER. «M. Gaétan Gervais et le mémoire de l'ADELFNO», *L'Information*, 22 avril 1965, p. 3 et 17.

LAPOINTE, Paul [réalisation]. *J'ai besoin d'un nom*, [enregistrement vidéo], production de Georges-André Prud'homme, Montréal, Office national du film, 1978, 55 min.

«Gaétan Gervais», dans F.-X. Chamberland, *L'Ontario se raconte: de A à X: entrevues radiophoniques*, Toronto, Éditions du GREF, 1999, p. 299-306.

«Gaétan Gervais: l'université franco-ontarienne», dans Marco Dubé (dir.), *De Mahé à Summerside: quinze réflexions sur l'évolution de l'Ontario français de 1990 à 2000: entretiens*, Ottawa, Le Nordir, 2001, p. 57-68.

ROBITAILLE, Éric. *Entrevue avec Gaétan Gervais*, Radio-Canada CBON, Sudbury, 2005, 50 min.

GERVAIS, Gaétan, et Robert TOUPIN. *Les Jésuites en Ontario*, entretiens colligés et édités par Serge Dupuis et Jean Lalonde, Sudbury, Société historique du Nouvel-Ontario, coll. «Documents historiques», n° 102, 2014, 147 p.

Texte inédit

«La discrimination contre les Franco-Ontariens», 26 juillet 1989, 35 p.

Textes et interventions d'auteurs autres que Gaétan Gervais

COURCHESNE, Michel. «L'abolition du Conseil d'enseignement en français: une décision en coulisse néfaste aux francophones», *L'Orignal déchaîné*, n° 2 (septembre 1987), p. 4.

COURCHESNE, Michel. «Le bilinguisme laurentien: une longue histoire qui tourne en rond», *L'Orignal déchaîné*, n° 5 (16 novembre 1987), p. 5.

COURCHESNE, Michel, *et al.* «Un silence irresponsable», *L'Orignal déchaîné*, n° 6 (8 décembre 1987), p. 3.

DUMONT, André. «Le drapeau franco-ontarien fête ses 30 ans: un symbole né dans la plus grande discrétion», *Le Droit*, 24 septembre 2005, p. 10.

«L'A.D.E.L.F.N.O. et ses membres», *L'Information*, vol. 5, n° 1 (25 novembre 1965), p. 12.

«On veut des [titre incomplet] écoles françaises», *L'Information*, août 1964, p. 1.

SABOURIN, Pascal. «Faculté française: encore un pas de côté», *L'Orignal déchaîné*, vol. 12, n° 10 (7 mars 1989), p. 9.

«Un nouveau conseil franco-ontarien formé pour conseiller le ministre de l'Éducation et de la Formation», *Le Rempart*, 2 février 1994, p. 3.

Autres mémoires, rapports et documents de travail

Association des étudiants de langue française du Nord de l'Ontario. «Mémoire présenté à la Commission royale d'enquête sur le bilinguisme et le biculturalisme», 1964.

Churchill, Stacy, Normand Frenette et Saeed Quazi. *Éducation et besoins des Franco-Ontariens: le diagnostic d'un système d'éducation*, vol. 1: *Problèmes de l'ensemble du système: l'élémentaire et le secondaire*, vol. 2: *Le postsecondaire, rapport technique*, Toronto, Conseil de l'éducation franco-ontarienne, ministère de l'Éducation, 1985.

Comité franco-ontarien d'enquête culturelle. *La vie culturelle des Franco-Ontariens: rapport du Comité franco-ontarien d'enquête culturelle*, Ottawa, Le Comité, 1969. Président: Roger Saint-Denis.

Commission sur l'éducation postsecondaire en Ontario. *La société s'épanouit: rapport de la Commission sur l'éducation postsecondaire en Ontario*, Toronto, ministère des Services gouvernementaux, 1972. Président: Douglas Wright.

«Dévoilement de l'énoncé du mandat de la Commission royale d'enquête sur le bilinguisme et le biculturalisme», Sherbrooke, Université de Sherbrooke, sur le site *Bilan du siècle*, [http://bilan.usherbrooke.ca/bilan/pages/evenements/1597.html] (12 mars 2012).

Groupe d'étude des arts dans la vie franco-ontarienne. *Cultiver sa différence: rapport sur les arts dans la vie franco-ontarienne*, présenté au Conseil des arts de l'Ontario, [s. l.], Groupe d'étude des arts dans la vie franco-ontarienne, 1977. Membres du Groupe d'étude: Pierre Savard, Rhéal Beauchamp et Paul Thompson.

«Le Manifeste de l'ADELFNO (1965)», *Revue du Nouvel-Ontario*, n° 3 (1981), p. 59-61.

«Les revendications étudiantes (1965)», *Revue du Nouvel-Ontario*, n° 3 (1981), p. 62-65.

«L'Université de langue française en Ontario, chronologie et bibliographie annotée», Toronto, Conseil de l'éducation et de la formation franco-ontariennes, 19 juin 1996.

ÉTUDES

Ali-Khodja, Mourad. «Réflexions sur les figures de l'intellectuel et du savant en milieu francophone minoritaire», *Minorités linguistiques et société = Linguistic Minorities and Society*, n° 3 (2013), p. 41-55.

Allaire, Gratien. «Unilinguisme, bilinguisme et institution universitaire dans la francophonie des années 1960», *Francophonies d'Amérique*, n° 14 (automne 2002), p. 101-116.

Aquin, Hubert. «La fatigue culturelle du Canada français», *Liberté*, vol. 4, n° 23 (mai 1962), p. 299-325.

ARSENAULT, Robert. *Gaétan Gervais: le «gardien du dépôt»*, Ottawa, Centre franco-ontarien de ressources pédagogiques, 2012.

BEAUCHEMIN, Jacques. «Dumont: historien de l'ambiguïté», *Recherches sociographiques*, vol. 42, n° 2 (mai-août 2001), p. 219-238.

BEAUCHEMIN, Jacques. *L'histoire en trop: la mauvaise conscience des souverainistes québécois*, Montréal, VLB éditeur, 2002.

BEAUCHEMIN, Jacques. *La société des identités: éthique et politique dans le monde contemporain*, Montréal, Athéna éditions, 2005.

BEAUCHEMIN, Jacques. «L'insoutenable légèreté de l'histoire: de quelques paradoxes du rapport à l'histoire au Québec», dans Éric Bédard et Serge Cantin (dir.), *L'histoire nationale en débat: regards croisés sur la France et le Québec*, Paris, Riveneuve éditions, 2010, p. 79-102.

BEAUCHEMIN, Jacques. «Le conservatisme à la défense d'un monde commun», *Argument*, vol. 14, n° 1 (automne 2011-hiver 2012), p. 8-17.

BÉDARD, Éric. «La trudeauisation des esprits: souveraineté et hypermodernité», dans Alain-G. Gagnon (dir.), *D'un référendum à l'autre: le Québec face à son destin*, Québec, Les Presses de l'Université Laval, 2008, p. 143-168.

BÉLANGER, Georges. «L'Institut franco-ontarien (IFO)», dans René Dionne (dir.), *Quatre siècles d'identité canadienne*, Montréal, Bellarmin, 1983, p. 131-144.

BERGERON, Gérard. «En souvenir du temps de notre jeunesse», dans Simon Langlois et Yves Martin (dir.), *L'horizon de la culture: hommage à Fernand Dumont*, Sainte-Foy, Les Presses de l'Université Laval; Québec, Institut québécois de recherche sur la culture, 1995, p. 531-534.

BERNARD, Roger. «Du social à l'individuel: naissance d'une identité bilingue», dans Jocelyn Létourneau (dir.), *La question identitaire au Canada francophone: récits, parcours, enjeux et hors-lieux*, Sainte-Foy, Les Presses de l'Université Laval, 1994, p. 155-163.

BERNARD, Roger. *De Québécois à Ontarois*, Ottawa, Le Nordir, 1996.

BERNARD, Roger. «Les contradictions fondamentales de l'école minoritaire», *Revue des sciences de l'éducation*, vol. 23, n° 3 (1997), p. 509-526.

BERTON, Pierre. *The Dionne Years: A Thirties Melodrama*, Toronto, McClelland and Stewart, 1977.

BERTRAND, André. *L'éducation classique au Collège Sacré-Cœur*, Sudbury, Société historique du Nouvel-Ontario, coll. «Documents historiques», n° 86, 1988.

BIENVENUE, Louise. *Quand la jeunesse entre en scène: l'Action catholique avant la Révolution tranquille*, Montréal, Éditions du Boréal, 2003.

BLAIS, Gérald. *Le Collège du Sacré-Cœur, Sudbury, Ontario*, thèse de maîtrise, Sudbury, Université Laurentienne, 1968.

BLOCH, Marc. *Apologie pour l'histoire ou Métier d'historien*, Paris, Armand Colin, 1949.

Bock, Michel. « L'ACFO du Grand Sudbury Inc., 1982-1987 », dans Guy Gaudreau (dir.), *Bâtir sur le roc : de l'ACFEO à l'ACFO du Grand Sudbury (1910-1987)*, Sudbury, Éditions Prise de parole et Société historique du Nouvel-Ontario, « Documents historiques », n° 92, 1994, p. 131-190.

Bock, Michel. *Comment un peuple oublie son nom : la crise identitaire franco-onta-rienne et la presse française de Sudbury (1960-1975)*, Sudbury, Éditions Prise de parole, 2001.

Bock, Michel. *Quand la nation débordait les frontières : les minorités françaises dans la pensée de Lionel Groulx*, Montréal, Hurtubise HMH, 2004.

Bock, Michel. « Une guerre sourde : la rivalité Ottawa-Sudbury et la jeunesse franco-ontarienne (1949-65) », *Québec Studies*, n° 46 (automne 2008-hiver 2009), p. 19-32.

Bock, Michel. « Gaétan Gervais, l'Université Laurentienne et l'Ontario français : l'engagement d'un intellectuel historien », conférence d'ouverture du colloque *L'Université Laurentienne : berceau de la culture et de l'identité franco-ontarienne*, 25 mars 2010. (Inédit.)

Bock, Michel. « De la "tradition" à la "participation" : les années 1960 et les mouve-ments de jeunesse franco-ontariens », *Cahiers Charlevoix 8*, Ottawa, Les Presses de l'Université d'Ottawa et Société Charlevoix, 2010, p. 111-196.

Bock, Michel. « De la solidarité canadienne-française à l'éclatement des références : la mutation des identités québécoise et franco-ontarienne », dans Jean-François Savard et Alexandre Brassard (dir.), *Les relations Québec-Ontario : un destin par-tagé ?*, Québec, Les Presses de l'Université du Québec, 2011, p. 83-106.

Bock, Michel. « Overcoming a National "Catastrophe": The British Conquest in the Historical and Polemical Thought of Abbé Lionel Groulx », dans Phillip Buckner et John Reid (dir.), *Remembering 1759: The Conquest of Canada in Historical Memory*, Toronto, University of Toronto Press, 2012, p. 161-185.

Bock, Michel. « "Jeter les bases d'une 'politique franco-ontarienne'" : le Comité franco-ontarien d'enquête culturelle à l'heure des grandes ruptures (1967-1970) », *Cahiers Charlevoix 9*, Ottawa, Les Presses de l'Université d'Ottawa et Société Charlevoix, 2013, p. 61-106.

Bock, Michel. « La Fédération des francophones hors Québec devant le gouverne-ment québécois (1976-1991) : groupe de pression ou compagnon d'armes ? », dans Stéphane Savard et Jérôme Boivin, (dir.), *De la représentation à la manifes-tation : groupes de pression et enjeux politiques au Québec, XIXᵉ et XXᵉ siècles*, Québec, Éditions du Septentrion, 2014, p. 234-274.

Bock, Michel. « Des braises sous les cendres : l'Ontario français et le projet national canadien-français au lendemain des États généraux (1969-1991) », dans Jean-François Laniel et Joseph Yvon Thériault (dir.), *Retour sur les États généraux du Canada français : continuités et ruptures d'un projet national*, Québec, Les Presses de l'Université du Québec, 2016, p. 167-231.

Bock, Michel. « Une association nouvelle pour une ère nouvelle : l'Association canadienne-française de l'Ontario (1969 à 1982) », dans Michel Bock *et al.*, *Histoire
de l'ACFEO-ACFO-AFO*. (À paraître.)

Bock, Michel, et François-Olivier Dorais. « Quelle université pour quelle société ?
Le débat intellectuel sur l'enjeu universitaire en Ontario français depuis les
années 1960 », *Revue du Nouvel-Ontario*, n° 41. (À paraître.)

Boily, Frédéric. « Lionel Groulx et l'esprit du libéralisme », *Recherches sociographiques*,
vol. 45, n° 2 (mai-août 2004), p. 239-257.

Borghetti, Maria Novella. *L'œuvre d'Ernest Labrousse : genèse d'un modèle d'histoire
économique*, Paris, Éditions de l'EHESS, 2005.

Bouchard, Daniel. *La Société historique du Nouvel-Ontario de 1942 à 1976*,
Sudbury, Société historique du Nouvel-Ontario, coll. « Documents historiques »,
n° 94, 1997.

Bouchard, Gérard, et Yvan Lamonde (dir.). *Québécois et Américains : la culture québécoise aux XIXe et XXe siècles*, Montréal, Éditions Fides, 1995.

Boucher, Jacques L., et Joseph Yvon Thériault (dir.). *Petites sociétés et minorités
nationales : enjeux politiques et perspectives comparées*, Québec, Les Presses de
l'Université du Québec, 2005.

Boulay, Gérard. *Du privé au public : les écoles secondaires franco-ontariennes à la
fin des années soixante*, Sudbury, Société historique du Nouvel-Ontario, coll.
« Documents historiques », n° 85, 1987.

Bourque, Gilles, Jules Duchastel et André Kuzminski. « Les grandeurs et les
misères de la société globale au Québec », *Cahiers de recherche sociologique*, n° 28
(1997), p. 7-17.

Boutin, Thérèse. « Il n'y aura pas d'Université Champlain… », *Liaison*, n° 30 (printemps 1984), p. 57-58.

Bray, Matt. « La terre et les gens », dans Gaétan Gervais, Matt Bray et Ernie Epp
(dir.), *Un vaste et merveilleux pays : histoire illustrée du Nord de l'Ontario*, Toronto,
ministère des Affaires du Nord de l'Ontario ; Thunder Bay, Université Lakehead ;
Sudbury, Université Laurentienne, 1985, p. 7-16.

Bray, Matt. « La fondation de l'Université Laurentienne, 1958-1960 », dans Matt
Bray *et al.*, *L'Université Laurentienne : une histoire*, Montréal, McGill-Queen's
University Press, 2010, p. 17-30.

Bray, Matt. « Une ère de transition, 1972-1985 », dans Matt Bray *et al.*, *L'Université
Laurentienne : une histoire*, Montréal, McGill-Queen's University Press, 2010,
p. 59-78.

Bray, Matt. « La période contemporaine, de 1985 à nos jours », dans Matt Bray *et
al.*, *L'Université Laurentienne : une histoire*, Montréal, McGill-Queen's University
Press, 2010, p. 79-101.

Breton, Raymond. « L'intégration des francophones hors Québec dans des communautés de langue française », *Revue de l'Université d'Ottawa*, vol. 55, n° 2 (1985),
p. 77-98.

BRETON, Raymond. «Modalités d'appartenance aux francophonies minoritaires: essai de typologie», *Sociologie et sociétés*, vol. 26, n° 1 (printemps 1994), p. 59-69.

BROSSEAU, Marc. «La géographie et le nationalisme canadien-français», *Recherches sociographiques*, vol. 33, n° 3 (1992), p. 407-428.

BRUNET, Manon, et Pierre LANTHIER (dir.). *L'inscription sociale de l'intellectuel*, Sainte-Foy, Les Presses de l'Université Laval; Paris, L'Harmattan, 2000.

BUREAU, Brigitte. *Un passeport vers la liberté: les caisses populaires de l'Ontario de 1912 à 1992*, Ottawa, Fédération des Caisses populaires de l'Ontario; North Bay, Alliance des Caisses populaires de l'Ontario, 1992.

CADIEUX, Lorenzo. «Guy Courteau, s. j. (1897-1970)», *Lettres du Bas-Canada*, vol. 25 (1971), p. 41-47.

CANTIN, Serge. *Ce pays comme un enfant: essais sur le Québec, 1988-1996*, Montréal, Éditions de l'Hexagone, 1997.

CARDINAL, Linda. «Le Canada français à la lumière des États généraux: critique de la thèse de la rupture», dans Marcel Martel (dir.), *Les États généraux du Canada français, trente ans après*, avec la collaboration de Robert Choquette, Ottawa, Centre de recherche en civilisation canadienne-française, 1998, p. 213-232.

CARDINAL, Linda. «La notion de peuple fondateur, *plus qu'une marque de commerce!*», *Liaison*, n° 99 (novembre 1998), p. 41-42.

CARDINAL, Linda. *Chronique d'une vie politique mouvementée: l'Ontario francophone de 1986 à 1996*, Ottawa, Le Nordir, 2001.

CARDINAL, Linda. «Sortir de la nostalgie, en finir avec le ressentiment: les francophones hors Québec et la coopération interprovinciale», dans Simon Langlois et Jean-Louis Roy (dir.), *Briser les solitudes: les francophonies canadiennes et québécoise*, Québec, Éditions Nota bene, 2003, p. 15-31.

CARDINAL, Linda, *et al.* «La francophonie canadienne comme peau de chagrin: le "Canada français" devenu Québec serait en train de disparaître?», *Le Devoir*, 15 septembre 1992, p. 13.

CARDINAL, Linda, Jean LAPOINTE et Joseph Yvon THÉRIAULT. «La vie politique: autonomie et participation», dans *État de la recherche sur les communautés francophones hors Québec (1980-1990)*, Ottawa, Centre de recherche en civilisation canadienne-française, 1994, p. 109-123.

CENTRE DE RECHERCHE EN CIVILISATION CANADIENNE-FRANÇAISE. «L'éducation, lieu de transmission des savoirs et lieu de revendications», sur le site *La présence française en Ontario: 1610, passeport pour 2010*, Ottawa, Université d'Ottawa, 2010, [http://www.crccf.uottawa.ca/passeport/IV/IV.html] (13 mars 2012).

CHARBONNEAU, François, et Martin NADEAU (dir.). *L'histoire à l'épreuve de la diversité culturelle*, Bruxelles, Les Éditions Peter Lang, 2008.

CHOQUETTE, Robert. «L'histoire des Franco-Ontariens: bilan de la recherche», dans *Actes du colloque sur la situation de la recherche sur la vie française en Ontario, tenu à l'Université d'Ottawa les 28 et 29 novembre 1974*, Ottawa, Association canadienne-française pour l'avancement des sciences et Centre de recherche en civilisation canadienne-française de l'Université d'Ottawa, 1975, p. 65-78.

CHOQUETTE, Robert. *L'Ontario français, historique*, Montréal, Éditions Études vivantes, 1980.

CHOUINARD, Stéphanie. *Comment «faire société» en Acadie du Nouveau-Brunswick : la société civile dans l'œuvre de Joseph Yvon Thériault*, thèse de maîtrise (science politique), Ottawa, Université d'Ottawa, 2010.

CHOUINARD, Stéphanie. «Mémoire et communauté politique acadienne : l'influence de Fernand Dumont sur l'œuvre de Joseph Yvon Thériault», *Revue internationale d'études canadiennes* = *International Journal of Canadian Studies*, n° 45-46 (2012), p. 127-140.

CHOUINARD, Stéphanie. «Quel avenir pour le projet autonomiste des communautés francophones en situation minoritaire? Réflexion sur les politiques publiques canadiennes en matière de langues officielles», *Minorités linguistiques et société* = *Linguistic Minorities and Society*, n° 1 (2012), p. 195-213.

COUTURE, Yves. *La terre promise : l'absolu politique dans le nationalisme québécois*, Montréal, Éditions Liber, 1994.

DE LA RIVA, Paul. *Mine de rien : les Canadiens français et le travail minier à Sudbury, 1886-1930*, Sudbury, Éditions Prise de parole, 1998.

DEMAIZIÈRE, Françoise, et Jean-Paul NARCY-COMBES. «Du positionnement épistémologique aux données de terrain», *Les Cahiers de l'Acedle*, n° 4 (2007), p. 1-20.

DENAULT, Anne-Andrée. «La transformation des rapports entre francophones en Amérique : le récit de la rupture revisité», dans Jean-François Laniel et Joseph Yvon Thériault (dir.), *Retour sur les États généraux du Canada français : continuités et ruptures d'un projet national*, Québec, Les Presses de l'Université du Québec, 2016, p. 267-296.

DENNIE, Donald. «De la difficulté d'être idéologue franco-ontarien», *Revue du Nouvel-Ontario*, n° 1 (1978), p. 69-90.

DENNIE, Donald. «Historique du bilinguisme à l'Université Laurentienne (Le rapport Dennie)», *Revue du Nouvel-Ontario*, n° 7 (1985), p. 115-118.

DENNIE, Donald. *La paroisse Sainte-Anne-des-Pins de Sudbury (1883-1940) : étude de démographie historique*, thèse de maîtrise, Sudbury, Université Laurentienne, 1986. Paru sous le même titre dans la coll. «Documents historiques», n° 84, de la Société historique du Nouvel-Ontario, en 1986.

DENNIE, Donald, et Annette RIBORDY. «Les vingt-cinq ans de l'Institut», *Revue du Nouvel-Ontario*, n° 25 (2001), p. 9-44.

DICKSON, Robert. «La "Révolution culturelle" en Nouvel-Ontario et le Québec : Opération Ressources et ses conséquences», dans Andrée Fortin (dir.), *Produire la culture, produire l'identité?*, Sainte-Foy, Les Presses de l'Université Laval, 2000, p. 183-202.

DIGNARD, Serge. *Camille Lemieux et* l'Ami du peuple, *1942-1968*, Sudbury, Société historique du Nouvel-Ontario, coll. «Documents historiques», n° 80, 1984.

DIONNE, Patrick. «Éclaircissements sur les prétendues mauvaises fréquentations littéraires de Lionel Groulx: le cas de Charles Maurras et de l'Action française de Paris», *Études d'histoire religieuse*, n° 74 (2008), p. 7-27.

DORAIS, François-Olivier. «L'arrêt Mahé, vingt ans après: entretien avec Paul Dubé», *La Relève*, vol. 2, n° 1 (2011), p. 13-14.

DORAIS, François-Olivier. «Identité, mémoire et mobilisation étudiante en Ontario français: le cas de l'Association des étudiants de langue française du Nord de l'Ontario», dans Michelle Landry, Martin Pâquet et Anne Gilbert (dir.), *Mémoires et mobilisations*, Québec, Les Presses de l'Université Laval, 2015, p. 195-220.

DORAIS, François-Olivier. «Présence et influence de Robert Mandrou au Québec», *Revue d'histoire de l'Amérique française*, vol. 69, n° 3 (hiver 2016), p. 59-82.

DOSSE, François. *La marche des idées: histoire des intellectuels, histoire intellectuelle*, Paris, La Découverte, 2003.

DOSSE, François. *L'histoire en miettes: des* Annales *à la « nouvelle histoire »*, Paris, La Découverte, 2010.

DUBUC, Alfred. «L'influence de l'école des Annales au Québec», *Revue d'histoire de l'Amérique française*, vol. 33, n° 3 (décembre 1979), p 357-386.

DUMONT, Fernand. «Notes sur l'analyse des idéologies», *Recherches sociographiques*, vol. 4, n° 2 (1963), p. 155-165.

DUMONT, Fernand. *Le sort de la culture*, Montréal, Éditions de l'Hexagone, 1987.

DUMONT, Fernand. *Genèse de la société québécoise*, Montréal, Éditions du Boréal, 1993.

DUMONT, Fernand. *Raisons communes*, Montréal, Éditions du Boréal, coll. «Boréal compact», 1997.

DUMONT, Fernand. «Essor et déclin du Canada français», *Recherches sociographiques*, vol. 38, n° 3 (1997), p. 419-467.

DUMONT, Fernand. *Récit d'une émigration: mémoires*, Montréal, Éditions du Boréal, 1997.

DUMONT, Fernand. *Fernand Dumont, un témoin de l'homme*, entretiens colligés et présentés par Serge Cantin, Montréal, Éditions de l'Hexagone, 2000.

DUPRÉ LA TOUR, Nathaël. *L'instinct de conservation*, Paris, Éditions du Félin, 2011.

DUPUIS, Serge. «On prévoyait le déluge! La résistance franco-ontarienne au rapatriement de la Constitution canadienne: 1977-1982», *Revue du Nouvel-Ontario*, n° 33 (2008), p. 7-39.

DUPUIS, Serge. «La (contre-)culture étudiante dans le Nord ontarien et le *Lambda* de l'Université Laurentienne, 1960-1971», dans Amélie Bourbeau (dir.), *Engagement et contestation: la jeunesse franco-ontarienne (1960-1993)*, Sudbury, Société historique du Nouvel-Ontario, coll. «Documents historiques», n° 101, 2010, p. 11-41.

ÉTHIER-BLAIS, Jean. «Langue, appartenance, identité», *L'Information*, résumé préparé par le Rév. P. Dubé, s. j., 22 avril 1965, p. 6.

ÉTHIER-BLAIS, Jean. «Une génération plus dynamique», *L'Information*, 22 avril 1965, p. 6.

ÉTHIER-BLAIS, Jean. *Le seuil des vingt ans*, Montréal, Leméac, 1992.

FERRETTI, Lucia. «La Révolution tranquille», *L'Action nationale*, vol. 89, n° 10 (décembre 1999), p. 59-91.

FOISY-GEOFFROY, Dominique. *Les idées politiques des intellectuels traditionalistes canadiens-français 1940-1960*, thèse de doctorat (histoire), Québec, Université Laval, 2008.

FRENETTE, Yves. *Brève histoire des Canadiens français*, avec la collaboration de Martin Pâquet, Montréal, Éditions du Boréal, 1998.

GALARNEAU, Claude. *Les collèges classiques au Canada français (1620-1970)*, Montréal, Éditions Fides, 1978.

GAUDREAU, Guy. «Les origines de l'Université Laurentienne», dans Matt Bray *et al.*, *L'Université Laurentienne: une histoire*, Montréal, McGill-Queen's University Press, 2010, p. 3-16.

GAUDREAU, Guy. «Les années 1960 à 1971: un optimisme démenti», dans Matt Bray *et al.*, *L'Université Laurentienne: une histoire*, Montréal, McGill-Queen's University Press, 2010, p. 214-228.

GAUDREAU, Guy. «Les années 1971 à 1984: faire sa place», dans Matt Bray *et al.*, *L'Université Laurentienne: une histoire*, Montréal, McGill-Queen's University Press, 2010, p. 229-246.

GAUDREAU, Guy. «De 1984 à aujourd'hui: tout va très bien madame la Marquise», dans Matt Bray *et al.*, *L'Université Laurentienne: une histoire*, Montréal, McGill-Queen's University Press, 2010, p. 247-262.

GAULIN, Michel. «Éthier-Blais mémorialiste: l'Ontario français et la genèse d'une vocation d'écrivain», *Cahiers Charlevoix 4*, Sudbury, Éditions Prise de parole et Société Charlevoix, 2000, p. 149-178.

GÉLINAS, Xavier. *La droite intellectuelle québécoise et la Révolution tranquille*, Québec, Les Presses de l'Université Laval, 2007.

GRIFFITHS, Naomi. «L'école des Annales et l'histoire de l'Acadie», *Études canadiennes = Canadian Studies*, n° 13 (décembre 1982), p. 113-118.

GRISÉ, Yolande. *Pour se faire un nom*, Montréal, Éditions Fides, 1982.

GUINDON, Roger. *Coexistence équitable: la dualité linguistique à l'Université d'Ottawa*, vol. 4: *Depuis 1965*, Ottawa, Les Presses de l'Université d'Ottawa, 1998.

HAMELIN, Jean. «L'histoire des historiens: entre la reconstruction d'une mémoire collective et la recherche d'une identité», dans Jacques Dagneau et Sylvie Pelletier (dir.), *Mémoires et histoires dans les sociétés francophones*, Québec, Université Laval, CELAT, 1992, p. 59-71.

HARVEY, Fernand. « Le Québec et le Canada français : histoire d'une déchirure »,
dans Simon Langlois (dir.), *Identité et culture nationales : l'Amérique française en
mutation*, Sainte-Foy, Les Presses de l'Université Laval, 1995, p. 49-64.

HAUTECOEUR, Jean-Paul. *L'Acadie du discours : pour une sociologie de la culture acadienne*, Québec, Les Presses de l'Université Laval, 1975.

HOTTE, Lucie. « Littérature et conscience identitaire : l'héritage de CANO », dans
Andrée Fortin (dir.), *Produire la culture, produire l'identité ?*, Sainte-Foy, Les
Presses de l'Université Laval, 2000, p. 53-68.

HOTTE, Lucie, et Johanne MELANÇON. *Introduction à la littérature franco-ontarienne*,
Sudbury, Éditions Prise de parole, 2010.

JUTEAU, Danielle, et Lise SÉGUIN-KIMPTON. « La collectivité franco-ontarienne :
structuration d'un espace symbolique et politique », dans Cornelius J. Jaenen
(dir.), *Les Franco-Ontariens*, Ottawa, Les Presses de l'Université d'Ottawa, 1993,
p. 265-304.

JUTEAU-LEE, Danielle. « Français d'Amérique, Canadiens, Canadiens français, Franco-
Ontariens, Ontarois : qui sommes-nous ? », *Pluriel*, n° 24 (1980), p. 21-43.

JUTEAU-LEE, Danielle, et Jean LAPOINTE. « From French Canadians to Franco-
Ontarians and Ontarois: New Boundaries, New Identities », dans Jean L. Elliott
(dir.), *Two Nations, Many Cultures: Ethnic Groups in Canada*, Scarborough,
Prentice-Hall, 1983, p. 99-113.

KHALID, Samy. « Et ce n'est qu'un début… origines et évolution du Département
d'histoire de l'Université d'Ottawa », Ottawa, 2011. (Inédit.)

KUNDERA, Milan. « Un Occident kidnappé ou la tragédie de l'Europe centrale », *Le
Débat*, vol. 5, n° 27 (1983), p. 3-23.

KUNDERA, Milan. *Les testaments trahis*, Paris, Gallimard, 1993.

LABROUSSE, Ernest. « Entretiens avec Ernest Labrousse », *Actes de la recherche en
sciences sociales*, vol. 32-33 (avril-juin 1980), p. 111-127.

LAMBERT, Wallace E. « Cognitive and Socio-cultural Consequences of Bilingualism »,
The Canadian Modern Language Review, n° 34 (1978), p. 537-547.

LAMONDE, Yvan, *et al. Les intellectuel.les au Québec : une brève histoire*, Montréal, Del
Busso éditeur, 2015.

LANG, Stéphane. « "Un privilège qui nous vaut des miettes" : la remise en question du
bilinguisme des écoles secondaires ontariennes et la création d'un régime d'enseignement secondaire public français (1960-1970) », dans *La communauté franco-
ontarienne et l'enseignement secondaire (1910-1968)*, thèse de doctorat (histoire),
Ottawa, Université d'Ottawa, 2003, p. 185-230.

LANGLOIS Simon, et Yves MARTIN (dir.). *L'horizon de la culture : hommage à Fernand
Dumont*, Sainte-Foy, Les Presses de l'Université Laval ; Québec, Institut québécois de recherche sur la culture, 1995.

LANIEL, Jean-François. « Petites sociétés, élites intellectuelles et "tradition vivante" :
contribution à une sociologie des petites sociétés », dans Mihai Dinu Gheorghiu

et Paul Arnault (dir.), *Les sciences sociales et leurs publics : engagements et distanciations*, Iasi, Editura Universității, Cuza, 2013, p. 409-431.

LANIEL, Jean-François, et Joseph Yvon THÉRIAULT (dir.). *Retour sur les États généraux du Canada français : continuités et ruptures d'un projet national*, Québec, Les Presses de l'Université du Québec, 2016.

LEBEL, Marie. *Le discours comme patrie : les intellectuels franco-ontariens comme interprétants de la condition historique et identitaire de l'Ontario français*, thèse de doctorat (histoire), Québec, Université Laval, 2009.

LEBEL, Marie. « Positions, postures et "im-posture" : les intellectuels en milieu minoritaire : le Nouvel-Ontario 1970-1985 », dans Nathalie Bélanger *et al.* (dir.), *Produire et reproduire la francophonie en la nommant*, Sudbury, Éditions Prise de parole, 2010, p. 283-298.

LE GOFF, Jacques. *Histoire et mémoire*, Paris, Gallimard, 1988.

LÉTOURNEAU, Jocelyn. « Historiens, sociogrammes et histoire : l'interaction complexe entre mémoire collective, mémoire individuelle, passé construit et passé vécu », dans Jacques Mathieu (dir.), *Étude de la construction de la mémoire collective des Québécois au XXᵉ siècle : approches multidisciplinaires*, Cahiers du CELAT, n° 5 (novembre 1986), p. 99-108.

LEYMARIE, Michel, et Jean-François SIRINELLI (dir.). *L'histoire des intellectuels aujourd'hui*, Paris, Presses universitaires de France, 2003.

LINTEAU, Paul-André. « La nouvelle histoire du Québec vue de l'intérieur », *Liberté*, vol. 25, n° 3 (juin 1983), p. 34-47.

LINTEAU, Paul-André, *et al. Histoire du Québec contemporain*, t. 2 : *Le Québec depuis 1930*, Montréal, Éditions du Boréal express, 1989.

MARCHILDON, Daniel. *Toute une histoire ! Sudbury*, Sudbury, Centre franco-ontarien de ressources en alphabétisation, 1991, [En ligne], [http://www.bdaa.ca/biblio/apprenti/centre_fora/toute_une_histoire/sudbury/sudbury. pdf] (3 mars 2012).

MARTEL, Marcel. *Le deuil d'un pays imaginé : rêves, luttes et déroute du Canada français*, Ottawa, Les Presses de l'Université d'Ottawa et Centre de recherche en civilisation canadienne-française, 1997.

MARTEL, Marcel. « Le débat autour de l'existence et de la disparition du Canada français », dans Simon Langlois et Jocelyn Létourneau (dir.), *Aspects de la nouvelle francophonie canadienne*, Sainte-Foy, Les Presses de l'Université Laval, 2004, p. 129-143.

MARTEL, Marcel. « Usage du passé et mémoire collective franco-ontarienne : le souvenir du Règlement 17 dans la bataille pour sauver l'hôpital Montfort », *Mens : revue d'histoire intellectuelle de l'Amérique française*, vol. 6, n° 1 (automne 2005), p. 69-94.

MARTEL, Marcel, et Robert CHOQUETTE (dir.). *L'université et la francophonie : actes du colloque tenu à l'Université d'Ottawa les 5, 6 et 7 novembre 1998*, Ottawa, Centre de recherche en civilisation canadienne-française, 1999.

MARTEL, Marcel, et Martin PÂQUET. *Langue et politique au Canada et au Québec : une synthèse historique*, Montréal, Éditions du Boréal, 2010.

MASSICOTTE, Julien. *L'Acadie du progrès et du désenchantement, 1960-1994*, thèse de doctorat (histoire), Québec, Université Laval, 2011.

MASSICOTTE, Julien. « Du sens de l'histoire : les historiens acadiens et leur représentation de l'histoire, 1950-2000 », dans Patrick D. Clarke (dir.), *Clio en Acadie : réflexions historiques*, Québec, Les Presses de l'Université Laval, 2014, p. 65-113.

MCLEOD-ARNOPOULOS, Sheila. *Hors du Québec, point de salut ?*, Montréal, Libre Expression, 1982.

MELANÇON, Johanne. « Le Nouvel-Ontario : espace réel, espace imaginé, espace imaginaire », *Québec Studies*, n° 46 (automne 2008-hiver 2009), p. 49-69.

MICHAUD, Lucien. *Cent ans de vie française à Sudbury, 1883-1983*, Sudbury, Société historique du Nouvel-Ontario, coll. « Documents historiques », n° 79, 1983.

MIVILLE, Serge. *« À quoi sert au Canadien français de gagner l'univers canadien s'il perd son âme de francophone ? » Représentations identitaires et mémorielles dans la presse franco-ontarienne après la « rupture » du Canada français (1969-1986)*, thèse de maîtrise (histoire), Ottawa, Université d'Ottawa, 2012.

MOORE, Marie-France. « *Mainmise*, version québécoise de la contre-culture », *Recherches sociographiques*, vol. 14, n° 3 (1973), p. 363-381.

NORA, Pierre. « Pierre Nora et le métier d'historien : "La France malade de sa mémoire" », propos recueillis par Jacques Buob et Alain Frachon, *Le Monde 2*, n° 105, 18 février 2006.

OLSCAMP, Marcel. « Renoncer à l'identitaire : entretien avec François Paré », *Spirale*, n° 174 (septembre-octobre 2000), p. 20-21, [En ligne], [http://www.unites.uqam.ca/philo/spi_old/spirale174_16.htm] (20 novembre 2015).

ORY, Pascal, et Jean-François SIRINELLI. *Les intellectuels en France, de l'affaire Dreyfus à nos jours*, Paris, Armand Colin, 2002.

OUELLET, Fernand. « Économie et société minoritaires : propos incertains sur l'économie et la minorité francophone en Ontario : vers un nouveau regard sur le passé et le présent franco-ontariens », *Revue du Nouvel-Ontario*, n° 8 (1986), p. 103-119.

OUELLETTE, Pierre. « Éducation et économie, 1927-1965 », dans Guy Gaudreau (dir.), *Bâtir sur le roc : de l'ACFEO à l'ACFO du Grand Sudbury (1910-1987)*, Sudbury, Société historique du Nouvel-Ontario, coll. « Documents historiques », n° 92, 1994, p. 47-93.

PAIEMENT, André. « *Is what we be* », dans *Les partitions d'une époque : les pièces d'André Paiement et du Théâtre du Nouvel-Ontario (1971-1976)*, vol. 1, Sudbury, Éditions Prise de parole, 2004, p. 256-259.

PÂQUET, Martin, et Stéphane SAVARD. « Introduction », dans Martin Pâquet et Stéphane Savard (dir.), *Balises et références : Acadies, francophonies*, Québec, Les Presses de l'Université Laval, 2007, p. 1-15.

Paré, François. «L'institution littéraire franco-ontarienne et son rapport à la construction identitaire des Franco-Ontariens», dans Jocelyn Létourneau (dir.), *La question identitaire au Canada francophone : récits, parcours, enjeux, hors-lieux*, avec la collaboration de Roger Bernard, Sainte-Foy, Les Presses de l'Université Laval, 1994, p. 45-62, [En ligne], [http://www.erudit.org/livre/CEFAN/1994-2/index.htm].

Paré, François. «Les Franco-Ontariens ont-ils droit au discours identitaire?», dans Simon Langlois (dir.), *Identité et culture nationales : l'Amérique française en mutation*, Sainte-Foy, Les Presses de l'Université Laval, 1995, p. 167-178.

Paré, François. *La distance habitée*, Ottawa, Le Nordir, 2003.

Poulin, Mathieu. *Citer la révolte : la reprise québécoise du discours de la décolonisation francophone*, mémoire de maîtrise (littératures de langue française), Montréal, Université de Montréal, 2009.

Prochasson, Christophe. *François Furet : les chemins de la mélancolie*, Paris, Éditions Stock, 2013.

Prost, Antoine. *Douze leçons sur l'histoire*, Paris, Éditions du Seuil, 2010.

Rabier, Christiane. «Les Franco-Ontariens et la Constitution», *Revue du Nouvel-Ontario*, n° 5 (1983), p. 37-49.

Ricard, François. *La génération lyrique : essai sur la vie et l'œuvre des premiers-nés du baby-boom*, Montréal, Éditions du Boréal, 1992.

Ricœur, Paul. *La mémoire, l'histoire, l'oubli*, Paris, Éditions du Seuil, 2003.

Riopel, Pierre. «Collège Sacré-Cœur de Sudbury», sur le site *Encyclopédie du patrimoine culturel de l'Amérique française*, Québec, Université Laval, [http://www.ameriquefrancaise.org/fr/article-249/Coll%C3%A8ge_Sacr%C3%A9-Coeur_de_Sudbury. html#8] (17 juin 2012).

Rocher, Guy. *Introduction à la sociologie générale*, 3ᵉ éd., Montréal, Les Éditions Hurtubise, 2010.

Rudin, Ronald. *Faire de l'histoire au Québec*, Sillery, Éditions du Septentrion, 1998.

Ryan, Pascale. «Des intellectuels en Europe et en Amérique : un état de la question», *Mens : revue d'histoire intellectuelle de l'Amérique française*, vol. 4, n° 1 (automne 2003), p. 9-37.

Savard, Pierre. «De la difficulté d'être Franco-Ontarien», *Revue du Nouvel-Ontario*, n° 1 (1978), p. 11-23.

Savard, Pierre. «Relations avec le Québec», dans Cornelius J. Jaenen (dir.), *Les Franco-Ontariens*, Ottawa, Les Presses de l'Université d'Ottawa, 1993, p. 231-263.

Savard, Stéphane. *«Je t'aime, moi non plus» : réceptivité et identités des membres des élites franco-ontariennes vis-à-vis du gouvernement Trudeau, 1968-1984*, thèse de maîtrise (histoire), Québec, Université Laval, 2005.

Séguin, Maurice. *Les normes de Maurice Séguin : le théoricien du néonationalisme*, ouvrage préparé par Pierre Tousignant et Madeleine Dionne-Tousignant, Montréal, Guérin, 1999.

St-Pierre, Stéphanie. « Étienne Brûlé : la création d'un personnage », *Revue du Nouvel-Ontario*, n° 29 (2004), p. 5-44.

St-Pierre, Stéphanie. « Le drapeau franco-ontarien : "Puissent ses couleurs nous rallier dans une nouvelle amitié et fraternité", 1975-1977 », dans Guy Gaudreau (dir.), *Le drapeau franco-ontarien*, Sudbury, Éditions Prise de parole, 2005, p. 13-42.

St-Pierre, Stéphanie. « Clercs et historiens : le discours d'enracinement et la Société historique du Nouvel-Ontario », *Études d'histoire religieuse*, vol. 81, n° 1-2 (2015), p. 59-79.

Thériault, Joseph Yvon. « Entre la nation et l'ethnie : sociologie, société et communautés minoritaires francophones », *Sociologie et sociétés*, vol. 26, n° 1 (printemps 1994), p. 15-32.

Thériault, Joseph Yvon. « Les États généraux et la fin du Canada français », dans Marcel Martel (dir.), *Les États généraux du Canada français trente ans après*, avec la collaboration de Robert Choquette, Ottawa, Centre de recerce en civilisation canadienne-française, 1998, p. 261-271.

Thériault, Joseph Yvon. « L'institution en Ontario français », *Mens : revue d'histoire intellectuelle de l'Amérique française*, vol. 6, n° 1 (automne 2005), p. 9-27.

Thériault, Joseph Yvon. *Critique de l'américanité : mémoire et démocratie au Québec*, Montréal, Éditions Québec Amérique, 2005.

Thériault, Joseph Yvon. *Faire société : société civile et espaces francophones*, Sudbury, Éditions Prise de parole, 2007.

Thériault, Joseph Yvon. « Le Canada français comme trace », dans E.-Martin Meunier et Joseph Yvon Thériault (dir.), *Les impasses de la mémoire*, Montréal, Éditions Fides, 2007, p. 213-229.

Thériault, Joseph Yvon. « L'épuisement des sources endogènes du fédéralisme canadien », dans Pierre Hamel et Jean-Michel Lacroix, *Les relations Québec-Canada : arrêter le dialogue de sourds ?*, Bruxelles, Les Éditions Peter Lang, 2013, p. 79-90.

Thériault, Joseph Yvon, et E.-Martin Meunier. « Que reste-t-il de l'intention vitale du Canada français ? », dans Joseph Yvon Thériault, Anne Gilbert et Linda Cardinal (dir.), *L'espace francophone en milieu minoritaire au Canada : nouveaux enjeux, nouvelles mobilisations*, Montréal, Éditions Fides, 2008, p. 205-238.

Tremblay, Gaston. *Prendre la parole : le journal de bord du grand CANO*, Ottawa, Le Nordir, 1995.

Trépanier, Pierre. « Richard Arès », *L'Action nationale*, vol. 82, n° 2 (février 1992), p. 167-198.

Trépanier, Pierre. « Qu'est-ce que le traditionalisme ? », causerie-débat tenue à Montréal, 8 juin 2002, *Club du 3 juillet*.

Trépanier, Pierre. « De Lionel Groulx à Maurice Séguin : mutation ou développement ? », dans Robert Comeau et Josiane Lavallée (dir.), *L'historien Maurice*

Séguin : théoricien de l'indépendance et penseur de la modernité québécoise, Québec, Éditions du Septentrion, 2006, p. 41-63.

TRÉPANIER, Pierre. «Lionel Groulx, conférencier traditionaliste et nationaliste (1915-1920) – 1ère partie», *Encyclopédie de l'Agora*, 2013, [En ligne], [http:// agora.qc.ca/documents/lionel_groulx_conferencier_traditionaliste_et_ nationaliste_1915_1920_1ere_partie] (17 septembre 2014).

WARREN, Jean-Philippe. *Un supplément d'âme : les intentions primordiales de Fernand Dumont (1947-1970)*, Sainte-Foy, Les Presses de l'Université Laval, 1998.

WARREN, Jean-Philippe. «Le progrès, c'est le progrès : sur l'historiographie de la sociologie québécoise francophone», dans Stéphane Kelly (dir.), *Les idées mènent le Québec : essais sur une sensibilité historique*, Sainte-Foy, Les Presses de l'Université Laval, 2003, p. 107-122.

Index

TABLE DES MATIÈRES

Achevé d'imprimer
en octobre deux mille seize
sur les presses de l'imprimerie Gauvin,
Gatineau (Québec), Canada.